广州十三行
历史街区文化研究

杨宏烈　陈伟昌　著

社会科学文献出版社
SOCIAL SCIENCES ACADEMIC PRESS(CHINA)

前　言

　　广州十三行历史街区是清末民初遗留下来的一块为数不多、保存比较完整的老城区。它曾是大清帝国近百年"一口通商"的商埠码头，它曾是万国旗飘扬的西方强国驻中国的商馆的集结地带，是国际事务往来交涉的门户窗口以及军事冲突的火场阵地。它所记载的"十三行"世界商品贸易时代及其对中国历史文化大变局的影响不可低估。十三行行商是中国封建社会末期出现的、半官半商性质的、国家级的对外贸易垄断组织。它预示着国际资本主义经济贸易将越来越深刻地影响闭关锁国的封建主义经济模式。存活了近160年（大于"三南"三朝时间之和[①]）的"十三行"记载了一个特殊的文化制度和特殊的战争背景，构筑了一个对"大一统"国家政治生活有重大影响的外经贸特区和对世界文明交流卓有贡献的国际舞台，在中国古代社会向近代社会的体制转型中，演绎了一部鲜活的历史剧，无疑具有某种划时代的意义。

　　十三行历史街区的物质空间及其地理环境，作为"中国第一商埠"孕育而成的新型经济"增长极"，给此后广州城市建设以"能量"、做了"实功"。它的特质定位乃海上丝绸之路的起始点、东西文化辐射碰撞的聚焦点、中国近代社会革命的爆发点，也是当代商埠文化旅游的闪光点，具有世界名城的文化品牌意义。俗语"火烧旺地"。十三行历史街区从明代的怀远驿到清代的外贸特区再到民国时期的金融商业中心，可谓烽火连绵、多灾多难。今天，作为广州商埠文化重要的物质空间遗产标志，景区的商业活动并没有衰落，依然保持着旺盛的生命力和超强的"牛劲"，全天候的"云蒸雾罩，正在热闹"。广州市委市政府将其定格为国际商贸旅游历史街区加以保护利用，并定性为广州对外宣传的一张"名片"，是无比正确的决策！

[①] "三南"指南越国、南汉国、南明王朝，均建都于广州，共计152年。

"十三行"是一笔巨大的旅游资源资本。然而，随着全球化趋势和现代化进程的加快，我国的文化生态正发生巨大的变化，文化遗产及其生存环境受到严重威胁。文物建筑，尤其是历史街区建筑文化遗产，常常遭受被偷袭拆毁的命运。这不但使历史文化名城再也没有整体保护的可能，而且许多文化内涵深厚的历史地段，一夜之间就消失了。十三行历史街区的现状，实在令人担心。如何在推土机下抢救民族历史文化遗产，建设中华民族共同的精神家园，增强民族自信心和凝聚力，促进文化与经济社会全面协调和可持续发展，已成为摆在国人面前的一个严肃课题。

本书从保护城市历史文化遗产及城市核心文化的角度出发，为彰显广州世界名城特色、改善社区生活与物资生活环境，为提供广州与世界交流互动的现实舞台，对十三行历史街区文化品牌的维护及产业结构调整进行了认真的思考。本书希望恢复当年风靡全球的、中国大陆第一道西洋风景的十三行历史建筑文化景观，并与西堤、沙面、六二三路等历史街区统筹，把广义上的"十三行"地段开办成一个历史文化博物馆社区；将十三行路变成国际性的旅游步行商业街；认真寻找文化公园商埠文化遗址的历史根脉，完整保护延续了夷馆要素的、沿太平洋西岸规模最大的商业骑楼；医治并恢复被现代城市大马路、大广场摧毁破坏了的但仍充满地方生活气息的内街内巷。十三行历史街区的城市传统元素和细部构成，应实现"原地保护""自我保护""活态保护""可持续利用保护"，用文化刷新这一世界名城商埠文化旅游区，作为与世界交流的"国际名片"，让国内外的游客、学者在此历史街区中体验历史，继续创业，并引以为豪，共对未来。

《国家文物保护法》（2002年10月28日通过）已明确定义历史街区为，保护文物特别丰富并具有重大历史价值或者革命纪念意义的街区是重点保护的对象，而不是拆毁开发的对象。历史街区的居民应该更有条件提高生活水平，政府的责任和义务也在这里。首先，历史街区要优化产业模式，低档次的小商品批发市场应迁出十三行历史街区，避免外来运送杂货的车辆穿越市中心，从而改变该地段人流、物流、车流混乱成灾的状况。其次，剔除被篡改了的部分现代建筑，尽量延长历史文化遗产的寿命，恢复历史街区的风貌特色，让这里的历史街巷成为可观、可游、可居、可赏、可休闲的美丽舒适的步行街，经营有纪念意义和价值的中国瓷器、丝绸、茶叶、广绣、外销画等与历史一脉相承的特色商品。

根据2011年联合国教科文组织《关于城市历史景观的建议书》(Recommendation on the Historic Urban Landscape)，遵守《国际景观公约》(International Landscape Convention)，保护历史街区，这不仅可以保留一份巨额的社会财富，而且可以为人类提供一份难得的空间艺术作品。尊重历史建筑的每一个细部，政府、居民、工程技术人员必须对"保护、保留、整修、修复、重新使用、再循环"等频繁出现于当代的建筑术语加以认真理解和落实。"保护"意味着保持其一贯具有的方式；"保留"则为暂时放着，留待考证后处理；"复原"是在技术上将结构恢复到某个时代的特征；"重修"实则意味着以同样的或新的材料去重造原有建筑物的风格形象；已经失去的如需再建，通常要从地面遗址做起，从而形成传统的文化环境艺术、特定的场所精神氛围或人们心目中固有的、抹杀不尽的靓丽文化景观。待建的十三行博物馆应该是遗址地段标志性景观建筑物。城市历史街区的复兴就是在保护名城文化固有特质、坚持正确发展方向、维护整体风貌基础上的创新，肯定有一定难度，需要历史的担当。这是对我国当代吏治制度的真正考验！希望好梦成真。

杨宏烈

2014年5月6日于广州麓湖

目　录

第一章　十三行历史街区的基本概念 …………………………… 001
　第一节　培育世界名城的文化品牌 …………………………… 001
　第二节　保护历史街区已成为世界公理 ……………………… 010
　第三节　划定十三行历史街区保护紫线 ……………………… 013

第二章　十三行历史街区的沧桑沉沦 …………………………… 019
　第一节　从朝贡驿站到外贸特区 ……………………………… 019
　第二节　十三行商馆的区位考释 ……………………………… 039
　第三节　十三行夷馆的兴起与灾变 …………………………… 054
　第四节　从外销画探究夷馆建筑 ……………………………… 071
　第五节　夷馆湮灭到沙面岛浮出 ……………………………… 083

第三章　十三行历史街区的旅游资本 …………………………… 099
　第一节　"十三行"旅游资源的特征评价 …………………… 100
　第二节　"十三行"旅游资源的类型分析 …………………… 107
　第三节　十三行旅游资源开发实效 …………………………… 110

第四章　十三行历史街区的文化景观 …………………………… 115
　第一节　海上丝路中国第一商埠 ……………………………… 116
　第二节　十三行地标性旅游景观 ……………………………… 136
　第三节　十三行遗址专题博物馆 ……………………………… 143
　第四节　品味历史街区城市细部 ……………………………… 154

第五章　十三行历史街区的有机更新 ································ 176
第一节　"十三行路"回归"十三行街" ························ 176
第二节　文化公园延展文化根脉 ································ 201
第三节　营造西堤精品旅游社区 ································ 216
第四节　卫护骑楼街的夷馆风格 ································ 240
第五节　复兴康王路的内街内巷 ································ 255

附录1　十三行历史大事记 ·· 270

附录2　广州近代历史建筑细部构造词汇释名 ···················· 276

后　记 ··· 287

第一章　十三行历史街区的基本概念

在国务院首批历史文化名城——广州的外贸发展史、城市建设史上有一个重要的十三行历史时期，形成了一个对社会制度转型起过承上启下作用、影响全国、面向世界的商埠文化"特区"——"十三行历史街区"。它是170多年前风靡全球的一张中国国际名片，"海上丝绸之路"上的东方大港。如何在新的时代背景下吸取世界名城保护更新历史街区的国际经验，认识十三行历史街区的本质特质，划定保护紫线、加强有效管理，并对与之相关的历史遗存、历史地段规划组建成国际性的"十三行"商埠文化旅游项目网络集群，实现可持续发展，很值得研究。

第一节　培育世界名城的文化品牌

严格意义上的"广州十三行历史街区"是这样圈定的：广州古城西濠涌护城河以西，20世纪90年代开辟的康王路以东，北至浆栏路、光复路一带，南至珠江之滨，外加人民南路以东越秀区怡和街、宝顺街、普安街残余地带连成一片，即为我们研究的十三行历史街区，面积共约40公顷。以十三行路为一条东西横向坐标轴，位于横轴以南的是当年十三行夷馆所在地及珠江河岸；位于横轴以北的是和平路、浆栏路及众多小街小巷的西关老城区。

要重新亮出"十三行"这张国际名片，首先须充分认知"十三行"在世界历史上的地位以及对当代中国社会进步的积极影响。"十三行"为广州树立了国际商埠形象，为中国的发展进步输入了内在动力与能量，铸就了广州千年商都的人文精神灵魂，有利于进一步敞开国门拥抱海洋文化，让世界进一步了解广州、让广州全面融入世界。

一 "十三行"为广州全方位树立了世界名城形象

广州古称"番禺"或"蕃禺"。《史记》和《汉书》都称番禺"一都会也"。古代广州的繁荣,主因海上贸易的频繁。南北朝时就是"舟舶继路,商使交属"的港口,唐代乃"通海夷道",早在宋代就用上了指南针。明清时期,广州的外贸经济由海上丝绸之路延伸至世界各地。

翻开世界各个历史时期的航海图,可以非常明显地看出,广州就是"海上丝绸之路"始发地[①]、目的港,世界商品经济贸易网络上东西方的联络枢纽城市或重要交结点(见图1-1)。

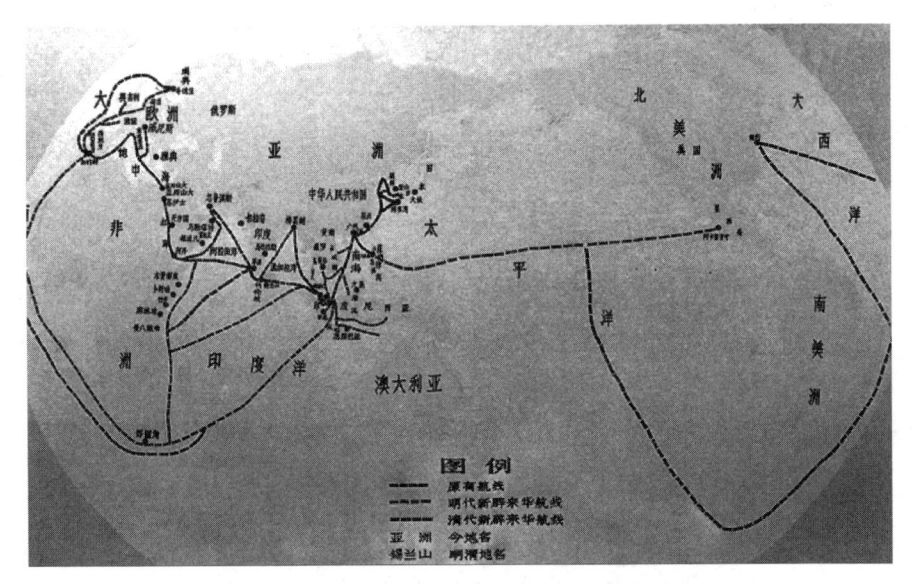

图1-1 海上丝绸之路网络上的重要节点城市

"丝绸之路"是个雅称,特指古代东西方物质文明与精神文明之间的交通贸易和文化交流线路,并由此形成有形的和无形的历史文化时空网络。它表达了人世间需要相互沟通理解、和平共处的美好愿望,它给各国的进步和发展带来智慧、福祉和创造力。"海上丝绸之路"先于中国丝绸由陆上传往西域,后以中国瓷器、茶叶、丝绸等海上贸易远销重洋为主要

[①] 广州市委宣传部理论处提出"四地说":广州为岭南文化的集中地、海上丝绸之路的始发地、近现代革命的策源地、改革开放的前沿地。

途径；它是一个有"泛指"意义的词，一个富有历史浪漫主义美感和想象力的称谓。

清初史学家屈大均在《广东新语》中有"会城如大舶"一说。① 意思是：广州的地形地貌，就像一艘巨大的海船。"花塔，光塔为一城之标"，犹如大舶的桅樯。不论其比喻恰当与否，广州与海上丝绸之路有着密切的历史渊源，这已是学术界不争的事实。

广州是海上丝绸之路始发地，造船业发达。"十三行"时期的广州外贸码头是"船舶文化"的集大成者。透过史书古迹，我们仿佛可以看见，珠江口渔火点点、黄埔外港和十三行码头樯桅毗连、商船云集……，当时作为世界著名商贸大港的繁荣景象，与海、与"船舶"结下了不朽的因缘。这是广州城及其对外贸易长盛不衰的重要条件。

"海胡泊千艘，岸香番舶月"（《清宣宗实录》）。自古人们对此富有诗情画意的景象都十分钟情。商品的外销，伴随有艺术的外销、文化景观的外销。我国香港曾展出过美国皮博迪·艾塞克斯博物馆的许多文物精品，而其中不少展品来自"十三行"时期的海上贸易。收藏者不仅看重它们的贸易价值，更是对"海上丝路"起始点让人着迷的海口河埠的缅怀。寄碇于黄埔的美国商船"亨利·马克"号，美国米歇尔·费力斯·科尼1804年的外商洋行画，以及大量瓷器上、漆器上、丝织折扇上、彩色屏风上的商馆图，共同印证了一个"十三行"时代。

近来有学者研究指出，"十三行"时代的广州是贸易全球化的中心市场。鸦片战争前，中国的对外贸易一直都是出超的。偌大的一个"清帝国"，只广州"一口通商"，使之在世界航海图上处于"东方大港"的重要位置。

18世纪的"广货"外销，着实让法国人惊呼并引起制造商的恐慌。法国一篇400万言的博士论文集，深入研究了中国"十三行"时期的对外贸易史，广泛涉及中西双方的政治、文化、伦理、价值观等方面的差异和特点。

中国的瓷碟上，绘有琶洲塔与来往贸易的码德拉斯港及狮子国徽标。风靡一时的外销画，将"十三行"百舸争流、万国旗飘扬的景观传遍全

---

① （清）屈大均：《广东新语》（上），中华书局，2007，第214页。

球。当年在"十三行"一带画店出口的通草纸画①,现在在国外已作为珍宝而被收藏。

250年前普鲁士商船首航广州,为此专铸的普鲁士银币,正面刻有国王头像,其背面刻有精细的"十三行"商人全身像,足见当时"十三行"的国际影响。200多年后,德国领事、丹麦领事仍在查找十三行时期客死广州的本国商人。

200多年过去了,瑞典人至今不忘"哥德堡"号商船十三行时期三次远航中国的经历。2007年复制的"哥德堡Ⅲ"号(见图1-2)特意沿当年的海上丝绸之路再次造访广州。此一事件同10多年前阿曼"苏哈尔"号木帆船从马斯喀特至广州的纪念性航行、联合国"和平方舟"号的广州海上丝路考察行一样具有深刻的意义。2014年8月,美国波士顿举办的"广州月"活动,也与当年来华经商史有关。

图1-2 修建中的瑞典"哥德堡Ⅲ"号将访问广州

华人世界对"十三行"的历史是永远不会忘却的。因为正是这段历史,中国人才大规模地走向世界,密切融入世界贸易体系。

---

① 通草纸画乃以华南通脱木茎髓为原料制成的纸,特制颜料作画,经光的折射呈斑斓缤纷的效果,十三行时代后期大量出口欧洲。

二 "十三行"为世界局势进化线路上的重大拐点

"拐点"常常是最引人关注的。这"点"正是事物或运动从量变到质变的转折点。"十三行"的时空标志就有"拐点"作用,具有划时代的特殊意义。经过"鸦片战争"这一国际事件,我国由封闭型的农业时代进入商品货物流通时代,经受了一段社会阵痛,近代史上的各种先进的政治改革思想主张皆由此而生。

从康熙二十五年(1686)起至道光二十二年(1842),"十三行"存活了156年。十三行"一口通商",垄断中国对外贸易85年,上承唐宋市舶、下启五口开放,在中国的历史舞台上扮演了特别而重要的角色(见图1-3)。

图1-3 鸦片战争一幕(英国画)

《广东十三行考》(1937)的序言中提到,"十三行在中国近代史中关系最巨"。以政治而言,"十三行"常为皇朝政府官吏之代表;以经济而言,行商为对外贸易之独占者。"此等特殊制度,无论中国外国,皆蒙不利,鸦片战争,即为击破此种外交制度及通商制度而来"。

蔡鸿生先生在《广东十三行考》1999年版的序言中指出,广州"十三行"的历史是在朝贡体制向条约体制转变的过程中展开的。它的浮沉既受官僚的掣肘，更受"夷务"的牵制，具有既显赫又悲凉的独特面貌。这里的"夷务"，应该理解为外国人从事的集经济活动、文化活动、政治活动于一体的国际事务。

在中国封建社会时期，"商"是长期受抑制的一种行业。"官不能护商，反能病商。"① 广州十三行行商以广州口岸为地盘，处于中西方经济、文化、制度关系冲突的风口浪尖，长期受着来自"官"、"夷"两方面的高压而发育不良。走在社会文明前列的外国列强，与之经常发生碰撞；处在社会文明后端的集权集团拼命掣肘它的前进。随着岁月推移，其依附性和软弱性有增无减，而且这种后遗症还向后延续了一个多世纪。

维护"普天之下，莫非王土"②，"世世代代的停滞、劳动生产很低"③的超稳定封建社会，是不利于民族资本主义发展的。崇洋媚外的民族虚无主义的附庸执政思想也是不利于民族资本主义发展的。梁嘉彬先生在《广东十三行考》中开篇明义："国人研究中西交通史，每以葡借澳门以前之交通史为界；研究中国外交史，每以鸦片战争而后之外交史为基；其介乎两者间之澳门问题与十三行问题，则几若无人过问焉。余不敏，窃欲著为专篇以补此阙漏。先作十三行考。"④

这个延续了一二百年的问题，其实就是怎样对待不同社会制度下商业外贸与文化体制互动的关系问题。中国的许多历史教科书往往忽略了或回避了对这一关系的研究。由于思想认识上的不明确，不仅对待有政治色彩的历史文化，而且对待历史街区、对待有关的文物遗址保护利用都会出现某些不应有的态度和做法。克服对待"十三行"历史文化遗存保护开发上的思想障碍及政策偏差，是今天的国人应有的意识。

事实上，鸦片战争结束后，封建社会制度已开始瓦解，"十三行"便是最前沿的目击者。"十三行"所在的这片土地同时也滋生出中国最早的近代民族资本主义萌芽，成为中国由农业社会向工业社会转型的桥头堡。进入21世纪，"十三行商埠文化旅游区"的确立与开发即为上述思想认识的结果。借旅游保护历史文化、认识历史文化，有利于创造出

---

① 谭元亨：《再现当时的思想》，《广州日报》2005年1月13日。
② 康有为：《内外篇》。
③ 董黎：《岭南近代教会建筑》，中国建筑工业出版社，2005，第6页。
④ 梁嘉彬：《广东十三行考》，广东人民出版社，1999，第7页。

新的文化。落实到具体的物质行为上，就是对"大拆大建"破坏历史街区之错误建设方针进行纠正而开展的一场保卫战。

历史上有许多惊人的相似之处。由于历史地理人文之特殊性，在"十三行"之后的岁月中，100多届的中国出口商品交易会，又在"十三行"所在的这块土地上首先演绎出新的历史剧。历史的一个轮回，能推动社会前进一大步。难怪美学家克罗齐认为，任何一部历史都是"当代史"。[①] 任何留存至今的历史文化遗产都与当今的生活密不可分，近代历史街区更是如此。

三 "十三行"深刻地铸就了广州千年商都的灵魂

如果把古代中国大陆画成一个大（陆）圆，把东洋、西洋、南洋整体画成另一个大（海）圆，这两个圆（大陆文化圈与海洋文化圈）的契合点就应该是广州了。这里是清王朝接受"朝贡贸易"、拒绝"叩关贸易"的唯一门户，这里也是中国有识之士最早冷静看世界的窗口。当年"十字门开向二洋"，全国货物集中广州出口，世界物质文化与非物质文化在此登陆，北上、西进、东运销售传播至中国内陆地区。特殊的地理位置与"特区"政策，使"十三行"成为一个具有时间概念、空间概念、经济社会学内涵的综合性学术名词。

"十三行"作为一个官商组织，很大程度上影响了国家财政、税收等经济生活，俗称"天子南库"。作为一个外交活动组织工具，行商参与了很多重大历史事件；作为一个国际财团，"十三行"中涌现出了四大家族及世界级的首富，在封建地主经济的机体上萌生新的生产力和生产关系，这也是十三行地区出现丝织业作坊的重要原因。作为一个"文化集团"，它促进了中华传统文化艺术与科学技术的发展；作为中国城市发展的动力因素，它拉动了广州西关及海珠城区的建设。十三行时期的广州，实乃"千年的海上丝绸之路上的商埠文化世界名城"，为长期"闭关锁国"的中国封建社会吸纳了一些海洋文明。

因此，塑造"十三行"的空间地标旅游景观无论怎样评判也不为过。世界上知名的事物，总要在人们心目中形成一种视觉景观的实体形象。"十三行"的废墟形象之隐含性早已逝去，今日开发过渡期的招徕性（无

[①] 张松：《历史城市保护学导论》，上海科学技术出版社，2001，第118页。

形价值）却让房地产商独吞了,今后十三行商埠文化旅游区的行销性形象,应该实实在在地还给广大人民群众。有了"十三行"的地标景观作用,就能号召人们重拾被丢弃的那段历史。

一个城市的有机构成绝不只是一片孤立的"蕃坊"驿馆。与"十三行"相关的城市要素还有许多,是它们共同组成了一个庞大的网络系统,全面而完整的铸就了商都广州的形象。这一点正好符合史迹文化旅游的特质。落实在城市规划、城市设计上,有必要围绕主题加以整合。如十三行夷馆区、西堤、沙面、沙基涌、六二三路、人民南路、桨栏路、怡和街,以及琶洲、黄埔、长洲岛、海幢寺、芳村花地等就是一系列颇具戏剧性的历史事件大舞台,上演过一部中国社会转型变革史。广义"十三行"的研究,其意义就在这里（见图1-4）。

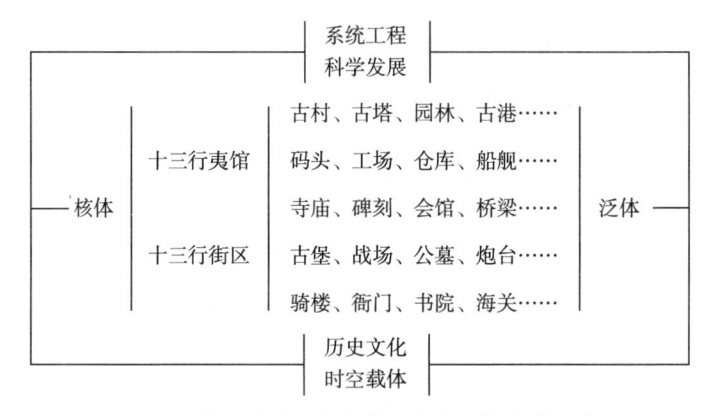

	系统工程 科学发展		
核体	十三行夷馆	古村、古塔、园林、古港…… 码头、工场、仓库、船舰……	泛体
	十三行街区	寺庙、碑刻、会馆、桥梁…… 古堡、战场、公墓、炮台…… 骑楼、衙门、书院、海关……	
	历史文化 时空载体		

图1-4 广义"十三行商埠文化遗址"构成示意图

十三行商埠文化旅游区应该成为国际性的品牌。它是千年商都、千年港城的重要代表形象之一。它不仅是"十三行商人"、"广东商人",还是外国商人、水手后裔、研究人员重要的关注对象。瑞典国"哥德堡Ⅲ"号重访"十三行",就是有力的证明。通过文化名城历史街区保护规划、名城城市景观环境艺术设计等,让"十三行"的历史轴连接起世界各国的"帆船时代",让"十三行"的景观轴贯穿起广州历史街区的文化艺术空间,营造有国际影响的商都形象氛围。

四 让广州与世界在十三行历史街区再次交融互动

2013年初,在北京举办的"复兴之路"的展览上,展出了一幅"十三行"历史图画。由此可见"十三行"在全中国、全民族的政治生活中产生过多么重要的影响。"十三行"原本只是广州的一个城市地标,即今十三行路以南与之正交的三条"涉外街",是与十三行夷馆平行一同向南延伸的。夷馆区之东为西濠涌及几家行商总部,馆区以北是洋行集合会所及其商埠新城区,夷馆以西是由围墙相隔的商行及关税机构。"十三行"主要指的就是这片"历史街区"。

十三行历史街区地处广州中心地带,乃当年清王朝唯一一个让世界了解中国、中国了解世界的文化窗口,是许多中国文化哲人走向世界、又从海外归来的家国门户,也是西方进步思想首先登陆中国的桥头堡。十三行历史街区让具有数千年传统形态的广州古城,首次出现了一道靓丽的异域风景,即中国大陆最早出现的西洋建筑景区,由此构成了千年海上丝绸之路上的东方商埠大港的核心(见图1-5),持续了100多年的"经济特区",是使广州古城首次得以明显拓展的一个城市"能量聚集地"或"增长极"。无论作为怎样的文化冲突点、无论上演什么样的历史悲喜剧,作为人类社会制度进步的新事物——十三行历史街区,总是应该加以纪念的。

图1-5 "十三行"外港的黄埔古港(外销画)

今天的十三行历史街区,它可以成为中国社会从古代进入近现代的转型标志,作为闭关锁国的封建制度被拉入开放的世界商品经济制度的转型标志,作为一个数千年封建礼教帝制的文化向科学、民主、开放、法制的文化转型的起点。十三行及其历史街区,不仅是一个具有超越时空的国际品牌、一张具有多民族全国性意义的名片,也是一个具有全方位思考价值、具有划时代意义的课题。它是广州的,更是全广东、全中国的。它不仅应该在中国历史上占有重要地位,更应该在世界历史上占有重要地位。

十三行及其历史街区本来就应该在中国历史文化名城保护规划中得以重视,被认真加以保护、修缮、提升形象、完善配套设施、创建优美环境,成为中国国际旅游项目中的知名品牌。让十三行历史街区告诉人们,100多年前,这里就是一个国际商埠;100多年后这里仍可发挥中西方商贸、文化等多方面交流的积极作用,让广州与世界在此再次交融互通,在此共对未来。

第二节　保护历史街区已成为世界公理

在我们中国,要完整地保护一座历史文化名城已经是十分困难的事情,而且很早就已不可能了。尽管此后努力保护一些名城的历史街区,让历史街区勉强保留一些名城的历史风味,多少唤起人们对整个城市的历史记忆,但许多历史街区依然难逃被推土机推掉的噩运[①],能留存下来的实在弥足珍贵。

一　全球信奉的国际公约

城市历史街区集中了城市的历史文化遗产。这些遗产是人类共同的财富,保护文化遗产不仅是每个国家的重要职责,同时也是国际社会的共同义务。历史是根,文化是魂。城市是历史文化的载体,又是社会经济的文化景观。历史文化是城市过去的记忆,也是未来的展现。保护历史文化遗产是延续历史文脉,实现社会稳定和可持续发展的需要。

罗哲文先生曾归纳文物古迹有三个价值和五个作用。三个价值,即历史价值、艺术价值、科学价值。五个作用,即作为研究历史科学的实物例证,激发民众的爱国热情和增加民族自信心,新建筑设计和新艺术创造的重要借鉴,文化游憩的好场所,发展旅游的重要基础。

---

① 《推土机推走中国文化遗产》,英国《金融时报》2007年6月20日。

《关于历史地区的保护及其当代作用的建议》指出："历史地区及其环境应被视为不可替代的世界遗产的组成部分。其所在国政府和公民应把保护该遗产，并使之与我们时代的社会生活融为一体作为自己的义务。"保护历史文化遗产具有社会、历史和实用三方面的普遍价值，是世界各国城市建设的战略发展方向，是城市发展文化观光产业的需要。历史地区的保护意义不仅仅在于保护城市历史发展的轨迹、保留城市的记忆，明确城市怎么来的问题，还是城市进一步发展的重要基础和契机，可以解决城市往哪里去的问题。

二 遗产保护的艰难历程

保护历史文化遗产是人类社会进步、文明发展的必然要求，人们对保护历史文化遗产的认识是一个逐渐提高的过程。城市历史文化遗产保护经历了从保护文物古迹、历史地段到保护历史城区及其自然与人工环境的过程。内容越来越丰富，内涵也越来越广泛。

欧洲现代意义上的历史建筑保护工作是从 20 世纪开始的，随着城市建设的扩展，加深了人们对历史文化保护的意识，公众的广泛参与推动了轰轰烈烈的历史保护运动；与此同时，各个国家也纷纷通过立法保护历史建筑和城市遗产。

1933 年国际现代建筑协会（CIAM）通过了第一个获得国际公认的城市规划纲领性文件——《雅典宪章》，其中就提及保护有历史价值的建筑和地区。1964 年 5 月，联合国教科文组织在威尼斯召开的第二届历史古迹建筑师及技师国际会议上颁布了著名的《国际古迹保护与修复宪章》（即《威尼斯宪章》），它提出了文物古迹保护的基本概念、基本原则和方法。同时也指出了保护城市环境的重要性，但其出发点还是针对文物古迹、古建筑群和古遗址。《威尼斯宪章》的制定是国际历史文化遗产保护发展的一个重要的里程碑，它标志着城市历史文化保护的观念和研究方法日趋成熟。

1972 年 11 月，联合国教科文组织大会在巴黎通过的《保护世界文化和自然遗产公约》（简称《世界遗产公约》）提出了一种崭新的概念，开辟了保护领域的新天地，肯定了属于全人类的世界文化和自然遗产的存在，各国政府和人民只是世界自然和文化史上一切伟大遗产的托管者。

1976 年通过的《关于历史地区的保护及其当代作用的建议》（简称

《内罗毕建议》）指出：史前遗址、历史城镇、老城区、老村庄、老村落以及相应的建筑群，都是保护的对象，并不是什么"三旧"、"四旧"的东西一拆了之。同样的历史遗存，国外称"老"，国内称"旧"，一字之别，鲜明地映射出不同的认识水平、态度和政策。

1987年通过的《保护历史城镇与城区宪章》（简称《华盛顿宪章》）是继《威尼斯宪章》之后的一个关于历史文化遗产保护的重要国际文件。它们将历史文化保护从文物古迹保护拓展到历史地段、历史街区和历史园林，并强调历史文化保护必须与社会发展相结合，保护工作与城市规划、城市设计密切相关。

当今，文物、文化遗产的概念得到了拓展。保护的对象从过去的宫殿等延伸到普通的民居、商业生产用房。保护的深度从登记准文物到一般文物古迹，从国家文物到世界遗产都在保护的视野内。文物、文化遗产时间的上下限从远古一直延续到当代。保护的方式从静态到动态、从政府到全民、从孤立的保护到整体的保护、从固态保护到活态保护、从封闭型到开放型、从精英保护到大众自觉保护……从而将保护工作提高到了更为科学的阶段。

综上所述，世界文化遗产的保护经历了长期的发展与演进过程。从保护可供人们欣赏的艺术品，到保护各种作为社会、文化发展的历史建筑与环境，进而保护与人们当前生活息息相关的城市历史环境地区；从保护物质实体发展到保护非物质形态的城市传统文化，从保护对象、保护范围、保护方法上都有了新的突破。

三　历史街区的保护原则

城市，特别是文化名城，保护历史街区应细化为以下六方面的内容：街区建筑的保护、街道格局的保护、建筑高度与尺度的控制、基础设施的改善、居住人口及居住方式的调整、街区功能及性质的调整。[1]

关于历史文化遗产保护的原则，在上述的几个国际文件中均有涉及。《威尼斯宪章》提出："各个时代为古迹建筑物所做的正当贡献必须予以尊重。"国家历史文化名城研究中心阮仪三先生总结出以下四个基本原则。

原真性（Authenticity），又译原生性、真实性、确实性、可靠性。要保

---

[1] 阮仪三、王景惠、王林：《历史文化名城保护理论与规划》，同济大学出版社，2004。

护历史文化遗存原先的本来的真实的历史原物，要保护它所遗存的全部历史信息，整治要坚持"整旧如故，以存其真"的原则。维修使其"延年益寿"，而不是"返老还童"。修补要用原材料、原工艺、按原式原样，以求表达历史本来面目。反对将"旧貌"换"时髦"，进行"脱胎换骨"的改造。

整体性 一个历史文化遗存连同其环境一起存在，保护不仅是保护其本身，还要保护其周围的空间形态、环境要素。对于城市、街区、地段、景区、景点要保护其整体空间环境，这样才能体现出历史风貌。整体性还包括文化内涵所形成的种种要素，如街区就应该包括居民的生活活动以及与此相关的所有物质道具及其空间环境要素。

可读性 历史遗物总会留下历史的印痕，我们可以直接读取它的"历史年轮"。可读性就是在它的文化景观上可以读出它的历史内容，读出有感知力的人文故事，就是要承认不同时期留下的痕迹，不要单纯按现代人的想法去规划它。大片拆迁和大片重建就不符合可读性的原则。到广州十三行历史街区旅游，其目的就是能读到广州海上丝绸之路上的"外贸史"，能体验到名城的"商埠文化魅力"，感受到在国际上有影响力的"名气"。

可持续性 保护历史遗存是长期的事业，不能急于求成。不是什么"旧城区"都要拔掉，不是什么"危旧房"都要推倒，不是什么"旧厂房"都要拆去，不是什么"旧村镇"都要重建。这是一种破坏性政策和行为，是一种错误的发展模式和动机。

国内外的实例，足够我们学习借鉴。成都的宽窄子巷通过复兴改造，使一个衰落的社区变成了繁华的休闲观览旅游区。苏州平江历史街区不仅对界区内的历史建筑实现了整体保护，而且还对该区 8000 多户居民的生活习惯进行了保护，使历史街区实现了自身的可持续发展。

第三节　划定十三行历史街区保护紫线

2004 年 2 月 1 日，建设部颁布实施《城市紫线管理办法》，自此，广州市不少专家学者呼吁，为十三行历史街区划定保护紫线，使还没有被破坏的历史街区得到积极保护，使正在进行的破坏行动得到坚决制止，使已经被破坏了的历史文化遗存得到有效复原。

城市紫线，是指国家历史文化名城内的历史文化街区和省、自治区、直辖市人民政府公布的历史文化街区的保护范围界线，以及除历史文化街区外，经县级以上人民政府公布保护的历史建筑的保护范围界线。紫线管理就是对划定城市紫线和对城市紫线范围内的建设活动实施监督、管理。

一 对历史街区要有敬畏之心

打开广州城市地图，作为全国首批历史文化名城，其保护完好的历史文化街区，实在不多；很难找到一块面积较大、历史风貌尚未被大肆破坏的历史地段。曾被古老城墙包围的城区，全都建起了大型玻璃幕墙的高层建筑；很有特色的骑楼街被拦腰砍断；风格统一的历史街坊已不复存在。相比之下，十三行路以北、桨栏路以南、人民路以西、康王路以东，建于清末民初的十三行街区还是比较幸运的，多少还显现出一些古典风貌（见图1-6）。十三行路以南的文化公园本来是保留有十三行夷馆遗址的一片公园用地，只因投机性的突击开发，遭到不可挽回的破坏。

图1-6 十三行历史街区

"十三行"是中国封建社会末期出现的、半官半商性质的、国家级的对外贸易组织。它预示着国际资本主义经济贸易将越来越深刻地影响闭关锁国的封建主义经济模式。存活了近160年的"十三行"记载了一个特殊的文化制度和特殊的战争背景，构筑了一个对国内政治有重大影响的经济特区和对世界文明有贡献的国际舞台，在迎接中国近代社会的体制演变中，无疑具有某种划时代的作用。

十三行时期所形成的城市街区、码头、仓库、商馆、驿站、洋行、公行、园林、寺庙、会馆、工场、税口、炮台、村镇等，都曾是"中国第一商埠"的组成部分，作为一个经济"增长极"，对此后的城市建设产生了较大的影响。十三行夷馆是中国大陆最早引进西方建筑文化的实例，十三行路南北的街巷、文化遗址、文物建筑、水体和绿地，可以统称为十三行历史地段，或十三行历史街区。其当代街巷基本上是在鸦片战争大火焚毁后的废墟上兴建而成的商铺屋或骑楼街，传承了十三行时期的建筑文脉，富含十三行历史文化信息，见证了广州100多年的近代历史。发生在该地段的近代城市建设活动是在中国封建王朝严酷的营造等级制度下，出现的中西建筑文化相结合的第一个高潮。西堤是"十三行"的"后生"或十三行历史地段的外延，有许多近代大型公共建筑和纪念性构筑物。十三行历史街区经历了火烧连营、飞机轰炸、大拆大建的百年沧桑，才形成如今这般模样。

十三行历史街区完全符合划定城市紫线的标准。这里是历史（文物）建筑、构筑物及其风貌环境所组成的城市核心文化地段，为确保该地段风貌特色的完整性而必须进行建设控制。虽然这里被正式命名的文物建筑只有西堤的两栋近代建筑和一座体量很小的纪念碑，但不能否定其他历史建筑遗存的文物价值。现在暂时不为文物，不见得不久的将来就不是文物。因为文物保护是动态的。如《上海市历史文化保护与优秀建筑保护条例》已把时间跨度的下限拉近了30年。《威尼斯宪章》早就扩大了文物古迹的概念：文物古迹不仅包括单个建筑物，而且包括"能够从中找出独特的文明、一种有意义的发展或一个历史事件见证的城市或乡村环境"。"文物古迹保护包括一定规模的环境保护，不能与其所见证的历史和其产生的环境分离。"十三行历史街区及其相关历史地段，既是千年商都——广州商埠文化的重要物质载体，也是开展涉外商贸旅游难得的文化资源与代表性的景观环境。

二 要努力实现可持续发展

划定紫线,实现城市科学的发展,这是真正的硬道理。回顾国际名城保护运动的过程,没有理由不努力保护好十三行历史街区。第二次世界大战后,各国为了发展经济,对历史城区进行了肆无忌惮的拆除,造成文化资源的大量消失。为此国际社会颁布了一系列法规,如法国的《马尔罗法令》(1962),日本的《古都保护法》(1966),《内罗毕建议》(1976),《马丘比丘宪章》(1977),《华盛顿宪章》(1987),以及保护历史园林的《佛罗伦萨宪章》(1982),等等。

中国的有关法律已制定、已颁布的也不少,但有效执行的并不多。打起官司来,往往输的都是文物部门或弱势群体。有关历史文化遗存保护的紫线、生态水体保护的蓝线、环境绿化保护的绿线等,这些有益于公共利益、社会长远利益,符合人伦道德、自然伦理的"线"往往得不到权力与法律的保护。①

划定紫线,是坚持社会进步和城市文明的体现。它涵盖历史学、人文学、宗教学、景观学、建筑学,生态环境、管理工程、旅游经营等多方面的知识和规律。除了十三行商馆区,泛十三行所含的文物古迹与历史文化街巷同样需要"紫线"保护(见图1-7)。划定紫线有很强的政策性,涉及各方面、各部门、各集体和个人的实际利益,要充分体现浓郁的人文民主化思想,运用科学技术、空间艺术等方法。划定紫线,除了有利于保护看得见、摸得着的物质形态的历史文化遗存,还可以保护、承载有关各种人类口头的、非物质性的文化遗产以及无形的文化生态环境。

划定紫线,历史街区与现代化并不存在互否定律。历史街区与现代化之间并不隔着万里长城。建筑本土化特色正是国际化的表征。名城保护、历史街区的保护,并不是制止一切改造活动。让人们长期挤在低矮、阴暗、潮湿、面临倒塌的房屋内居住,这显然背离了"以人为本"的原则。学习巴黎、威尼斯等一些世界知名城市的做法,在不破坏历史风貌的基础上,对十三行历史街区的历史建筑进行内部现代化改造、提高市政设施功效,不但可以满足人民高质量生活的需求,而且可以极大地调动群众的热

---

① 李景奇:《保护历史街巷与保护历史文化名城一样重要》,《蓝天园林》2006年2月第1期,第34~37页。

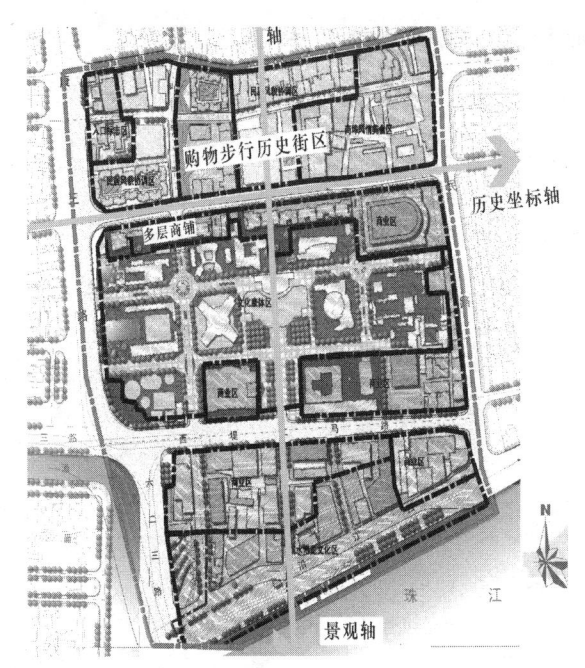

图1-7 十三行历史街区结构功能

情,利用丰富的历史文化资源发展旅游产业,为国家提供丰富的经济来源。① 名城保护与高质量生活并不矛盾,这已是不争的事实!

划定紫线,应贯彻"重点保护、合理保留、局部改造、普遍改善"的原则,突出"十三行"历史文化的传承,复兴精细雅致的骑楼商业街、商铺屋,组建博物馆群及纪念性的标志景观。不宜浮躁,"修旧如旧",唯求精雅。原来是多少层,还是多少层;原来是多大体量,还是多大体量;原来是什么格局,还是什么格局;原来是什么风貌,还应该是什么风貌。分清文物类建筑、保护类建筑、保留类建筑、沿街装饰类建筑,实现"微循环保护复兴"。要变,只能是在格局、风貌、景观、密度、色彩、质感、环境许可范围内采取局部补充、完善、协调、美化行为,使建筑内外的"居住与创业"条件得到实质性改善的"变",而不是"大拆大建"的"变"。

---

① 仇保兴:《转型期的城市规划变革纲要》,《规划师》2006年第3期。

三 让保护紫线发挥法律效应

规划应该具有法律效应。划定保护紫线就是运用法律手段来保护历史街区。从广州名城实质保护范围看，十三行历史街区正处中心地带（见图1-8）。以往在紫线范围内，历史风貌的保护，市场是不会关注的，而"紫线"却可以给市场带来好处。公共利益应该由政府来提供和保证。但公共利益难以与政府的某些具体成员的自身利益直接挂钩，故难以激励公务人员认真负责，从而忽视老城区弱势群体利益。过去历史文化街区被破坏的事实告诉我们，克服"规划失效"，防止在规划编制、审批、实施过程中的"政府失效"是重要的关键问题所在。

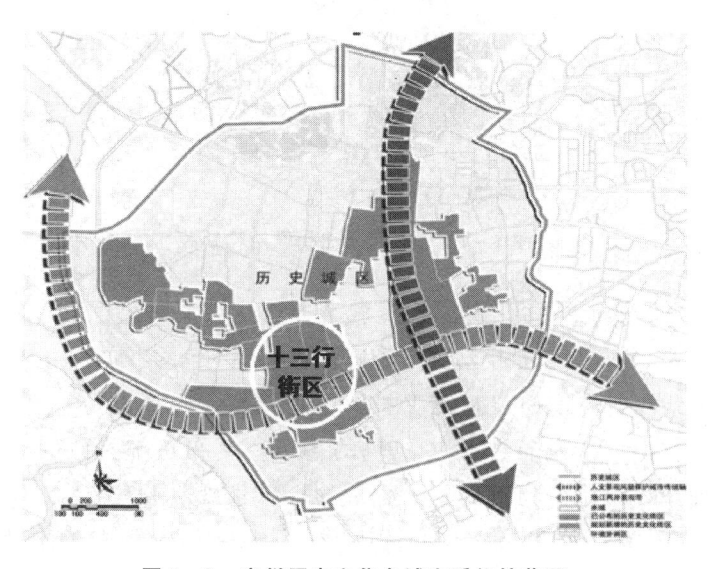

图1-8 广州历史文化名城实质保护范围

第二章　十三行历史街区的沧桑沉沦

　　十三行商馆所在的广州西关地区发生过三次大型火灾（小型火灾暂不计），两次鸦片战争，日机的疯狂轰炸，河海陆地变迁，商馆码头沧海桑田，真可谓多灾多难。广州西关的城市建设也顺着这条跌宕起伏的脉络发展变化着。从怀远驿到"十三行"，从"十三行"到沙面，从沙面到西堤，从西堤又回到十三行历史街区，有太多东西值得我们思考！今天的城市旅游开发不能割断这些历史脉络，城市文化景观设计也要给历史以应有的地位。

第一节　从朝贡驿站到外贸特区

　　明清以来，我国传统的朝贡贸易制度逐步向行商贸易制度转变。明末广州已出现了名曰"十三行"的商贸组织，在市舶司下"官设牙行，与民贸易"[①]。至清代，原与朝贡贸易制度相匹配的接待各"蕃国"（尚没实现产业革命的国家）贡使的"国宾馆"——怀远驿，因远离江岸，功能性质不适，理所当然地为适应行商贸易制度相匹配的、由行商招待外商的机构设施——十三行夷馆所代替。"十三行"是封建经济社会制约下的外贸组织，中国早期对外开放的产物。它刚从深深的封建城府的门庭中走出来，"一口通商"仅为大清国打开了一道门缝。相对严厉的闭关锁国政策，也算是整个中国外贸史上一个不大不小的历史进步。

---

　　① 参见《续文献通考》卷三十一，"牙行"乃中介商人组织。

一　隋"交市监"与唐宋"蕃坊"

广东地狭人稠，自古就有人出海从事贸易。黄启臣在《广东海上丝绸之路》中记述：秦汉之际，岭南"商使交属，舟舶继路"。当时贸易要冲为日南、交趾。两晋、南北朝时期，广州成了市舶汇集地。隋炀帝时，最先在沿海地区设置"交市监"。继之，唐代在广州设置"市舶使"，并派岭南帅臣监督。来广州进行贸易的外国人被安置在广州城外一角，称为"蕃坊"（见图2-1）。作为居留地，原则上承认治外法权。外国商船进港时，须履行所谓"船脚、进奉、收市"的义务。"船脚"即支付市舶使的税金，"进奉"是给朝廷的贡物，"收市"则为宫廷先于一般人购买御用品。当时广州与海外诸国贸易交往频繁，而且广东人与外国人杂居，开放且友好。城外的蕃坊区多为交州、泉州、扬州诸地市舶中最为繁华兴盛的街区。后因唐末战乱、苛捐杂税严重、官吏腐败等原因，上述诸地市舶逐渐衰退。8世纪末，在广州的外商全部移至他处，广州一时没落。

图2-1　唐蕃坊区宗教建筑遗存

宋代继承了五代的政策。为了稳定边境禁止陆上对外贸易，而鼓励海上贸易。宋朝政府垄断经营香料、药材、珍珠等贵重物品，低价买进、高价出售，牟取暴利。其他经朝廷允许的商品可以自由买卖，但必须缴纳关税。当时从事买卖的中间人是一种特许商人，称为"牙人"。在广州、明州（今宁波）、杭州设置的三个市舶司中，广州最为繁华。宋末祥兴元年（1278），市舶司移至泉州；元仁宗元年（1312），市舶被禁止。三年后放宽政策，于泉州、广州、庆元再设市舶司。明初，市舶司曾设在太仓、黄渡，后废除，并改设在宁波、泉州、广州。明洪武七年（1374）再度废除三市舶，明永乐元年（1403）又再度设立。正德年间，广东市舶迁至电白县。明嘉靖元年（1522）倭寇骚扰市舶事件上奉朝廷，罢福建、浙江两地市舶，只余广东。日本人田代辉久在考证十三行夷馆时，对广州上述海外贸易的历史亦做了系统地研究。[1]

唐宋时期，广州的蕃坊是我国历史上最早、规模最大的外商聚居区。蕃坊创始于隋唐，完善于宋，衰落于元。宋代时，广州是我国第一大港市，外商比唐代时还多。"诸国人至广州，是岁不归，谓之住唐。"政府为避免外商与华人杂处发生矛盾，也为了限制外商多置田宅，于是划定专门的外国人居住区，即蕃坊。唐宋时对蕃客的政策比较宽松，除要求外侨遵守中国法律外，允许他们与当地人通婚，入仕当官、开店，也可按原宗教生活习俗建房。蕃坊内设有专门的管理机构——蕃坊司。蕃坊内还设有蕃市、蕃仓、蕃宅、蕃学、蕃寺等公共设施。

广州怀圣寺光塔，即是建于唐代的伊斯兰教清真寺，城北还设有蕃人墓地。清真先贤古墓又名"回回坟"，相传唐贞观二年（628）穆罕默德派遣阿布·宛葛素（又译苏哈白赛）到广州传教，云游泉州、杭州和长安等地，返回广州后逝世并葬于此。现墓园占地2200平方米，园内广种花木，墓室西南有拜亭、方亭和房宅。墓室坐北朝南，形制下方上圆，宽深约6米，南为一拱门，中停宛葛素棺木。墓顶呈穹隆状，室内诵经祈祷，声音洪亮，故又称"响坟"。1962年定为省级文物保护单位。

二　明代"市舶司"与"怀远驿"

明代的舰船曾驶向海洋，虽然当时全球化的商品贸易尚未形成，但变相的国际贸易却从未中断。

---

[1] 马秀之、张复合等：《中国近代建筑总览·广州篇》，中国建筑工业出版社，1992，第9～17页。

1. 西洋远航

永乐三年（1405）到宣德八年（1433），三宝太监郑和率船队七下西洋。其船队之庞大、航行范围之广阔为历史之最。当时有大型"宝船"60多艘，加上中、小型船只，多达200余艘，载员达2万多人，并配备强大武装及当时最先进的导航设备。船队南向终点是爪哇，西向终点是东非，访问及贸易的国家共36个，遍及东南亚、波斯湾、阿拉伯半岛、东非沿岸（见图2-2）。这一远航也有荡清海寇之意，故船队过后海道清平，不少外国商船随之而来。[①]

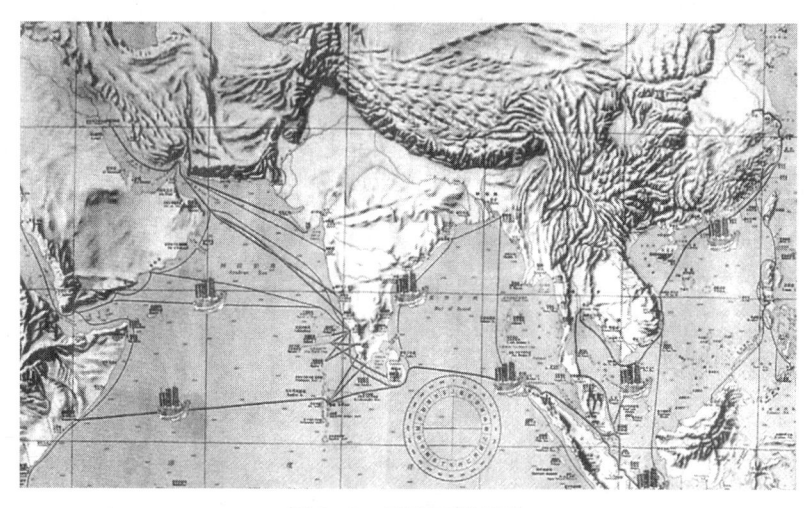

图2-2 明代西洋航线

郑和下西洋之举，使广州的外贸空前活跃。不过，朝廷并没有稳定的开海政策，广州的外贸起伏不定，只有走私的私商一直在经营。郑和的远洋活动，并没有在海外建立贸易基地，也没有寻找固定的市场。这说明当时的国人尚无强烈的海外贸易思想与经济头脑。嘉靖元年（1522），明世宗即位后，又推行严厉的"海禁"政策，只留广东市舶司。于是，广州当时成为唯一合法的外贸口岸，从嘉靖后期至万历年间，时罢时复，万历二十八年（1600），再复开广东、福建两地市舶司，直到明亡。

2. 海上航线

在郑和下西洋之后，欧洲人也陆续开辟新的海上航线。明代，广州与

[①] 龚伯洪：《商都广州》，广东省地图出版社，1999，第98页。

外国来往的重要航线有3条。第一条是广州—菲律宾—拉丁美洲，这是16世纪中期开辟的新航线，因其贸易商品主要是丝货，故又称太平洋上的丝绸之路。当时主要是西班牙的大帆船走此航线，亦称此航线的贸易为"大帆船贸易"。第二条是广州（经澳门）—印度果阿—东非摩洛哥—欧洲，航程长，国家也多。第三条是广州（经澳门）—日本长崎。

3. 朝贡贸易

明代的外贸，公者"贡舶"、"市舶"，私者"商舶"、"寇舶"，总体分官方朝贡贸易与民间私商贸易。"海禁"时，只有贡舶是合法的，商舶是非法的，但走私的私商仍很活跃。贡舶贸易与前代一样，以"朝贡"与"回赠"的形式从事贸易活动。不少外商为享受货物免税的优惠，竞相前来"朝贡"，使朝廷应接不暇。于是，朝廷规定了准许入贡的国家与数量。常经广州领取"勘合"（准许证）进口的有12国，最多时有15国。包括日本、朝鲜、暹罗、占城、利加、苏禄国、渤泥、古里、古麻剌、爪哇、真腊、柯支、锡兰山、苏门答剌、榜格兰。显然，朝廷乐于以我为中心，接受"贡舶"的国家均为东方尚未实现产业革命的国家。

商舶贸易是私人经营的海上贸易，其中大多是由达官显贵经营，他们不但造大船，还广招海员。如海瑞之孙海述祖，曾造长达84米的大船，招38人出海，贩回一批珍珠到广州出售。也有民间商人独资或合伙经营，造船出海贸易。

4. 交流物质

明代的进出口商品与后代有所不同。那时西欧尚未实现工业化，故运到中国的多是其土特产，如胡椒、苏木、象牙、檀香、沉香、橄榄油、葡萄酒等。而中国因生产力发展，已有不少手工业品名列世界前茅。另有茶叶、丝织品、棉布、糖、瓷器、铁器、粮食、药材等中国特色商品。不少外商携带大量银圆，到广州购买货物，贩回去出售。据古籍记载，万历二十九年（1601）三四月间，有3艘外国商船入广州，各纳税30万两白银，可见其资本的丰厚。从日本长崎往澳门再到广州的"商品"多是银圆；从墨西哥经菲律宾、澳门再入广州的"商品"也是白银占多数。葡萄牙人每年两次到广州参加"定期市"贸易，带来100万~200万两白银定购货物。这种贸易状况对中国来说无疑是很有利的。可惜明清两代的上层统治者，却认识不到"国际贸易"于国于民的深远意义。

5. 机构设置

明代时断时续地颁行"海禁"令，对外贸易亦时起时伏。明初，只有朝贡贸易，不准私商贸易。商船汇集贸易曰"市舶"。洪武三年（1370），在宁波、泉州、广州三地设市舶提举司（通常简称"市舶司"）进行管理。广东的市舶提举司设于广州的海山楼故址。朝廷规定，宁波通日本，泉州通琉球，广州则通占城、真腊、暹罗、苏门答剌、爪哇、三佛齐等12国。相比之下，可见当时广州的外贸地位在泉州之上。

我国古代社会，常把接待远方来客称为"怀远"云云，又把供给递送公文来往的使节、官员暂住或换马的场所称作"驿"。早在宋代，广州改药洲西湖奉真观为怀远驿。泉州曰来远驿、宁波曰安远驿。

据黄佛颐《广州城坊志》载，明代的市舶司与这样一些建筑有联系："达观楼"、"九思堂"在市舶司，"海山楼"即"市舶亭"在正南门楼下，"天后庙"在怀远驿街，怀远驿在西关十八甫；天顺六年（1462）有市舶司"天珍堂"，洪武初，市舶提举司建"水心亭"、"观澜亭"。这些表明怀远驿的设置有一个大致的变化范围。

清顺治十二年（1655）荷兰杯突高齿和蕙诺皆色使团进京期间，使团随员尼霍夫的素描刻印成版画（见1962年伦敦版《东印度公司陶瓷》）（见图2-3）。该画反映了当时怀远驿的建筑状况，实为一个码头区。明代末年，怀远驿因战乱停废。清初，平南王尚可喜曾将其修复使用。

图 2-3 怀远驿（国外图片）

6. 位置优势

（1）相对集中，以利"朝贡贸易"管理。可方便市舶司官吏在此对随贡使而来的蕃商进行抽税并收购其货物，或张榜公布政府有关规定。蕃商也可以在此通过官方认可的经纪商——牙人，把官府收购后剩下的货物出卖，再买回中国商品。后来外商增多，扩建有至120间房屋，以适应接待之需。

（2）临近江岸，以利蕃舶上落货物。明怀远驿选择在城西南向江岸兴建，正当码头区。广州古城西南部临江处多属珠江水道的沉积地。明驿馆所建地点为蚬子埗，表示昔日为河床中部沙层堆积地点。"埗"，为船只上岸登陆地点。蚬子即河蚬，河蚬常在河床沙层中生长，群生，蚬类每成为"蚬塘"。大量钻探资料和开挖资料表明，怀远驿北面的上下九路这时已为河岸区，至今不少房屋底下埋有大量耗壳，沉积层厚度在4米左右。

（3）陆路方便，以利接近市场和官衙。明代时，广州城西南护城河由玉带濠与西濠涌组成，其相汇处就在今上下九路之南。往西是一个大濠场，再往西在今十铺路与文昌路交接处，是南海神庙（俗称西庙）所在地。庙前是珠江水道，可方便水上人家上岸活动与求神祈福。

三 "扣关贸易"与"闭关锁国"

说起"定期市"，还得说说葡萄牙人"租借"澳门。正德六年（1511），葡萄牙殖民者侵占马六甲后，便到我国沿海刺探虚实。正德十二年（1517），派使者以"朝贡"名义率8艘船只来到东莞屯门岛停泊，接着又强行驶入内河至广州。官府拒绝他们的"朝贡"，驱逐他们出境。嘉靖三十二年（1553），葡萄牙人借口航船触礁下沉，海水浸湿了货物，要求借香山县濠镜（即澳门）晒货。他们贿赂了广东海道副使汪柏，得偿所愿，但朝廷未正式允许。上岸后，他们先建草舍，后又建砖屋成村，死赖不走。还把澳门变作他们的贸易港口，走私入广州，与私商勾结，大获其利。万历五年（1577），他们又买通镇守澳门的昭武将军王绰，请他代奏朝廷，准其每年纳地租515两白银，租供澳门为定居贸易地。次年，朝廷允准澳门的葡萄牙人于每年夏、冬两季到广州海珠岛（古称海珠石），参加为期数周的定期市，直接与广州的商人进行交易。

明正德年间，牙人已在广州建有牙行，负责中外商人的中介，议定商品价格。嘉靖三十四年（1555），官府又在广州设立垄断贸易的广州、徽州、泉州十三家商号，代替市舶司收取人口税。次年，广东海道副使汪柏建立起名为"客纲"的牙行组织机构，每纲设"纲首"，总理对外贸易的牙行买卖，并设牙行经纪人"客纪"。隆庆、万历年间，在十三家商号的基础上发展为广东三十六行行商。此时的"三十六行"，已不是单纯的经纪商，而是代表市舶司主持和操纵对外贸易的商业团体了。

1598~1601年西班牙人和荷兰人先后计划来广东进行贸易活动，均未得到准许。1637年英国东印度公司韦德尔率军舰到达澳门，但被葡萄牙人拒绝，转而逼扑虎门，终于得到通商权利。

1653年，澳门贸易繁荣，广东衰落。泰国人和荷兰人来与广州通商，后被准许在市舶馆处进行贸易活动。然而这一活动很快又被禁止。1683年，清政府又恢复与荷兰人的贸易活动。这段时期西欧各国争先恐后来朝，要求在沿海各地通商。康熙二十四年（1685），清廷终于设立四个海关。

1698年英国东印度公司派遣卡奇波罗到长江口附近及杭州湾外的舟山群岛设立居留地，被称为"红毛馆"。但此后迫于清政府的强压，还是不得不迁至广东定居下来。

1720年广州实行"公行制度"，1760年设立"保证制度"。许多制度均建立在控制外商、控制行商的基础上。1792年，英国使节马嘎尔尼来访中国，拜见乾隆皇帝，提出与中国通商等七项要求，但均未被接受。

尽管门外叩关声声，大清统治者依然坚持"闭关锁国"的政策。1757年，自以为"天朝物产丰富，无所不有，不需与外夷互通有无"的乾隆皇帝南巡回京之后，宣布在全国防范洋人、隔绝中外的闭关锁国政策，撤销原沿海各海关，仅留广东粤海关一口通商。从此"十三行"成为清政府唯一合法的外贸特区。

四　清代粤海关与"十三行"

从唐朝开始，中国管理海外贸易的机构一直是市舶使（司）。直到康熙二十四年（1685），清政府在粤、闽、浙、苏4省设立海关管理港口，海外贸易的职能才由海关取代。这是中国近代海关制度的开始。

1. 海关机构设置

在四口通商时期，粤海关在4个海关中最为重要。粤海关设在广州的大关，其对外贸易发展最快，逐步成为中外贸易的集结地。特别是乾隆二十二年（1757）开始实行广州一口贸易，其征税机构粤海关地位日益显赫。粤海关机构庞大，管理范围相当广泛。大关衙门设在广州五仙门内（今长堤东段附近）。在澳门设有行台，专门稽查外出和进驻停留的船舶。

粤海关内部机构按行政关系分为总口与小口两类。总口共有七处，以省城大关和澳门总口最为重要，大关稽查城外"十三行"和进入黄埔的外国商船进出口货物，澳门总口负责稽查进入澳门和外国贸易的商船。总口设有旗员防御两员，分别驻大关和澳门总口。两总口的关税事务又分为附省10小口，由海关监督或奉旨监管关务的总督、巡抚分派家人带书役管理。

2. 海关建筑概况

从历史图片可见，早先的粤海关是一典型的传统衙门式建筑群，三开间的屋式大门面南"八字开"，两根庙式旗杆分立两侧，办公建筑多为单层，院落进深为基本组合模式，由此展拓成更大庭院（见图2-4）。

图2-4 粤海关出巡

十三行时期的海关曾设在商馆之西的联兴街附近（见图2-5）。从许多外销画看，上述各种"口"的建筑大多为中式平房。"十三行"附近的税口有小庭院，黄埔古港的税口为水榭建筑式样，即三面有外廊，大概是为适宜停船靠岸开展工作之必要。

图 2-5 联兴街海关机构

第二次鸦片战争后西方列强通过一系列不平等条约，攫取了清政府的海关管理权。咸丰十年（1860）在西堤成立粤海关税务司署，宣统二年（1910）位于广州西郊联兴街的粤海关常关（见图 2-6）以及粤海关黄埔分卡（见图 2-7）均有照片留存。前者有衙门式的大门入口，后者为两层楼的砖砌房屋，外廊西式坡屋顶。同期沙面也建成"粤海新关"的公馆（见图 2-8）。位于五仙门的粤海关常关（即原粤海关机构）办公楼，民国时已变为三层带柱式外墙、弧形窗罩、圆拱柱廊山花女儿墙的西式建筑，1931 年改称"粤海关民船管理处"（见图 2-9）。1916 年建成的粤海关大楼俗称"大钟楼"。

图 2-6 粤海关常关

图 2-7 粤海关黄埔分卡

图 2-8 沙面粤海关机关办公楼

图 2-9 五仙门粤海关机构办公楼

3. 海关业务管理

与其他海关不同，粤海关专设海关监督统管海关全部事务。梁廷枏《粤海关志》卷五称："我朝厘定管榷，官制有兼管、有简允。天下海关，在福建者，辖以将军；在浙江、江苏者，辖以巡抚；推广东粤海关专设监督，诚其重任也。"粤海关监督的全称是"钦命督理广东沿海等处贸易税务户部分司"，充任者多为内务府满员，皇帝的直接代表，由皇帝钦派，权力很大。首任监督设于康熙二十四年（1685），以后逐步更换，至鸦片战争爆发前的道光十八年（1838）止，共有九十四人出任。

粤海关管理贸易的职能主要包括引水挂号、监督修船和协助稽查等。所谓引水挂号，就是"洋船到日，海防衙门报给引水之人，引入虎门，湾泊黄埔"。各国商船一到万山群岛海面，验查批照之后，到澳门同知处挂号，发给部票（即入港许可证），注明船户姓名，然后再由引水员引入虎门报验。虎门口放行后，引入黄埔湾泊，等待粤海关官员丈量征税，开舱贸易。当外国船只回程出口时，也将批照赴沿海营汛挂号。守口官弁（低级武官）将船号人数、姓名逐一验明，申报督抚存案后才能放行。

此外，清政府规定，"各国货船所带护货兵船不许擅入十字门及虎门各海口。如敢擅进，守口官弁报明驱逐"，粤海关立即停止其货船的贸易。货船入口，兵船只准停留在虎门以外，"待交易后，随同货船回国。不准少有逗留"①。按照规定，外国商船在广州交易后也必须尽快回国，而乾隆年间经常有外商借称货物未销，滞留广州。因此，粤海关还负有令外国商船在粤销货后按期回国的责任。如果外国船只所载货物确实未销，经粤海关批准只可以在澳门暂住过冬，第二年回国。

粤海关虽然以管理对外贸易和征收关税为主，但实际上具有对外交涉、海防、贸易及内外防范等多种职能，其运作以两广总督或广东巡抚为中心。主要法规由朝廷下达，海关监督负责征榷，广州十三行商则是整个外贸经营包揽运作的工具，说是"行商"不如说是"官商"。

4. 清代海上丝路

清代，广州的对外贸易航线比前代又有了新发展。之前已开通了到欧洲、拉丁美洲、东南亚、日本等地的航线，现在新开辟了到北美、俄罗斯、大洋洲的航线（见图2-10、图2-11）。

---

① 梁廷枏：《粤海关志》卷二十八，《禁令一》。

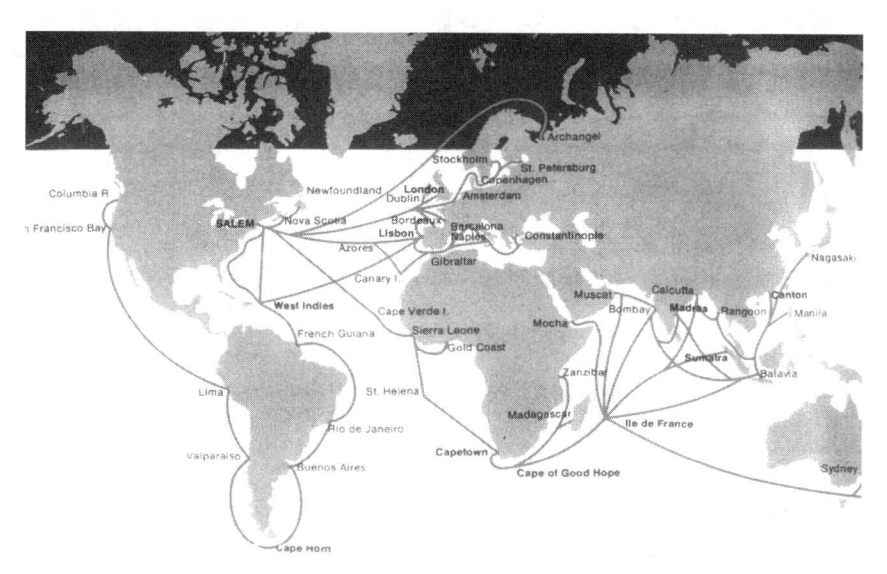

图 2-10　清代海上航线

图 2-11　海、陆两丝路

乾隆四十九年（1784），美国商船"中国皇后"号自纽约开到广州，受到广州商人的热烈欢迎。嘉庆十年（1805），俄罗斯"希望"号、"涅瓦"号两艘商船先后到达广州，首次开辟了俄国至广州的贸易航线。嘉庆二十四年（1819），英国商船"哈斯丁侯爵"号从广州开往新南威尔士的杰克逊港，开通了广州到大洋洲的航线。①

5. 通商国家分布

英、美商人是清代前期外贸的主要对象，此后又有法国、葡萄牙、西班牙、荷兰、瑞典、丹麦、普鲁士、汉堡、不来梅、奥地利、比利时、意大利、秘鲁、墨西哥、越南、暹罗、爪哇、苏门答腊、新加坡、吕宋等地的商人。

6. 进口出口货物

清代前期，进口货物有150余种，如东南亚的香料、大米、棉花，欧美各国的呢绒、钟表、玻璃制品、洋参等。出口商品达80余种，其中茶叶占第一位，主要输往英、美、法、荷等国；丝绸占第二位，主要是生丝、绸缎，受到各国欢迎；棉布也是畅销货，因质高色艳价廉，大受西欧人的欢迎。瓷器方面，广州的织金彩瓷（广彩）成为异军突起的产品。18世纪起，西洋珐琅彩逐渐在广州流行，绘瓷艺人大量使用珐琅彩颜料在白胎瓷上精工绘制仿西洋画，或绘人物、花鸟、图案，或绘欧洲城堡、教堂、风景等，有些画面还按外商来样加工（称"客货"）。以"广彩"、"广绣"、"广缎"、外销画、牙雕、锡器、红木家具、藤编器具等为代表的"广货"闻名中外，但多为手工业品。

五 "一口通商"与"十三行"的垄断

1. "一口通商"的因由

清初，清王朝不仅实行"海禁"，且还曾实行"迁海"政策，逼令沿海居民内迁50里，弄得沿海居民民不聊生。直到平息了"三藩之乱"、收服了台湾，全国形势稳定后，康熙二十四年（1685）清廷方取消"海禁"，实行"开海贸易"，并设立粤海关、闽海关、浙海关、江海关，管理外贸及收取关税，同时也订下许多限制中外商人直接接触的禁例。后来，一方

---

① 黄启臣：《广东海上丝绸之路史》，广东经济出版社，2003，第533页。

面由于条例苛刻，另一方面由于外国商人"屡违禁例"，直接到内地贸易，朝廷遂于乾隆二十二年（1757），封闭闽、浙、江3个海关，只留粤海关对外通商。从此时到道光二十二年（1842）的85年间，广州成为全国唯一通商口岸。

据众多学者研究，广州"一口通商"有如下几点因由：

（1）清政府不希望国门洞开，害怕外来"异端邪说"动摇老祖宗的思想与政治统治；

（2）广州远离京畿，天高皇帝远，向有海外通商联系传统，朝廷顺其自然，控制利用，且获大量税收，充实国库；

（3）广州港乃河海港，远出可攻、近来可防，从外洋到内港有6道炮台防线可抵御外舶闯关，不像宁波等城市完全暴露在敌船的军事火力之下；

（4）江浙一带乃北京粮食及其他物资的主要产地和供应地，不宜与外商直接联系；

（5）清政府不了解国际形势，对商业贸易于国民经济的意义没有认识，总以为天朝"地大物博"可以自给自足，万事不求人。

2. "十三行"是个变数

清《粤海关志》记载："国朝设关之初，蕃舶入市者，仅二十余柁。至则劳以牛酒，令牙行主之，沿明之习，命曰十三行。……仍明代怀远驿旁建屋居蓄人制也。"此种关于"十三行"的说法得到不少学者的推崇，因第一手证明材料不足，故另有如下两种传说。一曰因经营"琼货"，琼货产自琼州，均集散于西关，琼州府有十三州县，故名。[①] 二曰"十三行"地区为填海造地，后成商贸港区。典型人文特色是：商人集中，"敲响算盘做生意"，加、减、乘、除反复对照，生怕有误。因算盘刚好有十三行，故习惯将此地一带交易场所统称"十三行"。

清代十三行办事机构设在今十三行路南北两侧（见图2-12）。至于外港，南海神庙前的扶胥早已淤塞，外国商船多停泊于黄埔村，粤海关检查站就设于黄埔村中。黄埔村成了热闹的市镇，有驳船直驶至城内的十三行码头。

---

① 曾昭璇等：《广州十三行商馆的历史地理》，《岭南文史》1999年第1期。

图 2-12　十三行商馆区一瞥

"十三行"由多家商行（也称牙行、洋行）组成，数目并不限定 13 家，多时有 28 家，最少时只有 4 家。只有嘉庆十八年（1813）、道光十七年（1837）洋行之数恰好 13 家（见表 2-1）。

表 2-1　1837 年广东十三行行商情况

行　名	本　名	商　名	籍　贯
怡和（EWO）	伍绍荣	伍浩官（HOWQUA）	福建
广利（KWONGLEI）	卢继光	卢茂官（MOWQUA）	广东
同孚（TUNGFOO）	潘绍光	潘正炜（PUANKHECUA）	福建
东兴（TUNGHING）	谢有仁	谢鳌官（COQUA）	福建
天宝（TIENPOW）	梁丞禧	梁经官（KINQUA）	广东
中和（CHUNGWO）	潘文涛	潘明官（MIN）	福建
顺泰（SHUNTAI）	马佐良	马秀官（SAOQUA）	福建
仁和（YANWO）	潘文海	潘海官（PWANHO）	福建
同顺（TUNGSHUN）	吴天垣	吴爽官（SAMAUA）	广东
孚奉（FUTAI）	易元昌	易昆官（KWANSHI）	广东
东昌（TUNGCHANG）	罗福泰	罗隆官（LAMQUA）	福建
安昌（ANCHANG）	容有光	容达官（TAKQUA）	福建
兴奉（HINGTAE）	严启昌	严×× （SUNSHING）	福建

资料来源：梁嘉彬：《广东十三行考》，广东人民出版社，1999，第 225~226 页。

3. "十三行"的业务运作

"十三行"代表官方管理外贸,同时还是国内长途贩运批发商与外商交易的中介商,起着买办代理商的作用。他们在大规模的交易中收取可观的手续费,积累起巨额的资本。此时广州的外贸发展达到巅峰状态,十三行行商也名闻中外。清初屈大均已有诗吟道:"洋船争出是官商,十字门开向二洋。五丝八丝广缎好,银钱堆满十三行"。

"十字门"在澳门以南,曾是通往海洋的重要通道。不可否认,"十三行"与澳门有着直接的关系,无论是船舶通航、外商居住往来,以及贸易制度摩擦事件和后来的战争,都有不解的牵连瓜葛。

"十三行"由官府培植而成为封建政府垄断对外贸易的代理人,是广州行商制度下中国人与西方人之间往来的实际操作者,兼有商务与外交的双重职责,是一种变形的官商或商官。但由于本身并无相应的政治权力,使之责任越大,获咎越多。行商所获巨额利润不能独占,常常通过"报效"、"捐输"的形式转入朝廷或地方官员的私囊。诡谲的"互保制度"所造成的债务赔偿,使不少行商倾家荡产。乾隆四十年(1775)后,各级官吏加倍对行商敲诈勒索,西方商人也以高利率向行商放债,导致行商纷纷破产倒闭。[①] 从"十三行"建立到废止,行商荣枯无常。

官府通过"十三行"垄断对外贸易,限定通商渠道,抑制竞争,表面看来稳定有序,实际上却导致许多商机的丢失。官商依靠其合法的地位向外商兜售劣质商品,且要价奇高,极易造成贸易流产。官员行政腐败、中外商人行贿成风、偷税漏税严重的"一口通商",无论作为一种制度、一种观念、一种方法,都已十分落后。

"十三行"的辉煌并不是什么先进政策的产物,给广州的也只是消极政策中的机会性优势。"十三行"最后的命运基本上以悲剧结束。它给我们的经验教训是多方面的。

六 "十三行"对城市发展的影响

尽管清政府的开放政策是勉强的、不彻底的"门缝政策",是巧立名目的、限制性的、缺乏正常商业心态的开放政策,但相对完全"闭关锁国"的"抑商国策",多少给了广州一个发展的机遇。因整个国家的对外

---

① 唐文雅:《广州十三行沧桑》,广东省地图出版社,2002,第223~224页。

贸易始终与"十三行"有关,可否谓之"十三行模式"?"一口通商"近一个世纪,可否称为中外贸易史上的"十三行时代"?这一时期,广州老城区没什么大的发展,西关的城市建设却有明显的成就。

1816年,随阿美士德使团来华的随团医生麦克劳德曾描述:"广州是中国最有趣的城市,论城的规模,它最大,论财富也可能最多。在广州,你可以看到当地的风土人情,也可以观察到他们因与欧洲通商贸易而渐习欧风"。[1]

广州明代时的西城墙连接清代时的西翼墙,北起越秀山南到珠江,两墙以西是为西关。西关多河湖水系,街巷稀少,并不是理想的建城之地,明代只有"十八甫"街圩。清代十三行时期,西关聚集有众多纺织工场以及工商富户2500多家,每家雇手工业工人20多人。纺织业的兴旺带动了印染、制衣、鞋帽、织袜、绒线等相关产业。商贸带来城市建设的发展,许多农田很快变成了机房区。因建机房开街的街区有第六甫、第七甫、第八甫(即今光复中路),以及转西上九甫、长寿里、小圃园,北连洞神坊、青紫坊、芦排巷(今龙津东),因而统称"机房区"。大街小巷连名字也以纺织产品为名,如锦华大街、锦纶大街、麻纱巷等。有专卖布的杨巷,还有专业性的故衣街、装帽街、桨栏路等。资金流转的银铺则在十八甫的商业区范围。基本上把道光以前的西乐园大部分变为市区,使西关日益繁荣,人口日增,西关平原农田被大片开发。[2]

西关人家的祖辈,或为商贾、商贩,或为商行工人,多从事与商贸有关的职业,所以西关行业"会馆"林立,向以浓郁的市井风情、独特而繁盛的商贸文化闻名于世。尽管当年丝织工场故址不复存今,但一些街牌、巷名仍留下了十三行时期织造业兴旺发达的痕迹。

太平门外的商铺共有15000家[3],这些商店与行商的公行、馆所、商栈等设施都靠近十三行夷馆地带。这里是西方建筑文化最早抢滩登陆中国的地方。现今,太平门外的上下九路,其独具岭南传统建筑特色的西关商廊,就是在十三行时期的基础上形成的。十三行时期,基本上形成了广州"城—厢"呼应的结构模式,致使古城重心西移(见图2-13)。

---

[1] 广东省博物馆编《广州百年沧桑》,花城出版社,2003,第12页。
[2] 《广州市荔湾区志》,广东人民出版社,1998,第33页。
[3] 蒋祖缘:《简明广东史》,广东人民出版社,1987,第336~337页。

图 2-13 "十三行"对城建的影响

十三行时期西关顺理成章地充任了广州金融业、饮食业、南北药材业、北货业、布匹业、大米业和酸枝家具业的主要集中地和商贸大本营。时人称:广州"通夷舶,珠贝族焉,西关尤财货之地,肉林酒海,无寒暑,无昼夜"。① 当时国外资料记载:"有机会到过广州,走过它的街道,看一下街道熙攘的情景下,就会认为此城人口,绝不会少于一百万人。"②

乾隆三十三年(1768),英国商人威廉·希克说:"珠江上船舶运行忙碌的情景,就像伦敦桥下的泰晤士河。不同的是河面上的帆船形式不一,还有大帆船。在外国人眼里,再没有比排列在珠江上长达几公里的帆船更为壮观的了。"③ 沙面没有成为租界之前,因受"十三行"的影响,形成了一个繁华的水上"浮城"。在 19 世纪前期,8 万多"疍民"大多集中在沙基一带。通过河流网联系着当时整个珠江三角洲地区。美国人威廉·亨特这样描述 1825 年他所看到的"浮城"景象:

---

① 戴逸:《简明清史》第一册,人民出版社,1980,第 410 页。
② 《清宫广州十三行档案精选》,广东经济出版社,2002,第 5 页。
③ 〔美〕威廉·亨特:《广州"蕃鬼"录》,冯树铁译,广东人民出版社,1993,第 11 页。

从内地来的货船、客船、水上居民和从内地来的船艇、政府的巡船及花艇等，数目是惊人的。此外，还有舢板，以及来往河南的渡船，还有些剃头艇和出售各种食物、衣服、玩具及岸上店铺出售的日用品的船；另外还有算命的和耍把戏的艇——总而言之是一座水上浮城。①

历史上一度处于广州城外的西关之地，为何商贸历久繁荣不衰？几经探求，我们寻找到西关乃至整个荔湾区以及广州河南繁荣的历史源头——"十三行"。它是当年清王朝统治之下显赫一时的国际贸易口岸，也是中外经济文化交融之地。

十三行商人世业克牙、熟谙番情，交易数额惊人。当时居民大多借洋船谋生，城外街市应运而生，形成广州城外一个特殊贸易区，一个重要的物流集散地。②

"十三行"素有"金山珠海，天子南库"之称。乾隆初年，每年"十三行"的海外贸易关税收入，除支付军饷、衙役差饷所需之外，尚有盈余50多万两上缴朝廷，更别说地方各级官吏所获的丰厚收入。对外贸易，造就了不少西关富庶人家。"十三行"是享有对外贸易垄断特权的官商组织，这些拥有特权的行商中，尤其以潘、卢、伍、叶四族豪门为最，成为广州西关的四大买办家族。行商为保其对外贸易的特权和地位，主动向朝廷捐输银两和进贡洋货，从《清宫广州十三行档案精选》的奏折中亦可知当年行商确是获利丰厚，贿赂惊人。

"一口通商"政策，奠定了广州十三行商馆区的重要经济地位。西关一带，则成为行商、买办置买房产、安顿家眷落户久居的首选之地。如行商潘仕成在荔枝湾的私家住宅乃广州最有名气的近代私家花园。现在西关的十三行路、杨巷路、第十甫路、第十五甫一带的民房仍保留着当年中西结合的建筑风格。

朝廷为有效地管理这一进出口贸易市场，规范了洋商们的经营行为，建立了行商的"保商"制度。从嘉庆十八年（1813）粤海关监督德庆关于修订十三行保商的奏折中，可详细了解到当年进出口贸易市场管理的情

---

① 〔美〕威廉·亨特:《广州"番鬼"录》，冯树铁译，广东人民出版社，1993，第11页。
② 周霞:《广州城市形态演进》，中国建筑工业出版社，2005，第146页。

况。清代的市场管理制度，对现在的经营者具有正反两方面的借鉴价值。

十三行时期广州西关的文明成就，被鸦片战争的炮火几乎毁灭殆尽，随之而来的是半个世纪的衰落期。

第二节 十三行商馆的区位考释

鸦片战争以前的"十三行"夷馆是中国大陆最早出现的西洋建筑群之一。它不仅是广州古城一道标新立异、闪烁眼球的城市景观，也是风靡世界的一道风景（见图 2-14）。

图 2-14 广州城与商馆远眺

乾隆嘉庆年间，江西人乐钧（1766~1814）曾作《岭南乐府》诗描述了各国驻广州商馆的情况：

粤东十三家洋行，家家金珠论斗量。
楼阑粉白旗杆长，楼窗是镜望重洋。
荷兰吕宋英吉利，其人深目而高鼻。
织皮弁服竞珍异，海上每岁占风至。

十三行夷馆的区位选择，涉及大清帝国的统治思想、外交理念等重要问题，同时也具有一定的历史地理渊源或来龙去脉。伴随着一次次沧桑巨变，富集了丰厚的历史信息与人文思想内涵，因而可谓一个历史文化特区。当今虽为一块被完全破坏了的文物遗址,但在世界各国珍重历史文化的人们心目中依然占有重要地位,尤有研究之必要。

本节主要根据著名历史地理学家曾昭璇先生《广州十三行商馆区的历史地理》一文[①]加以编写,欲为该地段的保护规划提供历史依据。

一 十三行夷馆的选址原则

十三行遗址的房屋基地是从用土构筑基堤开始形成的。当初以基围田,耕种养鱼,随着城市工商业的发展,人口增多,基堤两侧不断加固成建筑用地。因首先利用基堤作商业和手工业生产用途,如"杉木基""浆栏基""塘鱼栏基"等地名,就反映了当时不同的经营内容。也有以同族人居为主的基堤:如曹基、冼基等姓氏围基,是为当年土地开发之始。

清初设关时,洋行兴建地点亦仿明怀远驿,选定江边近行商亦近码头的城区。当时这段河道是深水河道,中泓9~10米,码头3~5米。

1. 接近行商所在地段

如西濠两岸海旁均为洋商行栈区,新城油栏门西濠边即为行商所在地。1647~1777年间,今十三行路一带已先后开发成外贸商馆区。以西濠为界,东段均80米内有广利行、天宝行、同顺行等。至20世纪50年代初仁济西路东部尚留有十三行炮楼兼当楼一座,护卫商馆区的东入口。西濠涌以西按先来后到次序,布置有英国义和行、荷兰集义行、英国隆顺行与孖鹰行,还有丰泰行、瑞行、宝顺行、美利坚行、中和行、万和行、法兰西行、大吕宋行、黄旗行等商馆建筑。[②] 核心地段东起西濠,西至镇安路(今康王路),北自浆栏路,南至今文化公园中心广场中央位置。其面江内港水面宽度枯寂时尚有600米左右,可供船只停泊上落。

2. 临近江岸码头地段

十三行行栈靠近今十三行马路处兴建,供夷商租用,可以满足临江构建码头的需要,因为商馆距离江岸不远。《壬申南海续志》云:"十三行河旁地,各国商人建码头,泊火轮船,许岁输傤值五百两。"自明初江边地

[①] 广州历史文化名城研究会、广州市荔湾区地方志编纂委员会编《广州十三行沧桑》,广东省地图出版社,2001。

[②] 曾昭璇:《广州历史地理》,广东人民出版社,1991,第393页。

蚬子埗到清初江边地为回澜①桥外濠口段，江岸已南迁近 200 米。清初商馆也只能南迁江边地兴建运输码头，其中间空地曾作商品交换地或花园用地，已有多幅外销画佐证。

此段珠江靠近白鹅潭，河水较深，为广州主要码头区，如西濠口西侧即有新荳栏码头。《番禺县志》记载去沙亭渡头在此。西侧沙基，按《广州城坊志》更是码头集中区，澳门、香港火轮码头和往恩平、江村、石井的埠头均在此。因避风有利于保障船只安全。省城防护力强，地区安全有保障，为十三行的稳定经营创设了条件。

3. 近城有较大的市场

广州附近四乡靠的是由水客定期进城购物和传递信息，俗称"巡城马"。故市场有相当大的辐射力和商品需求量。宽阔内港方便货物集散，从白鹅潭水道至内港一带，集结了不少水上人家。十三行商贸区四周工商繁荣、七十二行具备，可为各路客商提供服务。

4. 隔离一般商人市民

清廷限制洋人活动，隅于城外十三行一带，不准入城，并尽量避免接近闹市西关及新城区的民众。乾隆四十二年（1777）开辟的十三行街，就是以满足洋人生活需求并限制其活动为目的的。当时行商上广东巡抚的《禀帖》就将其开街目的坦陈无遗："查夷商到粤广，现在俱已送照定例，在商行馆歇居住，并于行馆适中之处，开辟新街一条，以作范围。街内两旁盖筑小铺，列肆其间，凡夷人等、水梢等所需零星什物，以便就近买用，免其外出滋事。"②

这样，清代的十三行商馆区北以十三行街为界，南以珠江岸为界，东以西濠为界，西以联兴街为界，四至整然。《华事夷言》云："十三间夷馆近在河边，计有七百忽地，内住英吉利、弥利坚、佛兰西、领脉、绥林、荷兰、巴西、欧色特厘阿、俄罗斯、普鲁社、大吕宋、布路牙等之人。"

---

① "回栏桥"名称见黄佛颐编纂、仇江、郑力民、迟以武点注的《广州城坊志》（广东人民出版社，1994，第 626 页）专条说明，其他名称遵循历史图文记载。
② 见《乾隆四十二年行商上广东巡抚禀帖》："开街后新街及要路口俱派拨丁数十名，常年把守，一切夷人行走，概不许越出范围之处。其闲杂人等亦不许混行人内。"

二　十三行夷馆的历史地图

各个时期来华经商、传教、从事外交、学者的诸多群体中，都有对十三行这块地皮进行了当时力所能及的勘探测绘者，他们为东西方各国研究十三行商贸史、文化交流史、外事战争史，留下了珍贵的历史地理资料。

1. 马礼逊文字地图

香港的谭炳耀先生在香港医学会会讯（9/2005）《十三行与十三商馆》一文中指出：马礼逊（Robert Morrison）是一位英国长老会的传教士，他在1806年经美国到达广州。他乔装美国人在广州作短暂逗留，稍后便定居澳门。他努力学习中文，不久他便出任英国东印度公司翻译员。在居澳期间，他翻译了一本英汉字典及把圣经译成中文，他是基督新教传入中国的第一人。他在1834年逝世。终其一生他只能使16个人信奉基督教。但他对基督教在华宣教事业做出的巨大贡献则是有目共睹的。他对商馆的排列及名称与亨特略有不同。马礼逊的儿子马儒逊（John Robert Morrison）承继父业作英国商务部翻译员，他以这个身份参与第一次鸦片战争。他的中文、官话十分了得，清廷官员一度误会他是华人。马礼逊文字草图反映了道光十二至二十二年（1832～1842）间各商行位置。十三行街是馆区北界，东起回澜桥，西止于长乐路，连通杉木栏。长约315米，南至1777年江边的源昌街，约170米。整个馆区呈长方形，与清初（乾隆年间）的十三行夷馆区约占地51000平方米相仿。据1832年马礼逊（John Robert Morrison）所作英文文字简图翻译如图2-15所示。

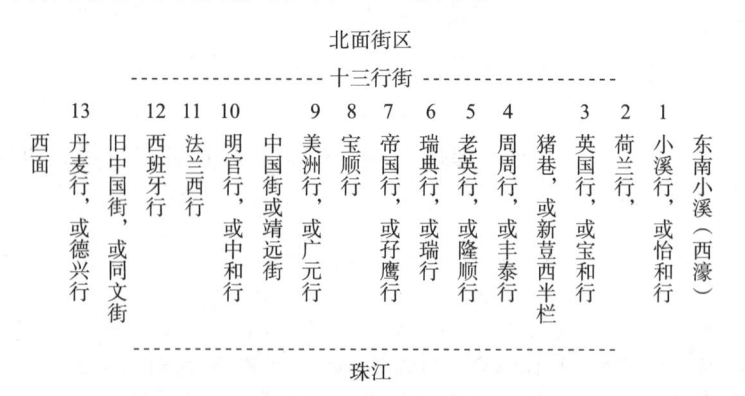

北面街区
-------------------- 十三行街 --------------------

| 13 西面 | 12 丹麦行，或德兴行 | 11 旧中国街，或同文街 | 10 西班牙行 | 9 法兰西行 | 8 明官行，或中和行 | 7 中国街或靖远街 | 6 美洲行，或广元行 | 5 宝顺行 | 4 帝国行，或孖鹰行 | 3 瑞典行，或瑞行 | 2 老英行，或隆顺行 | 1 周周行，或丰泰行 | 猪巷，或新荳西半栏 | 英国行，或宝行 | 荷兰行 | 小溪行，或怡和行 | 东南小溪（西濠） |

珠江

图2-15　马礼逊夷馆文字地图

资料来源：本图刊于 *Chinese Repository*，Vol. 14 guly，1845，p. 3。

从图中可见，每行都由十三行街南伸至江边；东面小溪平行各行流动，珠江由西向东流。小溪行因东面近西濠故名。图中注有三条小街。即：

（1）同文街　后名同文路，已于近年拆除，乃潘启同文洋行故址。南段为日寇炸平，现已改建成文化公园。南面连德兴路，街长 75 米。

（2）靖远街　今名靖远北路，南段入文化公园内。今街仅余北段计 48 米，扩宽为 8 米马路。南段仍称靖远路，但已是近代冲积所成，非清初十三行区地。

（3）新荳栏　后改为荳栏正街，日寇炸平后，只余北段，已改名荳栏中，长 50 米，阔 3 米，又名猪巷（Hog lane）。遗址现为商品房整个镇压。

外国商馆有 13 间：英商势力最大，小溪、英国、老英行和帝国行同英商关系较密。其他商馆都是当时对清廷贸易的主要竞争国家。还有周周行（又译啫啫行），乃巴斯人的商馆。巴斯人是从伊朗流亡到印度孟买地区的祆教教徒，喜以白布缠头，善经商，放高利贷。曾昭璇先生于 1985 年在伦敦进行城市人类学调查时，即以研究巴斯人（Parsee）[①] 为主。他们在伦敦也自成一个民族经济集团。来华经商以棉花、鸦片、放贷为主，今黄埔长洲岛还有巴斯人基地。

2. 李太郭简图

图 2-16 是在十三行两次大火（即在 1842 年 12 月 7 日、1843 年 10 月 24 日）后重建的情形，由英国驻广州第一任领事李太郭〔（George Tradescant Lay）又名李春〕于 1843 年 10 月 27 日绘制。

此图比马礼逊图详细，如馆区前面珠江水岸曲折，码头位置形态已清楚标明。各国商馆规模、形态、街道宽度、走道、花园占地、内部间隔、不同用地的注释等等，均已标出。

图中各商馆排列，一如马礼逊图，但名称有出入。丹麦行称黄旗丹麦行，同文街又名老中国街，后改为新中国街，法兰西行与明官行间开了一条小巷，中国街或靖远街改为老中国街。沿街两旁已开有一列小店。广元、宝顺、孖鹰、瑞行、隆顺、丰泰六座行馆均已比西边丹麦、西班牙、法兰西、明官四行为短（短七间小店位），新荳栏西侧亦建了一排小店。栏东宝和、荷兰、小溪三馆，又比栏西六馆为短，但每馆宽度却很大，为

[①] 周周行商（Chow-Chow）信奉的祆教全名为"Zoroaster"，3~7 世纪为萨珊王朝国教。阿拉伯人入侵后，为逃入印度西部的祆教教徒名称。

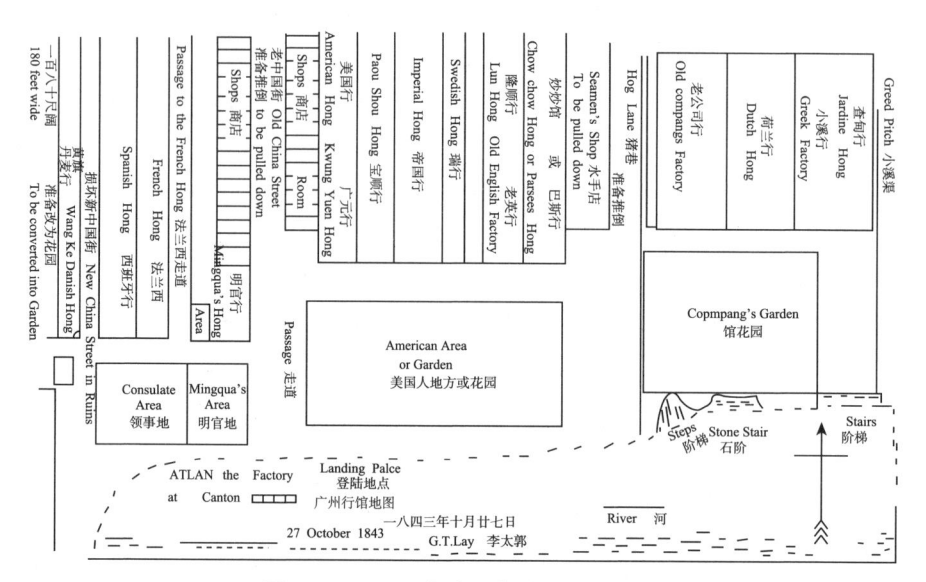

图 2-16　1843 年李太郭绘制的商馆图

其他行馆两倍。其馆前临江花园比中间六馆临江花园要大，河边为主要码头区。西面明官、法兰西、西班牙三馆临江地段为领事地和明官地。黄旗行南为小舟船厂，外即为联兴街。小溪馆外即为西濠。本图对舟舶登陆地点，亦有注记。①

其兴建计划只表现下列几处：

（1）新中国街（同文街）已被烧毁，准备清理和扩宽。

（2）老中国街（靖远街）两旁小店准备推倒。

（3）新荳栏西侧海员小店也准备成排推倒不要。

3. 巴特实测地图

图 2-17 是巴特（R. N. Bate）于 1856 年 12 月 21 日测定的当时十三行商馆区地图，载马士（H. B. Morse）《中华帝国的国际关系》（Vol. 1）一书，亦载亨特（Willim C. Hunter）所著《广州"番鬼"录》。故汉译本有王尔敏教授和章文钦教授两种。王氏在《广州对外通商港埠地区之演变》（台北"方志学国际研讨会"论文，1985）中译出马士书中此图，章氏在

---

① 据王尔敏教授注云：此图"藏于英国国家档案局（Public Record Office）《外商档案》F. O. 17/70. p. 260。在第 262 页又称于 1843 年 10 月 31 日由朴鼎查（即亨利爵士 Sir Henry Pottinger）送有一中文图给耆英"。

《广州"番鬼"录》中译出此图，基本相同，只有些许差别。

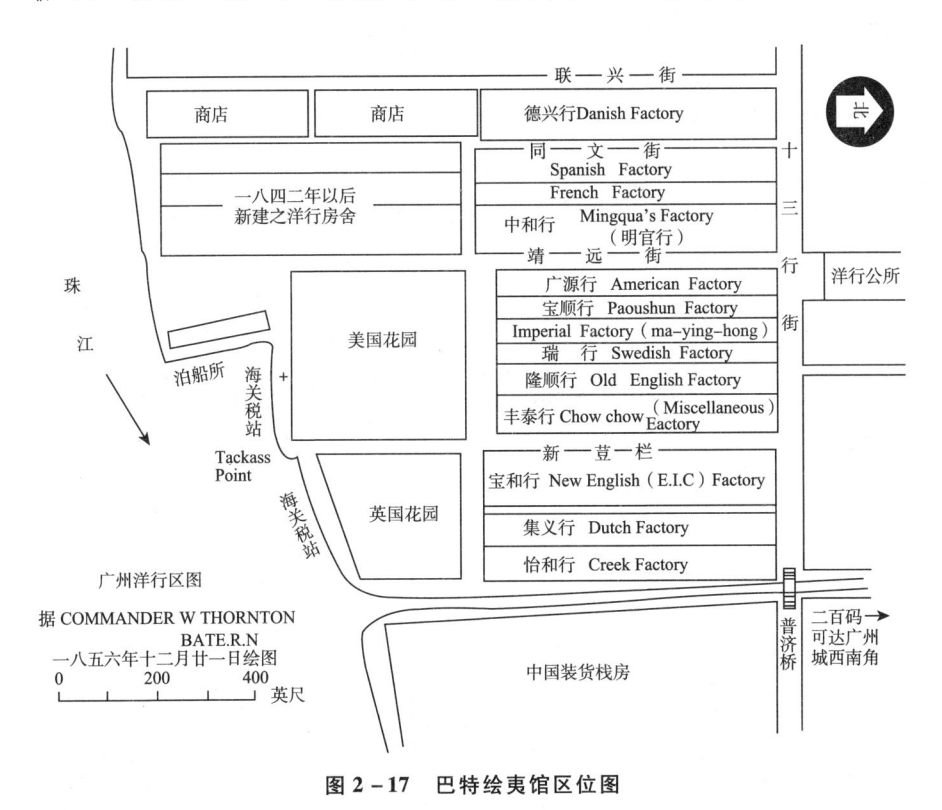

图 2-17 巴特绘夷馆区位图

王氏所译图中，有一处错误，即把东西走向的十三行街东端横过西濠之小桥，译为"普济桥"，这是把桨栏街东端的普济桥看成是十三行街东端回澜桥所致。

译名上亦有不同，如丰泰行译炒炒行，即巴斯行（Parsee 行）；因为港脚商，故又名为混合行（即包括印度和居住在印度的欧洲商人）。新荳栏译为猪巷等等。

本图为测绘图，故准确度高，珠江沿岸地形准确。如小船码头所在的"牡驴尖"、行馆阔度、街巷宽度，1842 年战后新建房舍、丹麦行南新建商店也已绘出。反映了五口通商后，十三行商馆区用地扩展实况。沿江海关两处税站，位置也已标明。测绘人除巴特外，还有司令官 W. Thornton 参加。比例尺用 100 英尺为距离单位，距广州城墙西南角 200 码也可测出，故是一幅可靠的地图。

江边两处海关、同文街北口行商公所及公所前有一空地亦已绘出。这些都是本图测绘较详细之处。中译名"牡驴尖"亦为章氏补译上去的当时外国人起的"洋名"。

4. 亨特馆区简图

在亨特《旧中国杂记》[①] 一书中，有十三行平面图（见图 2-18）及说明一节。该书出版于 1885 年，但从平面图看来，各部分没有比例，也没有测量资料，而是作者凭印象绘出，内文纪事亦似较早。该图和 1884 年的图可以互证，各商馆排列相同，只是欠详细的记录。作者是美国旗昌洋行职员（1829～1844），1844 年退休。后回省开亨特洋行。所记自称为 1844 年前情况，故其插图"十三行馆平面图"当是他退休前后的作品，与该书出版时间相关较远。中文版由章文钦教授译出（见沈正邦译《旧中国杂记》，1992 年岭南文库版）。

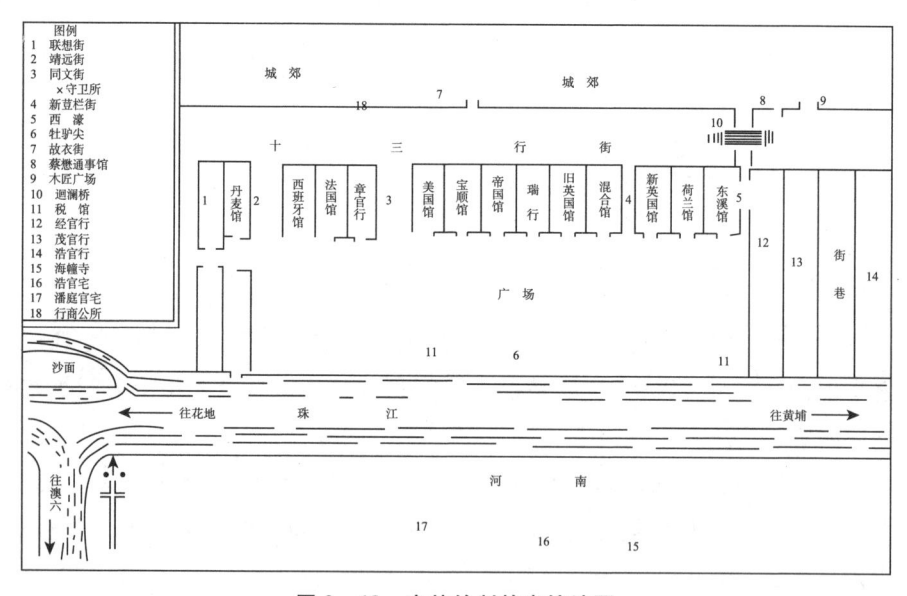

图 2-18 亨特绘制的夷馆地图

亨特图记述面积较广，是为当年洋商要求扩展十三行馆区的一种反映。由于中外贸易日盛，这块 5 公顷的十二个夷馆区（其中有一座是中国

[①] 本书英文名为 William C. Hunter: Bits of Old China. 1885。中译本由广东人民出版社 1992 年出版。

行馆，即平面图中"章官行"）实在不够用。本图东面涉及回澜桥、西濠、经官行、茂官行、街巷、浩官行，往黄埔的通路。西面联系沙面、往澳门水道（白鹅潭）、花地等。北面标记有：故衣街、行商公所、城西郊区、蔡樊通事馆、木匠广场。南面有：广场、牡驴尖、两处税馆（北岸）、潘庭官宅、浩官宅、海幢寺（南岸）。

在商馆区中广场已明确标记：西临丹麦馆南商店区，东到西濠。沿河边到西濠口西侧设有两处税馆。广场中部的渡口泊位牡驴尖也已标明了地点所在。

该图对十三行区外围记载亦较详细，如十三行街北即注明是广州城的郊区，正北的街口是故衣街。正对同文街北口是行商公所。横过西濠（宽12英尺，水深约3英尺）的桥注明为"回澜桥"，桥北为蔡懋通事馆，商馆和政府的沟通就依靠这位通译人。木匠广场即为洋商专造木制品的多排店铺（70家以上）。东侧经官行（指1837年天宝行行主梁承禧）、茂官行（指1837年广利行主卢继光）、浩官行（指怡和行主伍秉鉴）等，即今天的宝顺大街和怡和街地。这些商行也建于江边，以利上落货物，或去黄埔。西侧沙面亦已在第二次鸦片战争后建成，花地则是夷商游览开放地点。今天花地仍有许多花园，供人游览。河南地已有记述，因为潘家花园和伍家花园也已开放为外商度假游览区，还有海幢寺。潘家花园即潘氏旧宅[①]，地甚广，潘振承（文岩）次子潘有为续建园林，与伍家花园[②]隔龙溪相邻。园有大塘，龙船可入。家祠后有人工堆土成岗，高十余米，名社岗，或曰南汉梳妆台。"并有三桥、土地祠、修篁隞、走马路、曲径通幽处各景"（伍观澜《秘图山馆诗钞》）。海幢寺位于伍家花园东侧，是嘉庆二十一年（1816）七月应英商禀求开放，于初八、十八、二十八由通事带领（十人为限）前往游玩一日的地方。僧众的宗教仪式、寺院的宏大建筑、众多殿堂的陈设都很吸引游客。

---

① 潘家花园即为1776年同文行主潘振承在河南买地开辟龙溪乡，经历子有度、孙政炜三代经营所成的家园；含今潘家祠道、栖栅街、龙溪首约、龙溪新街等处，园名"南墅"，近漱珠桥。潘正亨建万松山房、海天闲话阁，今仍留"海天四望"街名。潘有度有义松堂于南野。潘正炜建秋江池馆，中有听帆楼，能俯瞰鹅潭。

② 伍家花园占地100多亩，1803年购入，龙溪水可入园中大湖，名"安海乡"。1835年建宗祠，今仍留"伍家祠道"街名。1843年伍浩官家资2600万银圆。花园旧物有"猛虎回头石"，现存海幢公园。余家旧藏万松园茶具，即聘名工于兴宜，开乌龙岗红土层取泥精制，远胜宜兴一般泥壶云云。

十三行夷商游乐区——花地、河南的开放，表明了当时十三行外贸的繁荣，又说明当时洋商对扩展十三行商馆区范围的要求十分迫切。特别是在道光年间两次大火之后，要求向河南地区、向黄埔地区和向花地扩展。但由于种种原因，外商难以取得进展。第二次鸦片战争中，英法联军占领广州[①]，洋商居住地扩建计划转向十三行区西侧的浅水沙洲，即今沙面。英法联军在占领广州五年后，强迫清廷租借沙面，遂开"租界"之始。而十三行区向南填海为陆仍未终结，致使珠江河道的宽度，自西濠口至沙面一段河道变狭，由宋代"小海"，变为清代的"省河"。民国时期，连只有3000吨位的省港"金山"号火船，亦难以转头了。河宽不足130米，为珠江最狭窄的一段河道，船运不畅。

5. 马士平面图

图2-19为附于马士（H. B. Morse）《东印度公司对华贸易编年史》第三卷书末的附图[②]。由于本卷所记为19世纪初期之事，故本图为嘉庆年间情况。此图用测量学方法测制而成，故图中已有比例尺标出，江岸的地形也较详细，如税馆（图上注记称"税口"）正在港口内部。各行馆内部的结构也较详细。广州"竹筒式"房子，已可由图中Ⅰ、Ⅱ、……房号和空白处的天井表现出来，或用长廊分间。房屋、空地、店铺的大小和形态都看得清楚，故此图应是一幅较详细的地图。

此图中丹麦馆为六座房屋，西班牙馆有三座天井，法国馆是缺乏空地的。行商行号是不属商馆性质的"行"，故亦无空地分隔，只有小巷和商馆隔开。美国馆有房屋四座，宝顺有六座，帝国馆亦有六座；瑞典馆面积较大，有房屋四座。旧英国馆有六座，丰泰行有五座，面积较小。英国馆面积最大，荷兰馆亦有六座，亦有柱式门廊，但较小。小溪馆亦有房屋六座，馆内房屋之间各有空间。

同文街、靖远街、新荳栏街亦绘有小商店建筑。广场上有旗杆位置、散步广场注记。税口房已有具体的平面形态。

图中商馆房屋座数，每与他图不一。这是由于商馆扩建，或火灾焚毁

[①] 买告尔爵士英文名为Seymour. Sir Michael，第二次鸦片战争中进攻广州城的英国舰队指挥官。1856年十三行商馆被焚为瓦砾。

[②] 此图附于马士（H. B. Morse）*The Chronicler of East India Company Trading to China*. 1635-1834, Oxford. 1926（Vol. 1~4），1929（Vol. 5）一书的第三卷，记1805~1820年事。

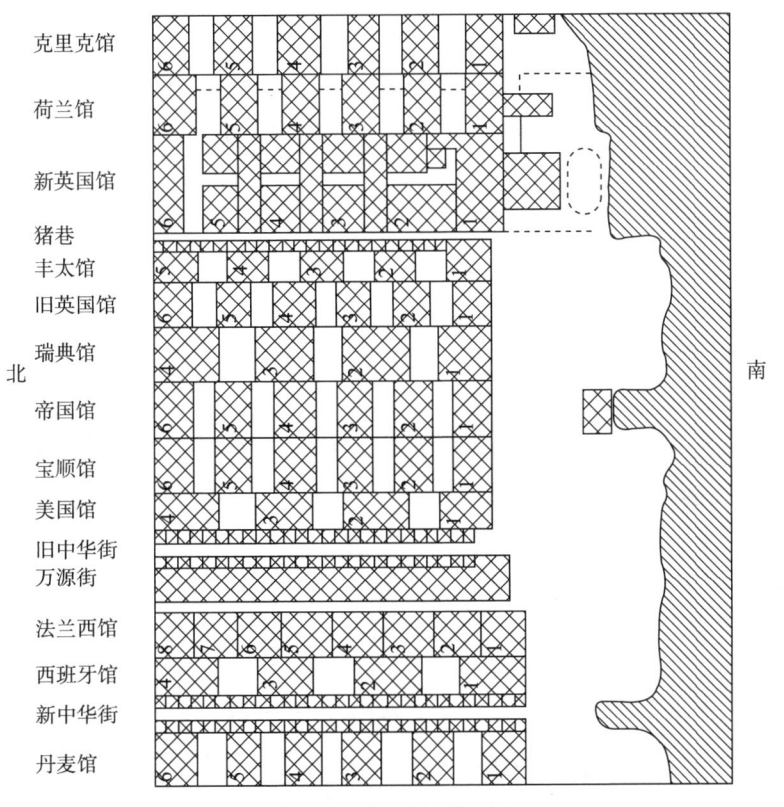

```
克里克馆
荷兰馆
新英国馆
猪巷
丰太馆
旧英国馆
瑞典馆
帝国馆
宝顺馆
美国馆
旧中华街
万源街
法兰西馆
西班牙馆
新中华街
丹麦馆
```

北　　　　　　　　　　　　　　　　　　　　　　南

图 2-19　马士夷馆平面图

后重建时变化所致，各街商店或有或无也是如此。

十三行商馆区地方不断扩大，由十三行街建街开始，北面已无再扩大的条件。本来行馆前即为河岸，但由于码头区向南淤地建堤，不断推进，故有了发展余地。据陈徽言《南越游记》云："道光某年，蕃人夤缘得以巨石甃址，设栅置守，一若厥土为所有者。"《粤海关志》云："谕令将馆前西边道光七年（1827）所筑墙一度，计长一十一丈，东边木板一度，计长一十一丈六尺，南便码头木栅栏一度，计阔一十一丈，又馆前淤积作地一段，悉照丈尺掘毁。"又云："（道光十年二月，1830 年）夷商督令将公司馆前铺地木板拆去，将靖远街口海旁余泥，连夜搬运，填平拆木板低洼之处，洋商等阻止不服。"由此可见当时人工填海，扩大商馆区是明来暗做的。

十三行商馆区在第二次鸦片战争中烧毁后，其废墟一直保存至清末光绪年间，才在受灾区内建房再行开街，但不再为商馆了。英国租住香港，集中力量发展香港，兼顾沙面。从此广州相对衰落。

三 十三行夷馆区的焚毁残破

十三行夷馆于 1856 年在英军进攻广州时被火烧摧毁后①，从此命运终结。亨特《广州"番鬼"录·商馆》云："离我最初开始在这里居住已近 35 年，这个地方简直无法辨认了。这里完全变成了废墟。甚至找不到两块叠在一起的石头！"从历史上看，由于商馆是 2～3 层砖木结构楼房，冬季易遭受火灾，波及十三行馆的已知有 3 次。严重的是人为纵火，对夷馆构成毁灭性的破坏。归纳起来共有 5 次大火。

1. 乾隆年间大火

即 1736～1795 年间大火。广东人罗天尺（1686～1766）有《冬夜珠江舟中观火烧洋货十三行》长歌为证。歌云："蜃楼遥从电光隐。高如炎官出巡火伞张，旱魃余威不可当。"数幅外销画也生动地刻画了大火成灾殃及珠江的景象："雄如乌林赤壁夜鏖战，万道金光射波面。"

2. 道光首次大火

道光二年（1822）九月十八日。据钱泳《履园丛话》记："太平门外火灾，焚烧一万五千余户，洋行十一家，以及各夷馆与夷人货物，约计值银四千余万两。"汪鼎《雨韭盦笔记》云："烧粤省十三行七昼夜，洋银熔入水沟，长至一二里，火熄结成一条，牢不可破。"不过这次火烧之后，不少商馆很快仍按原样恢复重建。这次失火的原因为十三行周围一家饼店失火引起，波及十三行，大火连续烧了两天。11 家洋行有 6 家被烧。外商的货物全被烧毁，所有行商房屋货栈变为灰烬牵连附近的店铺千余家。

3. 道光二次大火

道光十六年（1836）一月二十四日，晨 2 时，木匠广场起火，延入小溪馆，上午 9 时救熄，烧了 100 家商店，损失不过 20 万元。

4. 鸦片战争大火

英法联军攻打广州城时，曾沿江炮轰、火烧，迫清廷在北京、天津签订条约。咸丰六年（1856）十月，英国侵略者借口"亚罗号事件"挑起第二次鸦片战争。英国海军上将西马·糜各厘（Admiral Michael Seymour）攻破虎门炮台，直抵广州，破广州新城，攻入总督署，焚烧靖海门、五仙门

---

① 据 H. B. Morse 五卷本《编年史》："中国人店烧七千家。"

一带民居。同年12月，西马将英军聚集在十三行馆，为了阻止中国军民的袭击，英军占领了通往商馆区的新逗栏街，又拆毁了商馆北面、东面大片中国店铺和民房，留出一片开阔地。12月14日深夜11时，被拆毁的中国铺屋残址突然起火，火势向十三行馆蔓延。15日凌晨烧及美、法商馆，下午时烧及英国馆，下午5时，十三行行商的行铺和外国人的商馆，除了一栋外，全部化为灰烬。这次大火的起因，章文钦先生认为广州军民出于对侵略者的愤恨，乘夜（1856年月12日14至15日深夜）烧毁较为可信。当时率领兵勇驻在省城外的南海知县华廷杰，夜间遥望火光，五颜六色光芒闪耀，据说为珠宝燃烧所至。英军失去十三行为驻点，只好退至船上。又据《南海县志》（壬申年）云："（英军）怒，纵火烧谷埠回栏桥迄迪隆里沿海各行栈"，烧毁沿江房9000多间。这是1856年巴夏礼干的。

5. 1858年大火

史载语焉不详：1858年又烧。谁又烧？为什么烧？怎样烧？都不详。古代中国人打仗，凡取得大胜利者都是用火攻的结果。"战"跟火是紧密相连的。后人烧前朝人宫殿，仗前仗中仗后都可能发生，几成常规。

当英法强租沙面后，对重建十三行商馆不再感兴趣。十三行夷馆的房地产权属行商所有，是时行商多亏损或转业，无暇复建。故至光绪初年，仍为废墟，房屋稀疏不成街道形式。直至光绪末年，由于广州又盛，才开街成市，并向南沿江岸兴建长堤。按清末地图，十三行路以南，除同文路及靖远路外，新荳栏已移到十三行路北，路南已改称荳栏东街。此地段已开出多条新街（见图2-20）。

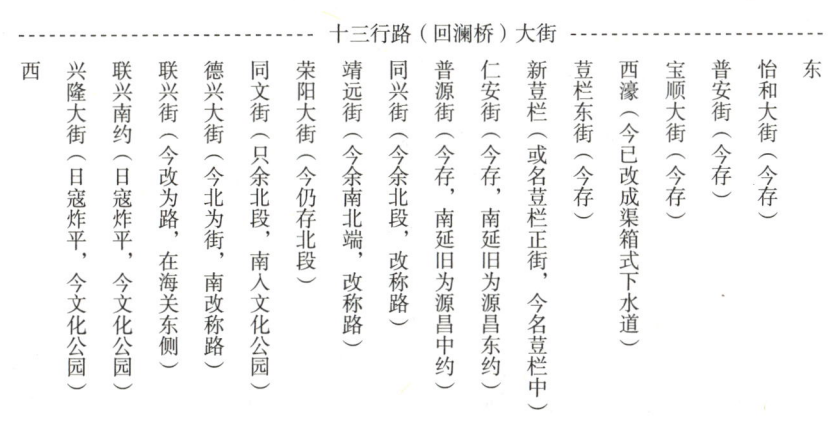

```
┄┄┄┄┄┄┄┄┄┄┄┄┄┄┄┄┄┄┄┄ 十三行路（回澜桥）大街 ┄┄┄┄┄┄┄┄┄┄┄┄┄┄┄┄┄┄┄┄
西                                                                                    东
兴  联  联  德  同  荣  靖  同  普  仁  新  荳  西  宝  普  怡
隆  兴  兴  兴  文  阳  远  兴  源  安  荳  栏  濠  顺  安  和
南  南  街  大  大  大  街  街  街  街  栏  东  （  大  街  大
约  约  （  街  街  街  （  （  （  （  （  街  今  街  （  街
（  （  今  （  （  （  今  今  今  今  或  （  已  （  今  （
日  日  改  今  只  今  余  余  存  存  名  今  改  今  存  今
寇  寇  为  北  余  仍  南  北  ，  ，  荳  存  成  存  ）  存
炸  炸  路  为  北  存  北  段  南  南  栏  ）  渠  ）         ）
平  平  ，  街  段  北  段  ，  延  延  正        箱
，  ，  在  ，  ，  段  ，  改  旧  旧  街        式
今  今  海  南  南  ）  改  称  为  为  ，        下
文  文  关  人  改        称  路  源  源  今        水
化  化  东  文  称        路  ）  昌  昌  名        道
公  公  侧  化  路              中  东  荳         ）
园  园  ）  公  ）              约  约  栏
）  ）     园                   ）  ）  中
          ）                           ）
```

图2-20 夷馆终结后的遗址变故

东西大街较短而小，有四条：① 新荳栏横，自普源街通荳栏东街；② 新荳栏南，自普安街横贯六条街道；③ 源昌大街，自荣阳大街至其昌南约；④ 其昌北约，由源昌东通荳栏东街。

清代末年十三行街以南至河边地，已渐成为清代西关的主要商业兴盛区，各地轮渡码头也集中在这里；各地洋行代理、庄口、金银业、洋行也集中于此，如申庄、东北庄、南北行、药行、参茸行、绸缎行等。民国时期这里仍然为主要货物批发和转运口所在。这和十三行的影响及沙面的兴起有关，也和这片小区地理条件优良有关。民国时期省港澳轮渡码头、旧乡轮船码头、广三铁路码头也于此。西濠口与上下九甫、财厅前成为广州市三大商业中心。

四 20世纪后遗址的遭遇

西濠此段东岸行商区，除上述行商外，还曾在街北开设了普安行；在宝顺大街南部开设宝顺行等。西濠西岸近江边处，本来亦有洋行行栈，如怡和行、集义行（近西濠）、同文行、宝和行、宝顺行、广元行、中和行等存在，其后，便出租给外商自建停居商馆。

在第二次鸦片战争以后，原来十三行作为洋行集中地与垄断外贸的特殊使命已不复存在，不少洋行迁往香港或上海经营，中国部分行主成了外国商人的买办。据马礼逊（T. Marris）等于1903年5～8月测量广州港前航道图，方知商馆废墟仍未开街（见图2-21），但水运码头很受重视。马礼逊家族墓在澳门。图2-22上部为马礼逊墓碑，下为马儒逊墓（此图由香港的谭炳辉提供）。

民国时期的十三行遗址先后改为商店民居。1926年拆城墙建马路，亦将原十三行街与十三行横街筑为马路，命名为十三行路和十三行横路。不少洋行原址，在拆街开路时仍用其原名，保留了历史的烙印。截至21世纪初，在十三行路之南，有同文路（原同文行旧址）、同兴路（同兴行旧址）、普源街、仁安街、靖远北路（此路两侧为中和行旧址）。西濠东边仁济西路以南有宝顺大街，此为天宝行与同顺行旧址故名；还有怡和大街——伍家怡和行旧址（长198米，宽4米）；还有普安街——卢氏广利行故址，长133米，宽3米。至于西堤文化公园一片地区，原是洋行、商馆所在地，民国后改为商号民宅。抗战期间，日军飞机对十三行遗址地区进行了野蛮轰炸，又将这块近十万平方米恢复不久的历史街区变成了瓦砾场。

图 2-21 1903 年的夷馆遗址

图 2-22 上部为马礼逊墓碑，下部为马儒逊墓

新中国成立后，十三行路一带出现了一批银钱业企业，故当时广州人又把"十三行"作为银钱业的代名词。通过整治，十三行地区成了繁华的商业区和旅游区。文化公园是为十三行的遗址地带，虽无夷馆踪影，但公园与十三行街直交的小街巷留下了数条，靖远街、同文街即为其中之一、之二。

2001年12月"广州十三行遗址开发促进会"成立。促进会的职能是协调市、区有关部门，维系有关十三行问题研究的专家学者、十三行行商后裔以及商埠旅游策划人士，开展协调、组织、促进十三行遗址的开发利用工作，并争取划定十三行遗址的控制保护范围，制定十三行遗址开发利用的近、中、远期规划及服务组织实施。

越是学术界重视十三行的研究，十三行的历史意义即日益凸显。当规划方案及处理措施为大多数人所认定的时候，某投机开发商凭借他们特有的奸狡而敏感的嗅觉，先下手为强，日夜赶工、加速开挖十分明确的十三行夷馆遗址，建起了既成事实的高层商品房。一个完全可以复兴打造的商埠文化旅游基地，就这样不可再生地被废弃了。开发商赚足了钱，也赚走了全市乃至全国人民的一大笔"文化财"。

第三节 十三行夷馆的兴起与灾变

按国际通则，"朝贡贸易"转变为"商品贸易"，贸易双方可以互设办事机构。然清政府对此不感兴趣，有时还不那么高兴。外商、外宾来华当然需要"招待所"、"高级宾馆"或者自建的"领事馆"、"大使馆"之类，希望获得比较满意的吃、住、服务条件，顺便好好走走玩玩，"考察考察"，"出国旅游"嘛。然而，有些事情不是看起来那样简单，总要历经波折，一直闹到兵戎相见，付出血与火的代价。是耶非耶？一百多年后的今天，许多学者的著作几乎均涉及这样一些历史问题。十三行夷馆的兴衰史就是一部东西方的外交关系史。

一 十三行夷馆的兴起壮大

随着东西方外贸业的发展，到广州的外国商人与日俱增。贸易数额大的国家开始在广州设立商馆。康熙五十四年（1715），英国东印度公司在广州首设商馆。雍正五年（1727），荷兰获准建商馆。雍正六年（1728），法国在广州设立商馆。雍正九年（1731）——丹麦，雍正十年（1732）——瑞典，相继设馆。乾隆二十二年（1757）"一口通商"后外国商馆数量大增。正如《华事夷言》所载："十三行夷馆近在河边，计有七百忽①地，内住英吉利、弥利坚、拂兰西、领脉、绥林、荷兰、巴西、欧色特厘阿、俄罗斯、普鲁社、大吕宋、布路牙等之人。"乾隆年间（1736~1795）夷馆约占地5.1公顷。乾隆五十一年（1786），美国驻广州第一任领事山茂召到达广州上任。

外国领事（馆）是外国驻华贸易的管理机构，具有外交和外贸功能。但多数商馆主要以经商为宗旨，"外交"的概念还不明朗。如广州的荷兰馆就是专门贩运茶、丝和瓷器的。在广州洋行中，荷兰馆又名"集义行"（the Hong of Justice），经商宗旨十分明显。外国商馆又称十三行夷馆，均属商办性质，犹如行商修建租给外国人居住的"出租屋"。一般外商住谁家的"宾馆"，就跟谁家做生意。当时大清帝国瞧不起"老外"，贬称"夷人夷物"。后来贬义少了，说的与听的都已习惯，就无所谓了。夷馆始建于清初设关之时，当中国行商财力不支或在其他特殊情况下，外商则租地自建；一定程度上按其本国传统建筑风格建造，于是就出现了西式建筑，首次屹立在中国十三行这片土地上。前后100多年，夷馆屡毁屡建，层数不断增加、规模越来越大，"内海"消失，珠江北岸南移，此河道变为最窄的一段（见图2-23）。

据美国人亨特所著《广州"番鬼"录》记载，十三行夷馆的馆名、译名和别名分别如表2-2所示。

表2-2 十三行馆名、译名、别名对照一览表②

馆　　名	译　　名	别　　名
丹麦馆	Danish Factory	黄旗行
西班牙馆	Spanish Factory	大吕宋行
法国馆	French Factory	高公行

---

① 忽：古时一种量度单位。
② 〔美〕威廉·C.亨特：《广州"番鬼"录》，冯铁译，广东人民出版社，1993，第16页。

续表

馆　名	译　名	别　名
章官行	Chunqua' Hong	东生行
美国馆	American Factory	广源行
宝顺馆	Pau-shun Factory	宝顺行（颠地洋行 Dent & Co.）
帝国馆	Imperial Factory	鹰行
瑞典馆	Swedish Factory	瑞行
旧英国馆	Old English Factory	隆顺行
炒炒馆	Chow-Chow Factory	丰泰行（印度帕尔西人 Parsee）经营
新英国馆	New English Factory	宝和行
荷兰馆	Dutch Factory	集义行
小溪馆	Creek Factory	义和行

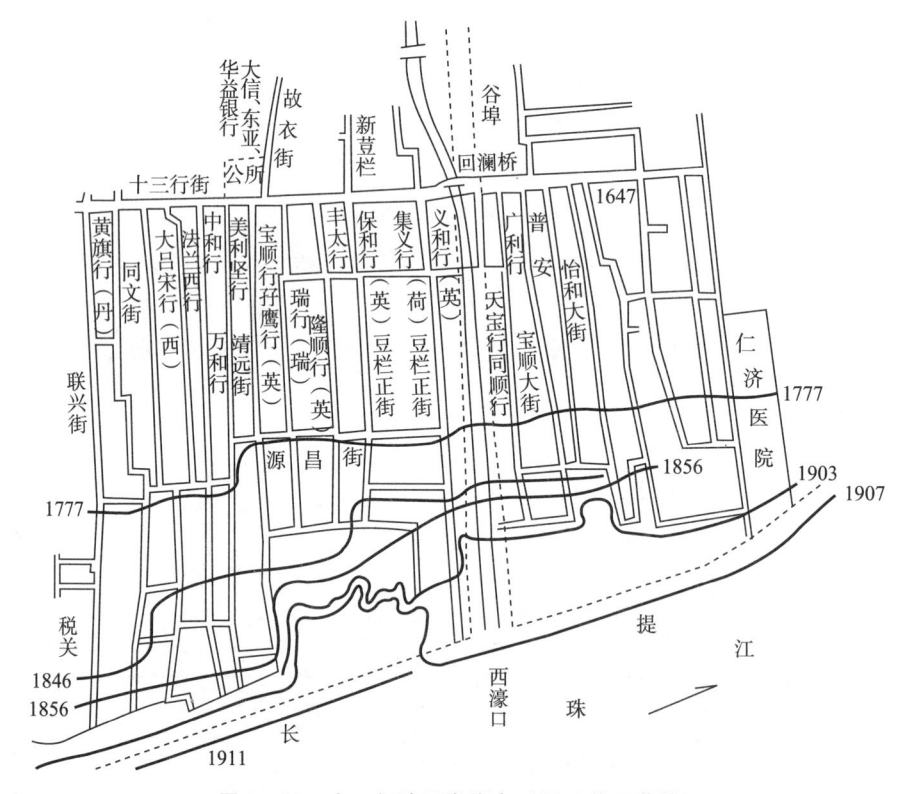

图 2-23　十三行地区岸线变迁图（曾昭璇绘）

各个时期的商馆数量不尽相同，但大致维持在13家左右。其中英商势力最大，小溪馆、新英国馆、老英国馆与英商关系密切。帝国馆是奥地利商馆，周周行是巴斯人的商馆。巴斯人是从伊朗流亡到印度孟买地区的袄教教徒，喜以白布缠头，善于经商；在华经营棉花、鸦片和高利贷等生意。

一是各国商馆集中一处，便于管理；二是临近江边，便于蕃舶装卸货物。面临珠江并排而立，近行商亦近码头。不过，商馆接近闹市西关及新城区，却是官方很不放心的事——害怕外商直接与民众接触。因此清廷限制洋商仅在十三行一带活动，不得入城，并于乾隆四十二年（1777）开十三行街，有意明显地划定洋人的活动范围。

夷馆性质与明代的怀远驿不同，但在地理位置的选择上参考了怀远驿的特点。夷馆区除了夷馆和洋行，尚有多条小街，设置小杂货店、兑换铺、刺绣店等，专门为外国人服务。洋行除了同文行设在同文街外，其余多设置在十三行街之外（见图2-24）。它们从西濠东侧的靖海门外起到十三行街东端止，依次排列。

图 2-24 《粤海关志》上的夷馆和洋行

以十三行街断北，并以此为骨架，垂直南向有三条中国人开设的商业街（Old China Street、New China Street、Hog-Lane），将夷馆区划分成四个部分。夷馆南侧广场是填江造成的，临珠江设有码头。夷馆东侧跨过小河有十三洋行及一座城楼，十三行街北侧的洋行中有称作"公所"的集会处，夷馆西侧设有围墙与外侧洋行相隔。

夷馆区商馆大门南侧倒有一条石板通道，便于商馆间的横向沟通往来。由于这里是河漫滩地淤积而成的街区，汛期如遇大潮顶托，江水会淹没街道，水深时达30～40厘米。但此种现象不经常发生，陡涨陡落，潮水来得快，退得也很快。

由于中外贸易业务扩大，洋商不断要求扩展商馆范围。然而，就在这种"居住活动地盘"问题上，暴露出了清王朝与西方世界持有不同的政治观念、伦理价值、经济体制、贸易手段、统治方法、管理模式、国防意识，等等。由于矛盾的深刻性、长期性与多样性，开放贸易、平等互利的持久稳定的局面始终建立不起来。清王朝比唐王朝还不如，唐代还准许阿拉伯人建"蕃坊"、生育人口、办学校、兴宗教，具有纪念性的光塔寺宗教建筑保存至今！

二 十三行夷馆的建筑特色

关于夷馆建筑，除了中国诗人用诗的语言作了一些刻画，外销画家用绘画的语言作了一些描述之外，再就是当时作为商人、牧师来广州的西洋人留下了许多文字记述，比较专业的研究很少。如威廉·希基（William hiHickey，1769年8月到达中国）的 *Chater Collection*、威廉·C.亨特（William C. Hunter）的 *The Fan Kwae at Canton* 等著作则成为主要的历史资料来源。

1. 夷馆外观形象——"万国彩旗飘五色"（见图2-25）

图2-25 "万国旗飘"（玻璃蚀刻画）

外国商馆只是清代广东局部对外开放贸易的产物。阮元《广东通志》云:"皆起重楼如榭,为夷人停居之所。"李斗《扬州画舫录》云:"广州十三行有碧堂,其制皆以连房广厦蔽日透月为工。"(清)李兆洛有《十三行》诗对外来风气虽有抵触情绪[1],但也着重写道:

> 别开邸第馆诸夷,一十三家各斗靡。
> 窗槛玲珑巢翡翠,轩屏眩转吠琉璃。
> 铺排景物观殊状,变易华风事岂宜。

每个商馆各有独特的民族特色,但大同小异;门前各竖本国国旗,标明国籍。黄培芳《香石诗话》引钱塘叶氏《广州杂咏》,这样描写夷馆风光:

> 十三行外水西头,粉壁犀帘鬼子楼。
> 风荡彩旗飘五色,辨他日本与流球。
> 十三行畔搬洋货,如看波斯进宝图。

道光年间,商馆的正立面连排大致如一,坐北朝南、面向珠江,远看较整齐。建筑色彩一般为白色和浅黄棕色,瓦面用灰白色、砖红色。在外销画中还可以看到英、荷等国的商馆立有红米色方形石柱支撑起入口平台,长而宽的阳台向河伸出,特别醒目。有的商馆山墙绘制有国徽图案,如英国国徽刻有"Pro Regis et senatus Angliae"。荷兰馆也刻有国徽及"Je Maintiendrai"格言。[2]

圆拱形的联排走廊、通道和柱廊很有韵味。一般要通过门前高高树立的国旗才易分辨出哪一栋是属于哪一国的。在外销画中,常见的是英国的米字旗和法国的三色旗。屋外栏栅从正门到河边圈成花园,河边设有石基墩,用石板铺砌的道路显得很整齐。

2. 室内空间组合——"粉壁犀帘鬼子楼"(见图 2-26)

每个商馆内部都包括许多相连的房屋,每间商馆一间接一间的排列

---

[1] 梁承文:《历代名人咏荔湾》,中国文史出版社,2003,第 59 页。
[2] 吴庆洲:《广州建筑》,广东省地图出版社,2000,第 135 页。

图 2-26　夷馆建筑近景〔法〕(Jules Egirin 摄)

向北延伸,由多间双坡屋顶房屋组成。显然,这是受广州中国式"竹筒屋"的影响。第一次鸦片战争前后,房屋数目最少的是美国馆,最多的是丹麦馆和荷兰馆,分别有房屋 7 间和 8 间。① 商馆内部设施情况大至如下:

> 商馆共有十三个——每一个商馆都有横列的几排房屋,从穿底层的一条长廊通入。底层一般都是作库房、华籍雇员办公室、仆役室、厨房和仓库等等之用。二楼则有账房、客厅和餐厅,再上面一层就是卧室。各商馆所占的空地都有限,包括农场和运动场在内。②

即从正门入内,有走廊串联南北并列的房屋,各座房屋间有空地、天井分开。据亨特对商馆的回忆,各商馆中的房屋是不相等的,丹麦行、荷兰行各有七八座,瑞行只四座,集义行六座。仅英国馆与其他馆不同,其建筑物排列成两列隔庭院而建。这一点可从 W. 布拉姆施通 (W. Bramston) 所作"广东城市地图"中的记载看出。该图有 1840 年绘制的建筑布置情

---

① 〔日〕田代辉久:《广州十三行夷馆研究》,载马秀之《中国近代建筑通览·广州篇》,中国建筑工业出版社,1998,第 18 页。
② 〔美〕威廉·C. 亨特:《广州"番鬼"录》,冯树铁译,广东人民出版社,1993,第 15 页。

况。夷馆一般分三层，底层为账房、仓库、储藏间、买办室（包括他的助手）、仆役房间、苦力房间组成。底层的银库里面常有银元 30 万以上，故用石墙和铁门建筑。大部分平屋顶中，也有作天台的，如荷兰馆。房屋编号以门前一座为 1 号，向北依次推进为 2、3、……。大班等西人一般住三楼，底下一层多住华人。这里所谓"农场""运动场"，大概是指馆前的花园广场，甚或饲养奶牛的场地。

在中国人眼中，外国商馆使人感到新奇。乾隆四十七年（1782），山东举人曾七如采访荷兰商馆，他在其《南中行旅记》中曾经这样描述该馆：

> 焜屋临水，粉垣翠栏，八角六角，或为方，或为圆，或为螺形，不可思议。前则平地如坡，门仿闾式，开于旁侧，白色雕镂，金碧辉煌，多幔绘。门有番奴，目深碧闪闪，卷曲毛发……持佛郎机，为逻守。衣多罗辟支，悬霜刃，烛人毫芒。非问途已经者，不敢入。其户重以绣帘，窗棂悉用滨铁为之，既壮观，且可守御……继乃散步槛廊，穷观奇异。有乐钟，至时则诸音并奏，声节无讹，刻时不爽。有千里镜，可以登高望远，二三里能鉴人眉目，又有显微、多宝、小自鸣表持之耳畔如橐虫之啄木。又有《海洋全图》、贝多罗花、丁香藤、相思鸟、五色鹦鹉、倒挂禽、檬兽、短狗之类。檐间悬水晶灯，璎珞露垂，风来则珠霰摇空，铮铮相击撞，贮火可五十盏。①

3. 室内装饰艺术——"金碧辉煌多幔绘"

室内装饰最能反映民族特色。上一段引文同时也描述了荷兰馆里的装饰情况。又如亨特记述当时英国商馆里的装饰艺术："布置豪华、待客奢靡，他们的宴会厅极为宽敞。"宴会厅左边有图书馆，右边有弹子房；天花板吊着巨型的枝状蜡烛台，照耀着银盒中的佳肴。赴宴时由大门入，经礼拜堂，堂尖顶有大钟，为当时广州最大的。登宽大石级、长廊，过图书馆，才入客厅，人齐后才开大门进入辉煌的宴会厅。另有一例，可从侧面说明夷馆陈设华丽。据陈徽言《南粤游记·巡抚遗爱》云："公一日命驾

---

① 蒋祖缘：《简明广东史》，广东人民出版社，1987，第 337 页。

至海关署,声称犹入洋行观自鸣钟,拉监督偕往。"可见连省级高官也要到商馆里去看西洋玩意。漂洋过海的小洋狗也为文人记上:"每对值蕃钱二三十元,然属闺房床笫戏玩之具"(清凉道人:《听雨轩笔记》)。寂园叟《陶雅》记:"十三行所用茗具,白地彩绘,精细无伦,且多用界画法,能分深浅。"①

4. 涉外小商业街——"千家百户次第开"

商馆区有三条小型商业街与商馆平行布列,而与十三行街垂直。

(1)西面是同文街,这条小街两旁全是整齐的两层小店,上层是装有玻璃窗户的小骑楼,下层是木板店面,有时用雕花银饰。街道宽7～8米,地面用15～17行花岗岩条石板顺街铺砌。岩石为冬瓜条状,长1.5米,宽0.6～0.8米。这种铺砌图案同西关街巷用石板横砌大相意趣。平坦流畅,北通十三行街,南达珠江边。从图2-27可见一边街铺有如不连通的骑楼。

图 2-27 同文街(外销画)

(2)中间为靖远街,街宽7～8米,街两旁也是中国式的两层小商店,屋顶上布置有整齐同一的露台。街口立有四柱三门式的牌坊,坊门附近转弯处商店山墙亦开有门洞,以此扩大营业铺面(见图2-28)。

---

① 蔡鸿生主编《广州与海洋文明》,中山大学出版社,1997,第342～343页。

图 2-28　靖远街（外销画）

（3）东边新荳栏街，位于今荳（同"豆"）栏东的西侧，旧名豆栏正街。街宽 5 米左右，故只有一侧布置商店，这同后来六二三路半爿骑楼一样很有风趣。英文名 Hog Lane，直译为"猪巷"。

5. 保商洋行行栈 ——"几家繁华几家陋"

各国商馆并非同时建立。荷兰馆和新英国馆建立的最早，首先占据了东濠涌边最近行商行栈区的有利的地位，方便货物进出口。瑞典、丹麦、奥地利等国商馆相继建立。其他国家则因对华贸易规模有限，多自投洋商行栈。保商及洋行开设的行栈也简称为"行"，但建筑结构与洋人自己建的商馆略有差异。商馆（夷馆）只用作外国人居住和办公，而这种行栈则"客货混装"，其中有货仓，基本上可临时库存一整船的货物，还有许多职员房舍及工人房舍。工人包括厨子、信差和磅手等。这种行栈建筑一般比较简单，天花板也少见。

三　十三行夷馆的风格流变

在中国经商的西洋人中英国占半数以上，自然中国的外贸总额英国人也占半数以上。中国方面的外贸机构是十三洋行；西洋方面，初期是东印度公司，该公司解散后则是加厂·马地松公司、顿特商会等英属商社。根据这种情况，可想而知，夷馆的设计将受到英国建筑风格的强烈影响。

1. 夷馆的灾变周期

日本学者田代辉久曾研究过夷馆的设计风格，并对各个时期的夷馆立面进行了复原制图。从图中可以看出夷馆受到英国 18 世纪到 19 世纪初乔治亚时期建筑样式的影响。按夷馆的沧桑变化，数次被毁数次兴建可划分 4 个发展阶段。

第一阶段：1748 年第一次大火前

第二阶段：1748～1822 年间二次大火

第三阶段：1822～1842 年鸦片战争

第四阶段：1842～1858 年第二次鸦片战争

从各国与中国通商开始到 1748 年，即 1748 年第一次大火前，夷馆起先是对应各通商贸易国的中国行商修建的，用以做安置外商的"宾馆"，很可能以中国风格为主调，一开始就采取"竹筒屋"布置模式，并因各种因素局限，百多年延续了下来。尽管出入口的立面发生了一些变化，如 1732 年，瑞典设馆，二层拱的开口间已设柱式并带有外廊。

1748～1822 年 第二次大火，即第一次大火后重建夷馆。可以从绘画中看到，基本上是在原有基础上重建，并全部按西方风格设计（见图 2-29）。

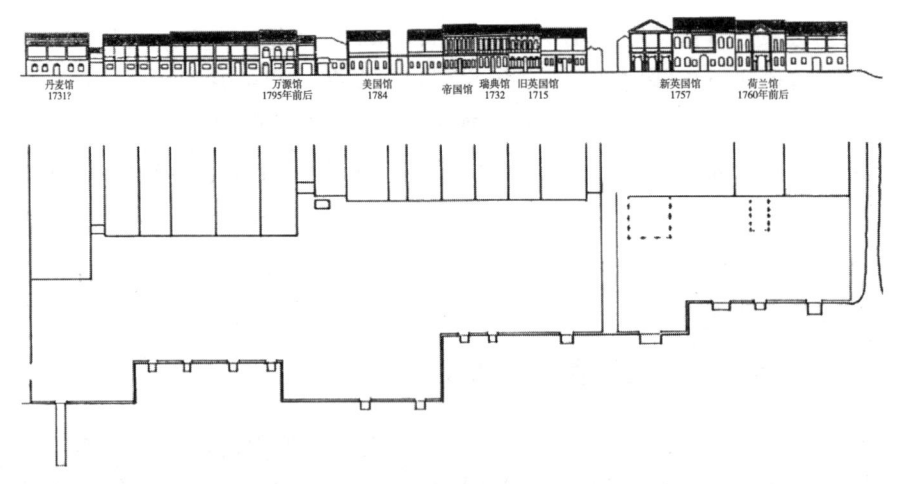

图 2-29　1800 年的十三行夷馆（田代辉久）

早期修建的旧英国馆、瑞典馆、帝国馆等的形式暂不能弄得十分明白，但从侧面了解到 1750 年前后的旧英国馆 [Oid English (E. I. Co. Old) Factory〕与瑞典馆（Swedish Factory）的设计大体相同。一层窗拱受帕拉第奥主义的影响。英国馆在1815年的绘画中，只留下一层墙壁，往下有大拱形开口与人形山头的建筑。

新英国馆〔New English（E. I. Co. New）Factory〕，1805年由东印度公司经营，但从绘图上可看出：该建筑在此之前就已经存在。1750年前后的绘图上，建筑阳台为一个柱距宽，1760年阳台扩大到三个柱距，并以帕拉第奥主题支撑。这是帕拉第奥主义影响至深的表现。该馆在1822年被烧毁，重建后的立面与前同样。但1833年的绘画上增建成三层。1842年鸦片战争后完全变样，成为独立柱，二三层均设阳台的建筑。

西班牙馆设于1730年，1800年还是中式风格，1808年呈新古典主义两层建筑。美国人乃二等英国人，1784年设美国馆。建筑形式为带外廊的中洋折中式，后为新古典主义。丰泰馆在1807年的绘画上呈带有中式外廊建筑。

1822~1842年　即第二次大火后，很多夷馆马上就得到修复，借此扩建或改建（见图2-30）。如宝顺馆重建时变成西式，恐怕一直到十三行夷馆最后被毁都保持着这种形式。帝国馆、瑞典馆、美国馆、西班牙馆、丹麦馆、荷兰馆几乎都是按原样重建。克里克馆与帝国馆相似，在1822年大火中唯一幸免于难。

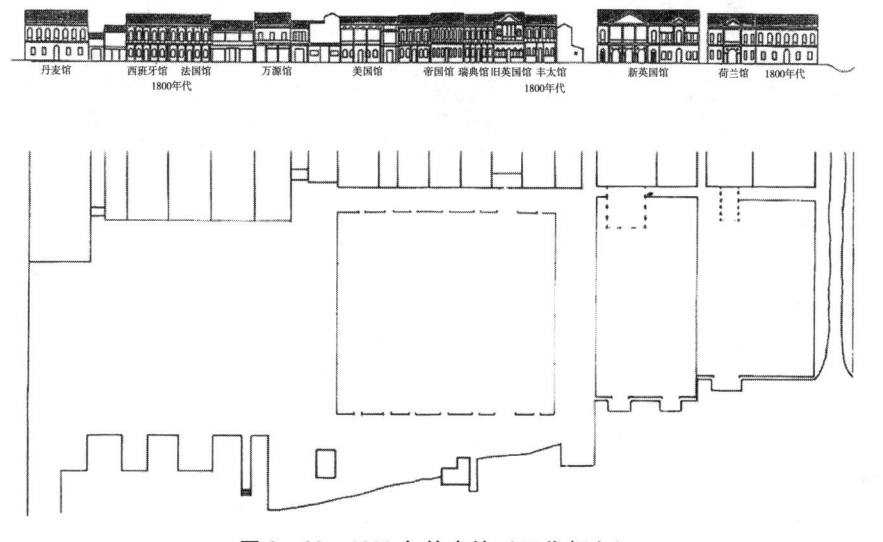

图2-30　1822年的商馆（田代辉久）

有几幅外销画描绘了 1822 年大火。香港藏"大火初起":天空有明月,商馆后街的中国楼房上火焰初升。居民们都提着灯笼赶来帮忙。左方有人肩背着水桶来救火,广场内及船艇上的人都指往火场。画家巧妙地把观画者带入这些观火的人群令其如置身于火场之中,被漆黑的海面及布满浓烟的夜空包围(见图 2-31)。莫尔斯(1926)记载道:

> 十一月一日黄昏九时半外国商人接到消息,北面约一里半的地方失火。零时三刻,火势明显地向商馆这边蔓延。洋船及水手们被召令到商行区抢救货物;他们于七时到达;到了九时,英国馆内已有五六个火场,而整个商馆区由小溪至靖远街茂官的商行都被火焰包围着。①

图 2-31 火烧夷馆(外销画)

美国皮博迪·艾塞克博物馆的"烈火蔓延"描绘了商馆区被熊熊大火包围的情景。是日下午,天空上笼罩着黑烟;行商职员及水手于三时抵达协助灭火,但猛烈的火势把他们赶回船上。很多画作中的小船,此刻则站满了围观者,面对大火带来的破坏,爱莫能助。此次大火期间,超过七千名店主从商铺逃出,物质损失甚为严重。

---

① 曾昭璇等:《广州十三行商馆区的历史地理》,《岭南文史》1999 年第 1 期。

关于这场大火的第一手资料并不多见。美国商人约翰·拉迪默于大火数天后到达广州。他给家人的信中这样写道："你们应从我给母亲的信中知悉我已平安到达，但因那场大火，我们已经无家可归，前信提及的那些中国瓷器亦被烧毁了。"①

1842~1856年　这时期可以说是十三行夷馆普遍加层时期，二层变三层陆续可见（见图2-32）。如克里克馆1830年代扩建为三层，鸦片战争后被荷兰馆合并。荷兰馆战后同新英国馆相当。新英国馆1833年就为三层。丰太馆[Chow Chow（Fungtai）Factory]也许是因用地特别狭窄，鸦片战争后变为四层，很像广州城中后期"竹筒屋"。美国馆在战争后为三层建筑，是重建还是扩建尚不清楚。丹麦馆（Danish Factory）战后于馆前出现新夷馆建筑群。

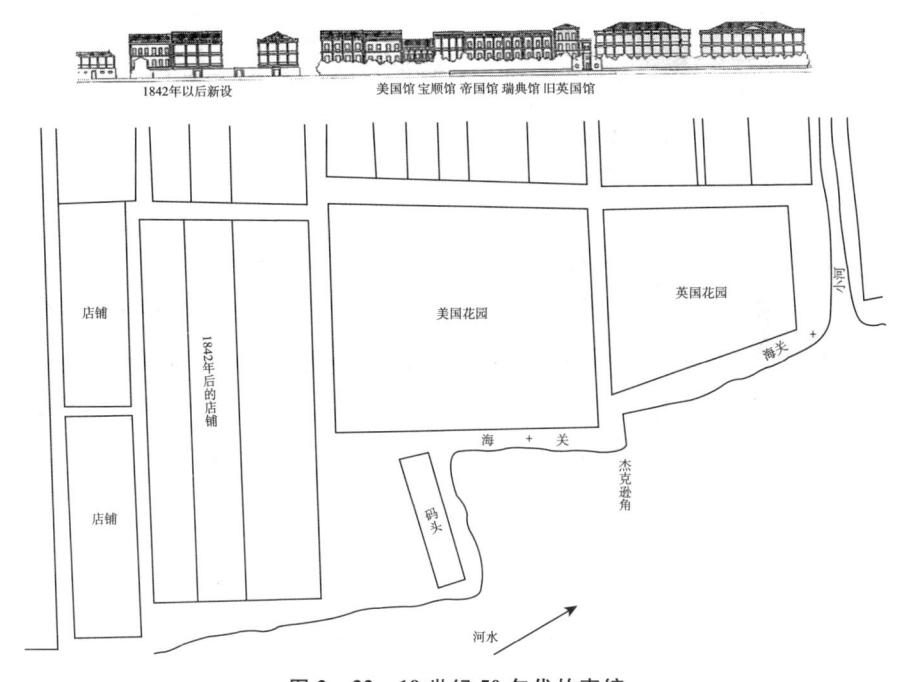

图2-32　19世纪50年代的夷馆

清道光年间，英商向中国大量倾销鸦片，毒害中国人民，大量银圆流出海外。清廷下令查禁缴销，触犯了帝国主义利益，从而爆发了鸦片战

---

① 〔美〕皮博迪·艾塞克斯博物馆：《珠江风光画展》，香港艺术馆，1996。

争,在咸丰六年(1856)十二月十三日的一场大火,把商馆区烧成灰烬……。据台湾清华大学苏精教授对国外历史档案研究,十三行的大火是中国政府指使人有意纵火烧毁的,后来清政府高额赔款内幕也一直保密不泄(2013年9月21日 广州十三行文献研究暨博物馆建设学术研讨会)。在20世纪20~30年代,广州国民政府拆城墙、开马路,保留了一段315米、12米宽的十三行路。

第二次鸦片战争以后,十三行夷馆再无任何建设活动。英法联军占领广州城数年后,一切商务建筑向沙面租界转移。

2. 风格流变背景

18~19世纪英国乔治亚时期建筑样式对中国的影响,首先由外商带到了广州十三行,并通过几次大火(包括战火)的更新换代,客观上留下了一条发展的印记。

夷馆的结构是砖造的,也有用土造的,从1822年火灾残迹绘画可见一斑。建筑表面用灰浆、石材等饰面,如支撑新英国馆阳台的柱子的饰面就是大理石。这些工法和材料很适合表现西方的建筑风格样式。摄政王时期英国典型的中上层阶级居住的房屋大多也是砖造,灰泥或彩绘石膏作外涂层。18世纪50年代表现了用柱式把拱券夹住,这是典型的新古典主义特征。这一时期的新英国馆和荷兰馆,它们的立面构图与帕拉第奥主义一模一样。支撑伸出的阳台是帕拉第奥擅长的主题,流行于1715~1760年间,即以柱式把威尼斯式窗户夹住。新英国馆、丹麦馆的一层窗户周围的装饰就是帕拉第奥在蒂邪内邸(Palazzo Tiene)中喜欢采用的方法。在此以后(1800年前后)出现的西班牙馆、法兰西馆、美国馆也极力学习早建的式样而形成新古典主义设计艺术。摄政时代的建筑风格如此流行是因为具有内在的典雅,那是因为它运用了希腊和罗马的建筑哲学和传统图案。

夷馆区也是鸦片战争的战场(见图2-33),形势动乱和战后使用情况的变化均会导致夷馆建筑的扩建改造,如是留下新一轮历史时期的风格印证。多列柱支撑外廊,是摄政时期开朗古雅灵活的特色影响。显然英国很少用的外廊样式是为"输出"殖民地异化的结果。英国样式经过南亚、印度,再到广州亚热带地区,气候变迁引起建筑风格的嬗变(这是一种优秀设计作风)。英国当时也通过大量业余的贵族考古学家的交流活动出现过希腊复兴式,这种复兴式的列柱是不分段的。显然,还是受摄政风格影响较贴切。

图 2-33 十三行的毁灭（外销画）

从18世纪30年代的帕拉第奥主义到19世纪新的摄政风格，是英国的一个建筑风格周期或时段。从英国传到中国十三行夷馆，中间存在一个时间差。18世纪50年代十三行夷馆受帕氏主义影响，到19世纪40年代十三行夷馆受摄政风格的影响，约差30~40年。这是新古典主义影响波及较远的实事。"日不落帝国"的神话可能就在这里。

3. 风格引申机理

（1）高位势文化的主导作用。

怀远驿是与"朝贡贸易"相对应的"驿馆"，中国造，中国处高文化位势，不可能采用其他国家的建筑风格。

十三行夷馆的建筑早期中国建，保留了中式风格特色，并在发展过程中一致保留了"竹筒屋"布置形式（见图2-34）。"竹筒屋"适宜家庭和作坊就地自主经营、销售、贸易的特点，也不可否定有用地限制的原因。追求四围外墙通敞的作风，英国馆、荷兰馆后来采用独立式柱向前伸出部分显示出这一倾向，最后至沙面建筑才彻底放开。强势文化的渗透在租界建筑上表现很强烈。

图2-34 夷馆有"竹筒屋"身躯

（2）外来与本土文化的结合。

1705~1880年的新古典主义是欧洲古典主义的最新阶段，讲究体量宏伟、柱式严谨，后期夷馆受此影响。虽然与英国本土有一个20~30年的时差，虽然表现出创作样式的过时，但并不表现出创作技法的落后。后来者另有其他方向的综合提高表现。

似乎殖民地都相对在南方、热带；廊柱成了殖民地的代名词（注："殖民地的"英文colonial，柱廊"colonnacle"）英国殖民地（含香港）的建筑风格应该说是欧洲传统风格与殖民地本土风格的交织。国家与地区如广州自己兴建的洋式建筑风格也可用上述公式。我们不必拘于"政治上"是否被称为"殖民地"，至多存在交织部分比例大小不同而已。

（3）时代背景影响风格。

18世纪上半叶和中叶，英国本土建筑历经乔治王朝（Georgian Style），其形式乃乔治晚期的一种建筑风格，以乔治六世为摄政王（Regent）的时期来命名，出现了新古典主义、帕拉迪奥主义、前摄政时期样式。尺寸都比较小巧，融合了古罗马、希腊、埃及、中国及哥特式等设计元素。

至18世纪下半叶，在工业革命推动下，城市迅猛发展，英国主要建筑思潮是古典复兴，反映工业资产阶级的政治理论。"摄政"作风是一种罗马复兴手法，有一定开明人性化特质。乔治时期模仿古罗马人的风格主要表现为简约对称，具有非常优美的线条。窗户、房门多为矩形，房间内部空间充裕。摄政时期房屋的装饰得到更多的重视。比较流行的有拱形房屋入口，精心雕刻的房门和阳台，以铁质材料做成栏杆花饰。家具以舒适为主要标准，形式、线条、结构、表面装修日益简单，许多部件采用矩形。此期，传统工整的英式花园也伴随而行。

大量中、小型庄园府第流行着帕拉第奥主义（Palladianism），讲究理性的柱式规范和构图原则，这是一种受到年轻一代辉格党人青睐的折中主义思潮，以复兴罗马风为主的大汇合手法。威尼斯窗（帕拉迪奥窗）具有充分的表现力和应用灵活的优点，得到广泛的流传也是理所当然的事。

广州十三行夷馆平面无从考证，因地形环境、建筑用地规模等要素的影响，估计局限在中国竹筒式内部空间布置一定会受到不断改造。立面柱式是越来越讲究西化，上述手法对"夷馆"的设计就不无运用之处。当沙面建筑相对"全盘放开"西化时，外来手法将进一步得到发挥。

第四节　从外销画探究夷馆建筑

鸦片战争以前，广州十三行夷馆建筑特色只能从外销画得到一定的了解，虽然这一特殊的画种并非专业性建筑画，然其重要价值在于启迪人们：她对建筑文化的交流、传播、历时演变与保护利用的研究具有真切的引申意义和现实意义。

广州曾是中国唯一的通商口岸、开放门户。清乾隆年间，外国商人在广州十三行租建一批商馆，与同期的北京圆明园西洋楼一起拉开了中国近代建筑史的序幕。以建筑为载体的中西文化在大清国门口演绎了一系列交汇碰撞的活剧。

如果按建筑内在的基本要素发展演变规律来划分历史段落，中国近代建筑文化史或可不拘于按政治影响因素，从1840年起算。因为此前的广州已经具备近代新兴建筑的经济基础和社会背景了。这个实物例证就是著名的十三行夷馆。然而就在中国即将跨入近代社会的"门槛"时，这一颇具规模和影响的建筑组群三次被大火（不含局部）摧毁干净，既没留下一盘模型也没留下像样的图片，给后人研究探微带来不少盲点。所幸流传海外的绘画作品——外销画，弥补了某些缺陷，观画看建筑，多少可以感受当年的情景。

一 十三行外销画的发展简况

明末清初，随着西方传教政策的改变与利玛窦的去世，以宗教画为主的中国早期油画告一段落。康乾时期北方形成一股宫廷画派，广州形成了一股南方画派。北方画派的代表人物是郎世宁（1688~1766），原名约瑟·迦斯底里阿纳，他在康熙五十四年（1715）以耶稣会教士身份来到中国，因擅长绘画，遂成为宫廷画家。尽管宫廷画派有不少著名的作品，并且培训过包衣的小孩，但还是遭受士大夫及文人雅士所鄙视，在宫内只流行一时，却没能在中国广袤的土地上扎根。

南方作为通商港埠的广州，远离京师，较少受到某些士大夫的排挤，由于外贸发达具有广阔的国际市场，或许再加上耶稣会传教士大本营在澳门的影响，商业油画便成为外销艺术中的一个重要组成部分。这一画家群落在鸦片战争前为中国早期油画伸展了另一条发展脉络。

明清两朝，特别是乾隆二十二年（1757）后只准广州"一口通商"，广州便成了"万商来朝"的国际大港。专供外国商人居住的十三行商馆区，就是中国早期油画第二阶段的南方分支——清代外销画的诞生地。这些外销画伴随着洋行的盛衰而盛衰。从18世纪中叶到19世纪第一次鸦片战争前后，十三行及其附近地区有过30余家画室，从业的画家和画工超过百人以上（见图2-35）。他们利用国画的工笔画法配合欧洲洛可可精描细绘的艺术风格，出品过包括油画、水彩、水粉、微形画等外销艺术品，至今依然有上千件的作品被英、美、法、加拿大、香港和澳门等公众及私人收藏。[1]

西方客商除了在十三行的画室购买现成画作外，亦委托画师绘制他们喜欢的风景和风俗题材画，或临摹一些欧洲油画。当时被记录到的外销画家有史贝霖（Spoilum）、仆呱（Pu qua）、新呱（Cin qua）、甘芬（Camfon）、钱呱（Chif qua）、齐呱（Chi qua）等。这些古怪的称呼大概来自外商把粤语发音的广东人名按西方拼音。呱（qua）应为"官"（quan），有

---

[1] 其中较著名的博物馆有：有〔英〕维多利亚与阿尔伯特博物馆、英国国家肖像画廊、布莱顿博物馆、国海洋博物馆，〔美〕波士顿、费城、夏威夷、皮博迪·艾塞克斯物馆，〔法〕吉美东方艺术博物馆，〔加〕渥太华皇家博物馆，以及香港艺术馆和澳门贾梅士博物馆。

图 2-35　同文街的画室

"客官"或"官人"的意思。其中有个"林呱"（Lam qua）名号的画商起码由父子两代油画家组成。鸦片战争后他的作品《江边码头》、《广州洋行风景》等也很受英人青睐。又如《南海县志》载：画家关作霖曾附海舶遍游欧美各国，喜见油画传神，为适应外销市场需要，从而成为我国最早赴欧美学习油画第一人。

美国马萨诸塞州的美中贸易博物馆收藏近 400 年来有关东西方贸易及文化交流的文物和资料。其中有 40 幅绘于 19 世纪 30 年代以前的树胶水彩画（每幅 27.9cm×36.8cm）。[①] 这些中国画家的作品，就是当时适应外国人的需要而推出的以广东风貌为主要题材的外销画。香港艺术馆保存有一个漂亮的绣花画套，上绣"咸丰肆年梅月写，关联昌庭瓜承办大清朝粤东省城同文街右便第壹拾陆间，洋装多样油牙纸山水人物翎毛花卉墨稿画"字样，可见商业味包装甚浓。

广州外销画能脱离宫廷画派独立于上层建筑框架，前后发展近百年，主因：广州受当时国际商贸活动影响使然。它所描绘的十三行风光，无疑在建筑文化的交流中发挥了不可忽视的作用。如果说外销画在中国找不到了，境外各国尤其是发达国家博物馆里收藏的倒是很多；如果说国人对外销画的感情不是那么深厚，可西方世界的"红毛夷人"却情有独钟。如何解释这种现象？至今依然令人惑然。

---

① 梁光泽：《早期油画的分期和发展脉络》，《岭南文史》2000 年第 1 期，第 42~43 页。

十三行外销画，既有中国画的工笔手法，而颜色和质感上又和许多西洋画十分相像。它们过去能让外国人认识广州，现在又能让广州人认识过去。外销画是中国画师仿照西方画法，以本土题材入画、销给外商的画。

"出口转内销"，商品的价值往往无形地上升。18~19世纪销往国外的画，今天又转销回来了。外销画作为商品转了一个大圈，跨越了两个世纪，中国人的认识估计也转了一个大圈，开始认识到自己的画作所反映的事物对象，直至今天尚具有深刻的历史意义和广泛的现实意义。画中的十三行与现实中的十三行都值我们去研究。

在画中，我们能看到过去的广州人是如何耕织、养蚕、植棉，中国的瓷器、茶叶是怎样烧制加工。在繁忙的十三行码头，中外贸易的物品是怎样打包、装箱、上船的，"市舶司"们又是怎样威风凛凛去巡察、勒索敲诈的？我们还能看到战争是怎样把灾难降落人间，又是怎样扰乱百姓平静而勤奋的市井生活？还有在历史上盛行过的翎毛花卉、蝴蝶草虫，聪明的画师利用国画的工笔手法，结合欧洲洛可可精描细绘的艺术风格，创作出了高度写实而极富装饰风味的作品，受到外商们的热捧。

那些从事于外销画行业的画家，留下了无数已成追忆的场景，却大多没留下自己的名字，他们的活动，中国史籍几乎没留任何痕迹，只能从外国文献中略知大概。19世纪上半叶最有名的外销画画家是啉呱。1835年，他的作品曾在英国皇家画院展出，轰动一时。随后，又出现一批优秀画家。他们创作了不可计数的画作。

当订单雪片般飞来时，画家们无法应付。不得不采用雇佣画工、流水作业画法大量绘制。外销画的水平参差不齐，这一点让历史和时间去筛选吧。当我们今天翻开那一张张泛黄的画页，在香港艺术馆珍藏的《广州河南货舱区》里，在其他无数画卷里，我们总能看到先辈们在十三行的荣耀。

二 外销画促进建筑文化交流

早期，西方人对中国建筑文化也是较为关注的。如1757年英国建筑艺术家查姆伯尔出版了《中国建筑、家具、服装设计式样》一书，这是他在广州画了许多速写，搜集了很多素材而编绘成的。[①] 关于十三行的外销画，

[①] 40幅藏画资料见张嘉析先生译《中国易市——广州的工艺行》。

除了中国作者，还有外国作者。

18世纪初，摄影还未出现，商人常请画家沿航线制图写生，为详尽的航海图作资料。如英国有名的海景画家威廉·丹尼尔叔侄二人于1785年及1793年两次随商船队来到广州，留下不少油画和素描。其中最著名的一幅《广州商馆早期风貌》（现藏于香港艺术馆），画的就是今日广州西堤一带的洋行景象。[1]

从画中可看到当年尚未成陆的西堤似乎比今日更为热闹（见图2-36）。该画取景角度大致位于今日珠江河南大基头附近。那时珠江水面宽阔，遥望江北杉木栏路，万商云集，桅杆如林。江面上最惹人注目的"大眼鸡"船（一种说法："大眼睛"用来吓唬鳄鱼），又称"红头船"，是近代广东岭南一带主要货运船。红头船两旁还有"花艇"，供有钱人宴饮、狎妓游乐。"蛋家艇"可提供其他各式服务。画中的远景洋行是为视线关注的焦点，色彩明快突出。行馆之前一只挂着英国旗的欧式小斜桁纵帆船正扯帆驶向白鹅潭。许多外销画常从江面上或河南岸对十三行取景构图，也有一些从夷馆上方俯瞰珠江。这些画均生动地描绘出屈大均所吟咏的商业氛围。

图2-36 18世纪末的广州商馆

据大英图书馆馆藏的一份资料显示1838年的英国伦敦曾展出过一幅广州全景画。编号为0100057的展览目录册封面的标题为"描绘广州珠江邻

---

[1] 梁光泽：《老广州十三行》，《广州日报》，《窥今鉴古》专栏2000年1~12月。

近乡村地貌的全景画,现正在利赛斯特广场展出"。① 这幅画的作者是英国全景画家罗伯特·西福特。据悉他的广州全景画是根据一位广州画家通呱的作品为原稿而画成的。通呱有好几幅作品细致描绘了由广州十三行商馆到珠江口及澳门沿途的代表景物。其中一幅现存香港艺术馆。罗伯特·西福特在完成广州全景画后,还分别在1840年与1843年完成了澳门全景和香港全景画。另在英国还收藏有不少描写珠江风貌的绢本水彩画。这些作品无疑就是英国画家描绘广州全景画的蓝本(见图2-37)。

图 2-37 商馆前的广场

香港市政局与美国皮博迪·艾塞克斯博物馆联合举办《珠江风貌:澳门、广州及香港》展览,1997年分别在港、美两地展出,主要陈列清代由广州等处出口的货品。如象牙制品、漆品、银器、瓷器、绘画等,其中反映广州的产品共40多件,与十三行有直接关系的占30件,大部分以十三行建筑为图案装饰,或创作题材。②

18~19世纪的外销画,可谓十三行风情画;是十三行培育了它,是它记载了十三行。特殊的时空环境和人文环境既是此画种的生存发展条件,又是画作尽情表达的对象。

---

① 梁光泽:《老广州十三行》,《广州日报·窥今鉴古》2000年1~12月。
② 朱培初:《明清陶瓷和世界文化的交流》,第185页。

三 外销画中的十三行夷馆

"十三行"是长期闭关锁国、重农抑商的清政府实行不完全开放政策的产物。它是专营对外贸易半官半商的垄断机构和"经济特区",现已成为泛指当时众多"商行"或遗址地段的专有名词。集"洋行"(洋货行)、"行会团体"、"公行"组织于一体的"十三行"历史建筑群遗址,主要有十三行商(夷)馆、仓库、码头、税口房、船厂、经营服务街巷、行主住宅区及其园林,还有外商受到限制的、"放风"式的休闲游览活动区、外国人墓地等建筑类型。

1. 十三行夷馆建筑风格式样

1769年西方旅游者看见十三行商馆很漂亮,设施方便,部分楼为西式模样,如阳台栏杆、壁柱及柱廊上典雅的三角形顶,煞是喜人。"沙面笙歌喧昼夜,洋楼金碧耀丹青"(袁枚《留别香亭》)。当时(乾隆末年)"洋楼"又叫"碧楼",盖因洋人好碧,"其制皆以连房广厦,蔽日透月为工"(李斗《扬州画舫录》)。外来碧色建筑风格与古老的广州城形成鲜明的对照(见图2-38,图2-39)。难免在中西文化心理上产生一定的碰撞,尤其在开放心态不够成熟、端正的情境之下。

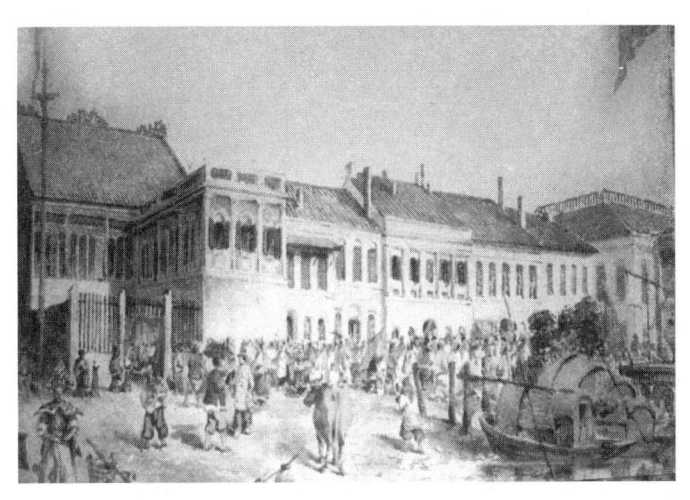

图2-38 商馆多浅色"碧楼"

有学者指出中国西洋式建筑明代已出现在澳门,那种"窗大如户"的半欧式建筑后传入广州。至此并开始引入阳台,由少而多,由多而成柱夹

图 2-39　1839 年鸦片战争前夕商馆场地封锁、国旗已降

"券廊式"样,即常称"殖民式"——英古典主义变种(见表 2-3)。经印度、东南亚适应其气候加以演变而成十三行夷馆风格。

表 2-3　外销画中所见夷馆建筑特色历时演变情况(田代辉久)

夷馆名称	历　时　演　变			
新英国馆 (New English)	1750 年 一个柱距阳台	1760 年 三个柱距阳台	1833 年 三层	1842 年 独立柱三层均为阳台
丰太馆 (Fung-tai)	有中式外廊	1807 年 同旧英国馆	1842 年 四层有角石	
旧英国馆 (Oid English)	1750 年 一层窗拱帕拉第奥主义		1815 年 大拱形开口与人形山头	1842 年 三层
帝国馆 (Imperial Factory)	1750 年 同瑞典馆二层拱间设柱有外廊		1842 年 独立支柱外廊三层	
美国馆 (American Factory)		1784 年 外廊中洋折中	1820 年 新古典主义	1842 年三层
万源行 (Ming Qua's Factory)		1795 年 西式阳台二层拱窗		
西班牙馆 (Spanish Factory)			1800 年 中国式	1808 年 西洋式	新古典二层
丹麦馆 (Danish Factory)		1795 年 西洋式帕拉第奥主义三层有阳台		

有幅外销画上还可看到商馆出入口口前广场立有一座西式钟塔小型教堂建筑（见图2-40）。这与现今遗存在沙面的圣公会教堂十分相像，无疑这是为满足长时期居住的众多外商进行宗教文化活动需要而于1847年所建，这也是第一次鸦片战争后，外商争取到的宗教活动权。但小教堂存活不过十年，于第二次鸦片战争中被毁，后中国赔款建沙面圣公会教堂。

图2-40　商馆前的小教堂存在不过十年

2. 十三行商业服务街巷景观

十三行街东西两头有关门，街内除了夷馆和洋行外，尚有无数小商店组成的南北向商业街，专为外国人服务。这些商店种类很多，有什杂货店、兑换铺、钱庄、刺绣店、茶行、酒店、茶楼、丝绸店、染料店、鞋帽店、伞店、服装店、蜡烛店、木雕店、铜锡器皿店、灯笼店、竹藤器店、绳店、画室、钟表店等等。1822年计有数千家店面。《乾隆四十二年行商上广东巡抚禀帖》记：在行馆适中处开辟新街。外销画上专门描绘了街道两旁盖筑的小铺列肆其间。凡夷人等、水稍等所需零什物，以便就近买用免其外出滋事。如同文街、靖远街两侧为两层木构建筑珍奇货物不少，购物价廉、有趣（见图2-41）。乾隆年间十三行所在西关，"广州城郭天下雄，岛夷鳞次居其中。番珠银钱堆满市，火布羽缎罗哪绒。碧眼番官占楼住，红毛鬼子终年寓。濠泮街连西角楼，洋货如山纷杂处……"。市场虽繁华，可惜混杂的商住街巷很容易发生火灾。罗天尺在《冬夜珠江舟中观火烧洋货十三行》诗中写的就是这种悲剧景象（见图 2-42）。

图 2-41　夷馆附近小商铺

图 2-42　1822 年商馆大火

同文街（遗址尚存）与夷馆均在十三行街以南，其他街巷多在其北，今保留有众多的遗址地名，如荳栏街、靖远街、怡和大街、打石街、宝顺街等等。如今从古朴的街巷、店面和商家招牌名号中，依稀可以体悟当年的繁荣景象。

3. 十三行仓库作坊分布

十三行商人的仓库设在沙面和珠江河南。如〔美〕亨特在《旧中国杂记》中说"有几家行号在江对岸的河南还有巨大的货仓或栈房，里面存放着大量来自印度的原棉，来自英、美以及马六甲的毛、棉织品，还有大米、胡椒、槟榔、藤、锡等等"。总商官因战火损失了在沙面的几间大货仓，价值75万~80万元。现在的沙面是1856年大火后的"夷馆后身"。这时期中国的"行商""牙行"等基本上完成了自己的历史使命，外商夷馆为外国领事馆所取代。如图2-43刻画了进出口货物在河南打包搬运装卸的情景。

图 2-43　茶叶打包

许多事例说明，当时河南创办有属于洋行的作坊制造瓷器、彩画等工艺品，同内地联系协作，向海外进行销售。图2-44就是美国皮博迪·艾塞克斯博物馆收藏的18世纪广州出口的酒碗，绘有十三行商馆图。这样的瓷器一致受到西洋人的喜爱，并特意向中国订购瓷器专用品。

图 2-44　出口瓷器绘有商馆图

如嘉庆七年（1802）美国"迅速"号（Dispatch）商船来中国要求在购买的瓷器上用"西洋画"技法画上宾夕法尼亚医院建筑，其透视关系，质感都有很好的表现。西方绘画作品通过广州十三行流传到景德镇，西方画家从广州十三行进入景德镇也不乏其事其人。而西式建筑，也因十三行的房屋"结构与洋画同"流传到内地各省亦是不争的事实，如扬州亦"效其制"。李斗《扬州画舫录》介绍有十三行建筑的特色，无疑对扬州的近代建筑会造成一定的影响。

4. 十三行夷馆室内设计

关于十三行夷馆室内设计情况，画纸反映得不多，中国人开的店铺、画室室内景观作品却有不少。至道光年间，沈慕琴的《登西洋鬼子楼》长诗对洋楼的格局和陈设，作了清楚的描述：

> 危楼杰阁高切云，砺墙粉白横雕甍。钩阑高下涂净绿，铜枢衔门屈戍平。踏梯登楼豁望眼，网户宏敞涵虚明。复帐高卷红靺鞨，科苏斗大悬朱缨。华灯四照铜盘腻，虬枝蜷曲蚝膏盛。丈余大镜嵌四壁，举头笑客来相迎。氍毹布地钉贴妥，天昊紫凤交纵横，佉卢小字惝迷目，珠丝蚕尾纷殊形。鹅毛管小制不律，琉璃椀大争晶莹。器物诡异何足数，波斯市上嗟相惊（《小匏庵诗话》）。①

夷馆内部的装饰设计与中式传统风格大有区别。天花、铺地、采光、照明、墙面、门窗、挂饰、布帘、镜面装修等，着实令人眼界大开。房间类型的多样性，还表现在图书室，健身房的设置上。因各种进口建筑材料新鲜、优质、室内设计的异族风格效果自会令人惊叹（见图2-45）。

图2-45 十三行画室开有大窗

---

① 陈坚红：《岁月悠悠西关情》，载《广州西关文化研究会文选》，广东省地图出版社，1998。

四　夷馆建筑历时演变启示录

"十三行"作为中国对外贸易的窗口门户，也是西洋商人在中国出入受到限制的一块狭窄居留地"特区"。中西文化在此相遇，不断发生交流、碰撞，最后导致战争的发生，对中华全国发生了划时代的影响。作为文化的重要结晶和载体，十三行夷馆在三次大火中覆灭更新、历时演变，大有值得我们认真研究的技术与艺术问题，又有值得我们从文化碰撞中吸取的经验和教训。

外销画虽然不是正宗的建筑画，其作者亦非正宗的建筑师，然而画中刻画的夷馆建筑，城市建设、区域景观大多都为人们认可，可供今日的规划设计人员参考研究；对树立正确建筑文化观、文化交流观、进行建筑历时性比较，攫悉营造技术，掌握历史主义创作手法，复兴开发历史街区，大有好处。

十三行外销画与十三行的命运是联系在一起的。外销画在有限开放的国门口，在中西文化交流、中西商品交换、中西商人往来之间诞生，在十三行这一特定历史地段和特定艺术氛围中进行创作和销售，最后获得一个广阔的国际市场。外销画本身也是西方油画艺术与中国画及作坊技术文化相结合的产物。在摄影技术发明之前，它用绘画艺术描绘了十三行一段重要的发展史，其历史价值永远定格在世界各地的艺术博物馆中。

第五节　夷馆湮灭到沙面岛浮出

沙面，是一个位于十三行西南角的翠绿沙洲。日、美、苏（今俄罗斯）等国出版的《百科全书》都有记载。它是由广东省西江、北江及其支流带来的泥沙，经500年淤积而形成的，属广州西关平原的组成部分，历经了沧海桑田的自然地理变迁。

沙面在沦为英、法租界地之前本是与陆地相连的。它曾经是广州水上交通的要津，广州城池的江防要塞。这里，明代还设有"华节"管理岛上岸船之间的贸易。[①]直到18世纪清乾隆年间，十三行建"夷馆"后，才结束接待蕃舶的使命。这里很早亦是达官富商、文人墨客经常寻欢作乐的地

---

① 荔湾区地方志编纂委员会编《广州荔湾区志》，广东人民出版社，1994，第327页。

方。沙面及白鹅潭江面一带，妓船鳞集，酒舫豪华，美食佳肴，笙歌不绝。

"从十三行到沙面"不仅是洋行领事挪动办公位置的平常事宜，而是一个划时代的转折点，一次历史舞台的大旋转。这里上演了一曲两个世界、两种制度相互较量的活剧：大清帝国闭关锁国的大门被打破，封建的中国社会变为半封建半殖民地社会；十三行行商专揽对外贸易的制度终被废除，外国人在中国设置租界有了"合法依据"。这是历史的进步，还是时代的悲哀，时至今日，难道还不能够说个明白？鲁迅先生说过，"历史是一笔糊涂账"，要想清算得很清楚不容易。算不清楚，可要想清楚。保护名城历史街区就是要让历史文化给人类一个有益的答案。

一 国门洞开 商馆终结

很可能从秦始皇起就延绵下来了，清政府总以为中国地大物博，万事不求人，可以关起门来统治天下万万年。历代君主大多都想回避对外贸易问题，而不去积极把握，其实质就是害怕外来文化，动摇了当局的统治。当"朝贡贸易"失去意义后，又"创新"出"行商贸易"的模式。既不是"国家经营"又不是"私有经营"之怪胎，何以面对国际形势？当英帝国资本主义经济对外扩张受到抵制时，双方的底牌就会原形毕露。

十三洋行因取得操纵贸易的特权，实质上是一个半官商的垄断组织，主要负责承保交纳外商船货关税，转达官府与外商的一切交涉，并负责监督约束外商。清政府所设粤海关其实就在十三行街区内，只注重收税、设卡。由于外国资本与清政府的抑商矛盾日益加深，导致一个恶性循环圈。

亨特（Villian C. Hunter）在1885年出版《广州"番鬼"录》及《旧中国杂记》记载了清政府莫名其妙的许多规定。

1. 所有兵船不得使入虎门。为商船转运货物之兵船必须停泊外洋，直至商船准备起航然后一同驶离。

2. 妇女、枪炮、戈矛和其他任何武器不得带入商馆。

3. 所有引水及船上买办必须在澳门向知府衙门登记。由该官员发给每个人执照，或悬腰牌，当被召见时必须出示腰牌。若无船上买办在场，其他船夫民人等不得与外国人接触。如船只走私，参与此事之该船买办将受到惩处。

4. 每座行馆严格限定只准雇佣8名农民服役（不管商馆本身人数），即2名搬运夫，4名挑水夫，1名看货夫（仓库苦力），并设一名"孖毡"（外文merchant一词的音译，即负责商馆事务之买办）。

5. 夷人不得在省河划船游乐。按嘉庆二十年（1815）规定，只有在每月初八、十八和二十八日三天方可外出"兜风"。所有艇通过海关税馆时必须停船查验，以防偷运枪炮和刀剑或火器。在每月初八、十八和二十八日三天，夷人可到花园但不得在外过夜，或聚众滥饮。如有违犯，下次"假日"将不准外出，如出游十人擅闯村庄、公共场所或集市，陪同之通事将受到惩罚。

6. 夷人不得向官府呈递禀帖，如有事申述，必须由行商转递。

7. 行商不得拖欠夷人债务。禁止走私货物出入城内。

8. 抵达之商船不得在口外游荡，必须直接驶入黄埔。夷人不得随意在海湾游玩，不得将交税货物卖于民人，以免走私货物，减少皇帝陛下税收。

这些类似的规定对于封建社会的臣民、家奴们来说，只能乖乖的就范，但对头号的、第一个资本主义新贵来说，就不会老实地接受。当正常的外交渠道和方法不能解决问题时，随之而来的，不是肮脏龌龊的伎俩，就是残酷无情的战争。

在鸦片战争之前的正常贸易中，英国商人主要向中国输出毛织品和印度棉花，而从中国输入茶、丝等物。由于中国社会自给自足的经济，加上清政府在对外贸易中实行限制政策，英国人不可能打开中国的市场，因而出现贸易逆差。在这种情况下，英国人通过输入鸦片改变了这种贸易逆差。在鸦片战争前七十年间，以英国为主，外国商人一年比一年更多地向中国贩运鸦片。到鸦片战争前几年间，每年向中国输入的鸦片多达四万箱。鸦片的大量输入，不仅毒害了中国人民，还导致大量的白银外流，严重危及清朝的统治。[①] 在这种情况下，清王朝下令禁烟，并在1839年3月任命林则徐为钦差大臣到广州开展禁烟运动。清王朝同时下令"将英吉利国贸易停止，所有该国船只，尽行驱逐出口，不必取具甘结"。于是，由英国政府发动的以保护肮脏的鸦片走私为直接原因，企图用武力迫使清政

---

① 参考王尔敏《五口通商变局》，广西师范大学出版社，2006，第111页。

府向外国开放商品市场为目的的战争将不可避免地发生。

1840年6月,鸦片战争爆发。中国不乏具有爱国主义的战斗英雄,但由于社会体制和科学技术的落后,清政府被打败是必然的。根据签订的中英《南京条约》、中美《望厦条约》、中法《黄埔条约》:

> 中国将割让香港给英国;
> 开放广州、福州、厦门、宁波、上海五处为通商口岸;
> 清政府赔款二千一百万元给英国;中国的关税要由中英"秉公议定";
> 废除原在广州实行的行商制度,迫使清政府实行对外贸易自由政策;
> 英国人在通商口岸犯罪只能由领事根据英国议定章程、法律处理而不受中国法律管束;
> 英国的战舰可以自由地进入中国领海以致内河;
> 英国人可以携带家眷到通商口岸居住,并由"中华地方官与英国管事官就地方民情,议定于何地方,用何房屋及基地,系准英人租赁。"……①

英国政府终于用大炮改写了清政府的种种"规定"。"规定"一改,国情大变。十三行街区虽在,已无独揽对外贸易之特权,"一口通商"遂被终结。

二 沙面租界 国中之国

钟俊鸣先生的专著《沙面》,系统、全面地介绍了沙面一百年来的历史,揭开了沙面近一个世纪的神秘面纱。其中英法帝国主义如何谋图租界,建立"国中之国"一章简明扼要、图样翔实、耐人深思。十三行的焚毁与沙面的新生之间逻辑关系的节理与推断也是十分明晰的。

1. 租界与反租界的斗争

第一次鸦片战争之后,广州沙面租界仍没形成,这主要是因为战后外国资本纷纷涌向新开放的通商口岸,特别是上海,逐步取代了广州对外贸

---

① 钟俊鸣:《沙面》,广东人民出版社,1998,第17页。

易的中心地位。上海的公共租界远比广州租界发展得早和快。另一个原因是，第一次鸦片战争后，广州人反英情绪非常强烈，反对夷人进入广州城的斗争不断。道光二十七年六月，英国人企图租用广州的河南地带（今海珠区）为租界，中国官方表示同意，但遭到居民的强烈反对。英国人自行到那里丈量土地，插旗立界，却激起了包括上层绅士们的强烈抵制。绅士们（包括部分行商）"会齐四十八乡，集约二千余人"找英国领事讲理。以民众"暴力"阻止英国强占河南，使列强在第一次鸦片战争之后未能在广州建立起租界。广州"十三行"独揽对外贸易的制度虽已结束，但各国领事及商馆仍在十三行路一带，这种状况直至第二次鸦片战争后才彻底结束。

1856年10月，英法组成联军向中国发动了第二次鸦片战争。在第二次鸦片战争前期，广州有人于1856年12月愤而出城火烧十三洋行，毁灭英美法商馆。大火从十四日燃烧至十六日才被扑灭，足足三天，昔日繁华的十三行商埠及其各国商馆尽成焦土。十三洋行结束了它长达一百多年的对外贸易历史。1857年12月，英法联军攻占广州，1858年1月9日，英法两国成立了一个由两名英国人、一名法国人组成的"三人委员会"，驻在广东巡抚衙门里，负责控制广东巡抚衙门的日常工作。巡抚柏贵虽仍由清政府任命，但实际上是一个傀儡。英法联军直至1861年10月才撤出广州。沙面租界正是在这种历史条件下产生的。

英法联军占领和统治广州期间，为了重新建立在广州的商贸基地，由英法两国向清朝广州地方政府提出租界土地建新商馆，要求将西濠口划为租借地。广州地方政府以西濠口人口稠密不易迁移为由加以推拒。此后英国仍派员多次交涉，在1859年7月，当时的英国驻广州代理领事哈里·帕克斯（Harr Parkes）以中英《南京条约》及中国与英法分别签订的《天津条约》为据提出辟沙面之地为租界。由于沙面是水旁官地容易处理，广州地方政府答应租借沙面。从此沙面跟香港发展起来。

选择地点建立租界区，由哈里·帕克斯全权负责。从一些历史资料可以看到，外国商人对广州租界的选点争议是非常激烈的。绝大多数商人考虑设立租界的地点应该是旧商馆地点的对岸芳村，或河南（现今海珠区），因为那里靠近商馆的仓库，而且与广州居民区以珠江白鹅潭相隔，方便保护租界里的外国人。但是哈里·帕克斯认为：对付广州的暴民（某种思潮的产物），只要挖一条小涌将租界与民居分开就可以了，根本用不着远到芳村或河南。而且白鹅潭还可以停泊炮舰，随时可以增援租界的防卫力量，必要时还可以撤走租界的外国居民。

沙面的地理位置非常优越，处于三江汇集之处，夏天凉风习习，眺望甚佳；河南或芳村分隔了一条珠江，交通极其不方便，一定会影响今后租界的经济发展。沙面还靠近广州富贾巨商居住的西关，方便与广州的买办和商人来往，租界选点在沙面应该是最佳的方案。对于哈里·帕克斯的意见，许多外国商人还认为在珠江边的泥土上建租界工程难度很大而造成延误。最后还是由哈里·帕克斯报英国政府，英国政府于1859年5月31日以一份电报形式批准了选择沙面的方案。

建设沙面租界的工程从咸丰九年（1859）下半年开始，先迁徙沙洲上的寮民，拆毁了城防炮台，然后用人工挖了一条宽40米，长1200米的小涌（即现在沙基涌），用花岗石在沙面周围筑起高出水面5～8英尺的堤围，然后用河沙对泥地进行了平整，使沙面成为一个小岛。同时，在沙基涌的北面修筑堤围，定名沙基，俗称鬼基，并建东西两桥来往沙面。工程款原先预计280000美元，但整个工程耗资达到325000美元，工程全部在清政府的战争赔款中支付。其中4/5由英国负责，1/5由法国负责，因此英国得到4/5土地，法国得到1/5土地。咸丰十一年七月（1861年9月）两广总督劳崇光与英国领事哈里·帕克斯签订了《沙面租约协定》。

2. 市政及其军事设施

英法占领沙面后，一方面划分地块卖给其他国家，一方面进行市政及军事设施建设。事实证明，各地租界都在一定程度上促进了城市的发展。

有关当年沙面的规划资料介绍如下：

* 路面标高

沿江外堤路6.87～7.15米；珠江路（今沙面南街）7.16～7.4米；复兴路（今沙面大街）7.06～7.5米；肇和路（今沙面北街）7.23～7.47米；西桥头7.82米。

* 路宽

沿白鹅潭边路15米；沙面大桥30米；南湖、北街15米；南北向的各街道宽为15～16米；

* 排水

沿涌及海边路，水向江面排。区间内道旁多设明沟来排水，至一定处，导入渠道，很少用集水井。屋外四周多设明渠集水排泄地表水。

* 水埠·码头

沿周边堤岸设五个石级水埠，在原敦睦（今沙面三街）南端，伸出江堤15米处建水榭码头，供西人上落快艇到潭心战舰。世人称之为"绿瓦亭"。

* 水塔·游池

沙面设有自来水厂，水塔可供约5000人用水，以铜制立式大滤缸将江水过滤，这是在我国最早建立的自来水厂。水塔下有外国人专用的室内泳池。

在这个"国中之国"，外国人充分发挥了水上军事优势，营造理想的守备环境。拆寮屋，摧毁江防大炮，使沙面成为宜守（有沙基涌阻隔）、易援（水上有战舰靠岸）的战术阵地。

（1）沿外堤广设上落埠头。除水榭码头外，另设有西码头。每隔20～30米，加设双步级的船泊上落设施。据军事家估计，可供18队列兵同时上落，方便与停泊于江心处的军舰联系，有利于增援与撤离。

（2）沙面南街前，采用双行道夹中间广场的设计，使800余米长的江堤行道尚有一宽达30米的带型广场，平时供侨民活动，战时集结军队。

（3）面向城区沙基的北街，挖护岛河，建筑物靠岸而建，楼高10多米，便于制高。1925年6月23日英军利用水塔顶，配置火力枪杀爱国游行群众，造成52死，170余人伤的惨案，即为铁证。

（4）沙面仅设东、西两桥，利于把守。1924年对进出华人实行搜身。重要关头在桥头架起铁丝网，竖立桥头堡垒。

（5）1942年日军占领沙面，曾于30多米宽的大街上秘密构筑高抗力的地下军事设施，35年后才被发现。其目的类似德国二战前的城市规划，对楼距与高度严加控制，便于开展街巷作战。

三　沙面建筑　历史见证

沙面的建筑常常引起众多学者的研究。汤国华先生几乎将全岛所有著名的西方古典建筑进行了线描测绘。邓其生教授为其著作写序，阐述了沙面建筑的文化背景及艺术特色，并呼吁全社会都来参与保护。广州市规划部门的袁奇峰、李萍萍等知名人士结合自己的工作实践进一步研究了保护工作的可操作性方略。如果他（她）们的研究成果大都可以兑现实施的话，则将是一项伟大的政绩。本节的主要内容就是取材他们的成果编写的。由眼前的沙面建筑完全可以追溯到之前的"十三行"建筑（见图 2-46）。两者之间虽然情况迥异，但历史文脉是一致相连的。沙面变成租界后，英法刻意规划经营沙面。沙面这个约 0.3 平方公里的小岛，成了洋人统治的天下，洋行、洋馆、洋楼汇集的小天地。大约经历了 88 年，直至 1949 年，沙面才回到中国人民手中。

图 2-46　早年靠近沙面的码头仓库

沙面是 1861 年后西方人在广州最早按照西方近代城市规划理论建设起来的社区，规划手法是当时殖民地建设中常用的，特点是用地分配上预留了绿化、公园及球场等公共设施场地，使得开发建设之初即保证了居民长远生活的福祉。在两维平面上划分用地，尽量采用小方格道路网以保证每块用地都有临街面，以便于拍卖给分散的建房者。这与当时土地开发及以步行为主的交通模式有关。1682 年美国费城（Philadelphia）的规划和 1811 年纽约（New York）的城市总图，都体现了这种规划思想（见图 2-47）。

沙面作为西方文化在广州这个古老城市的一块"飞地"，在那个特定时期，西方人按自己的理念和生活方式，塑造了一个完全供自己居住的社区。公共绿地集约设置，重点经营滨江公园区和沙面大街；滨水空间面向广阔的白鹅潭，并向居民开放，造成"沙面虽小，天地很大"的气势，体现了土地利用的公益观念和民主意识。其建筑风格反映了西方 19 世纪末期折中主义的文化艺术趣味。

沙面，除中心区和公共建筑外，另划分 12 个地段，先后建有 18 家银行（属英法美日德荷葡丹麦瑞典伊朗阿富汗……）及各国驻广州的领事、

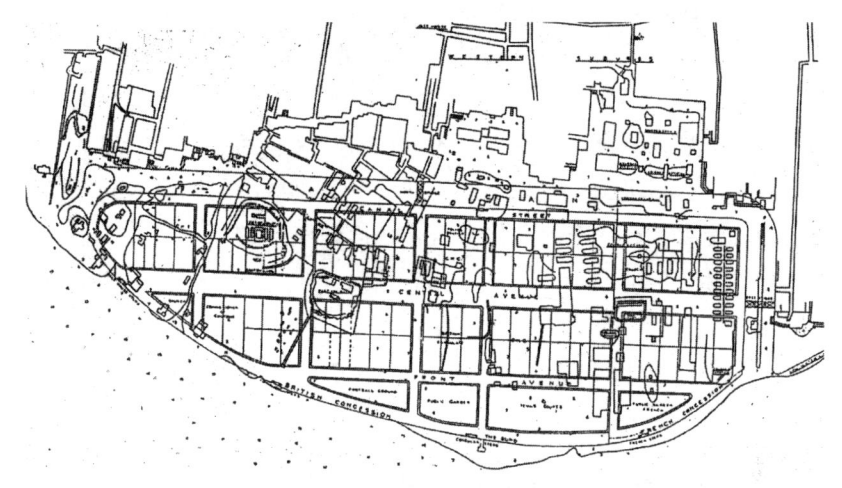

图 2-47　沙面的规划地图

使馆区。近百年来，世界各国的领事馆几乎都设在这里。① 沙面原有各西洋楼房150多栋，居住着世界各地来华的黑白棕黄色人种，杂谈着各种不同语言，按各自生活方式生活着，可以说是近代广州的"世界之窗"。

沙面是广州近代政治文化经济变迁的万花筒，很多历史事件是在这里发生的，如沙基惨案、越南范鸿泰烈士案、"新警律"辱人案、洋务工人罢工等。

沙面的规划与建筑，比十三行夷馆更深刻地促进了中西建筑文化的交流。沙面全面展现了当时西方的建筑文化与风采，使中国人大开眼界。我们不得不承认西方建筑的进步，文化的差异引起了人们的思考，在比较中激起了中国建筑文化的创新因素。建筑是"不会说话的历史"。它可以诠释某一地方、某一时代的社会现象、哲理思想、审美爱好和生活时尚。沙面的建筑形态，正好说明西方各国当时的建筑思潮与广州自然环境结合的一种殖民现象。

近代是广州历史上发展最快，最繁荣的时期。建筑品种类型之多样，样式风格之不同，功能内容之庞杂，前所未有。沙面作为租界，以其独特的自然环境和营构条件，形成了一群独特的建筑博物馆。近代广州的建筑

---

① 参见《近代广州口岸经济社会概况——粤海关报告汇集（1860-1949）》，暨南大学出版社，1996。

风格一般分为四种。一是中国固有民族形式；二是西方古典式；三是中西折中式；四是趋向现代式。沙面建筑主要属于西方古典式，集中、量多、样全，相当难得，定为全国重点保护单位是实至名归（见图 2－48）。沙面是由许多个体建筑与自然环境组合而成的一种文化风貌街区，多种西洋风格和谐共存，空间协调统一，丰富多彩而又相得益彰。有中心，有轴线，有秩序，有轮廓，有深刻的文化意向。沙面建筑群的历史、艺术、科学价值应充分估量。

图 2－48 沙面初建时期景象

沙面建筑的主要设计是外国人，施工者主要是中国工人。建筑的新材料，新设备是从英国输入的，一般材料是就地取材。设计是认真的，工艺是精湛的，无论是石刻、意大利批档①、木作、线脚、山花、柱式、小品等都一丝不苟，博大精深，反映出当时的物质文明和精神文明，这对岭南建筑风格的发展起着重要的影响。建筑技术的进步直接影响建筑艺术的发展。沙面建筑科技成就基本代表了当时世界建筑技术的成就，沙面建筑所用的钢材、水泥、马赛克、玻璃是外来的；所用的厕浴设备、上下水设备和结构是先进的，其通风采光防潮的观念是科学的；其规划平面和景观空间是合理的。②

---

① 汤国华：《广州沙面近代建筑群》，华南理工大学出版社，2004，第 23 页。
② "城市规划志"见《广州市志（卷三）》，广州出版社，1995。

广州人传统上有开放兼容精神，有纳百川于海的气魄。沙面建筑文物被广州建筑师和工匠借鉴吸收，广泛运用于广州的西关大屋、竹筒屋、骑楼、商场、别墅、邮局、银行、海关、宾馆等建筑上。相比十三行时期，广州乃至全国尚没出现模仿夷馆的建筑。

四　制定政策　克服危机

全国12个城市曾经有过30个租界，唯独广州沙面还拥有清晰的边界，完整的格局，还有可能恢复历史环境，对建筑群体进行整体保护。

沙面能够保护至今有四个原因[1]：（1）偏居广州旧城西南一隅，没有明显的改建压力；（2）边界清晰而且用地面积不大，仅22公顷；（3）传统建筑质量较好，可以长期利用；（4）作为历史教育的基地，有相当的文化和文物价值。沙面历史文化保护区的保护经验对十三行历史文化街区的保护大有借鉴的作用。

1. 保护工作面临危机

保护工作长期滞后于形势发展，单位或个人对历史性建筑不断蚕食和破坏的无组织性力量，远远大于有组织的规划和保护力度。多年来由于过分强调使用而疏于保护投入，原租界建筑使用不当和自然老化相当严重。再不采取积极有效的保护措施、投入足够的资金，沙面建筑群的保护就会落空。

（1）人为破坏。

沙面优美的环境和良好的声誉有极高的商业价值，现存的50栋新建筑中，六成以上是80年代以后建成的，许多驻岛单位，千方百计借口"危房改造"，增加使用面积，而违章拆旧建新，使优秀近代历史街区面目全非。

沙面新建筑中，最出名的也最有争议的是白天鹅宾馆，其近300米长的群房和一条沿江直达二层宾馆大堂的专用高架车道，围住了沙面，使沙面的空间结构发生了质的改变。通过689份"沙面居民生活方式及意愿调查表"，驻岛居民中的53%认为宾馆建设破坏了沙面风貌，另外，通过417份"沙面保护规划公众意见调查"，44%的岛内市民认为宾馆遮挡了白天鹅潭风光。此外，部分体量巨大的新建筑造型低劣，破坏了历史地区的总体价值。如侨联侨办的机关楼、办公楼、招待楼、饭店楼乱搭滥建，破坏了固有的公共绿化空间环境及历史文化景观。

---

[1] 马秀芝：《中国近代建筑总览——广州篇》，中国建筑工业出版社，1992，第45页。

(2) 使用不当。

由于历史原因，多数优秀近代建筑作为住宅使用，功能改变导致房屋负荷加重，空间被随意分隔，影响通风和保养，破坏现象十分严重，并产生了大量安全隐患。

优秀近代建筑过去宽敞的厅堂被分隔成若干小间，使原真的室内装饰风格荡然无存。为增加使用面积，许多单位和住户更将原有建筑为防亚热带季风气候酷热的日晒而设的外廊、柱廊、阳台都用窗或墙封闭起来，有的在屋顶上搭天台屋，严重损毁了建筑的结构安全和景观风貌。沙面大街50～52号，原教会用房，因私拉电线导致火灾，整座大楼被烧成一个空壳。原粤海关俱乐部（红楼）、德国领事馆（亚细亚火油公司）等都是沙面的建筑精品，由于被当作住宅使用，现室内已遭受严重破坏。

(3) 自然老化。

沙面建筑大部分建于19世纪末20世纪初，为砖木、砖混及钢筋混凝土结构建筑物，楼龄普遍超过70年，结构安全性变差，由于维修不足，材料严重老化，混凝土风化，天花脱落，墙和楼板破损，屋顶三脚架被白蚁侵蚀，瓦面破损，设备锈腐，管网陈旧漏水，化粪池容量不足，空调等高耗能设备使动力负荷严重超标，新中国成立前加建的屋子有五成以上已有破损或处于危险状态，50～70年代添建的也有近三成被损坏。近年来，每年危房发生率达到5%，直接威胁人身和财产安全，维修抢修压力大。砖木、砖混结构的房屋48.5%已属损坏或危险房。

(4) 保护不力。

沙面的保护面临盲区，1982年公布的《中华人民共和国文物保护法》只针对单体建筑，功能相对单一的建筑群以及园林等历史文化遗存的"文物保护单位"，而没有针对历史文化区这一层次。一味沿用文物保护的方法，过分强调静态控制，而缺乏积极的经济政策策划，使得保护牌虽然高挂，但保护工作很难真正落实。"沙面建筑群"升级为"全国重点文物保护单位"后，保护工作反而面临更严峻的法律困境。

2. 需要做的是保护工作

(1) 保护整体历史环境。

沙面属于历史文化保护区，其文物古迹集中，较独立完整，应该从整体上保护好它的历史环境，包括所有街道、树木、桥梁、院墙和各类建筑，保护它的近代风貌特色。沙面建筑基本上是西方人单独设计的，不同于商馆常受中方干扰。后来胡乱添加的杂屋、车棚、加层、围墙等违建，破坏了历史建筑的独立完整性、破坏了巷道的通风环境和气候，侵占了本该供游人穿行的道路空间和消防间距，并严重损毁了西洋建筑的景观形象。

（2）控制岛内环境容量。

要保护好沙面，建议首先控制好岛内的环境容量，即建筑高度、建筑密度和人口密度。此"三度"之高，乃环境之大敌。宜适当拆去一些后建的不雅和不协调的建筑，改建一些后加的"丑、高、乱"建筑及其附属部分，还原一些优秀的典型古建筑。

（3）保持文物建筑的原真性。

沙面的保护原则是"修旧如旧"和"保持原状"。但原状不是现状，应该逐步把改坏了的建筑恢复原状，留下更多的历史信息。沙面岛内的建筑都应该是精品。沙面建筑立面材料的质地和颜色应显露出来，不宜改变。沙面的开发应是在保护前提下的合理利用，以保护为主，开发应有利于保护，不利于保护的工程和事项都应该禁止。沙面气氛宜静、雅、闲。有些旅游经营服务内容可以在外围发展，如西堤、623路或西部黄沙一带。

（4）实现市政工程的景观化。

锁江车道宜创造条件拆去，或创造条件让游人能参与对白鹅潭的身心体验。还原绿瓦亭及码头等亲水建筑。宾馆引桥如不拆去可添加望江亭（廊）改善望江观景效果（见图2-49）。对交通、上下水、通信、防火、防洪等设施都要深入考虑，使之具有科学性、实用性和可观赏性。

图2-49　望江亭（廊）

（5）添补新建细部古典元素。

对沙面许多破坏整体历史风貌的违规新建筑，在完全拆除不现实的情况下，可采取表皮色彩、形态、分划适当处理、对屋檐、窗框、壁柱等细部添加古典装饰元素的手法，使之与传统建筑风格相协调，保证沙面整体文化景观环境的一致性。[1]

3. 历史街区的保护方略

像沙面这样的历史文化地区，超过现有文物法规覆盖范围，保护思路需要有所突破，关键的环节是如何使保护资金的投入和产出形成良性循环，保护工作才能日常化。

由于长期以来政府的保护工作只有从上到下的推动，缺少自下而上的反馈，得不到应有的社会响应。应制定积极的策略使保护工作融和进城市社会经济发展政策和各项计划中去，如此大规模的保护工作也只能靠一种良性的，社会能接受、"投入—产出"正常的机制来保证。具体地说，就是广泛吸纳社会资金，解决资金来源匮乏的问题，同时有效落实建筑工程保护方略。[2]

（1）分级分类保护。

规划确定沙面未来发展的目标是历史文化博览区，国际性的涉外商务旅游区，适宜现代文明生活、人口密度较低的居住社区。有的建筑具有特殊功能，如教堂；有的建筑本来就是公共性的，建筑风格又很完整，应得到保护再利用（见图2-50）。

有的建筑使用性质公共性不强，其价值可能体现在地方风貌上，要强调环境的意义而不是个体。因此可以只保留立面。而另外一些建筑有损整体风貌，建筑质量也不好，应加以改造。

沙面现存的近代建筑（1861~1949）加上桥梁尚有70栋，而目前还可以评为优秀近代建筑的有约56栋，从保护措施上可以分为三类：

第一类：不得改变建筑原有的外部装饰、结构体系、平面布局和内部装修。

第二类：不得改变建筑原有的外部装修，基本平面布局、特别有特色

---

[1] 杨宏烈：《广州沙面欧风建筑的保护》，《城市历史文化保护与发展》，中国建筑工业出版社，2007，第105页。

[2] "沙面危机与应对方略"参见李萍萍、袁奇峰、李少云、田莉、李泳等人研究报告。

图 2-50　沙面波兰领事馆（杨晓萌作）

的内部装修，建筑内部其他部分允许根据使用需要做适当的变动。

第三类：不得改变建筑立面原有的外部装修，在原有的结构安全性差，存在危险的情况下，允许建筑内部根据使用需要做适当的变动。

（2）扩大资金来源。

除涉及公共利益的环境建设主要由政府投入外，要利用现有物业的价值广开财源，善用本地区潜在的区位优势、历史文化优势和环境优势来吸引和注入社会保护资金，用于优秀近代建筑保护和维修，因此必须设定特殊的政策，吸引民间保护资金投入。

对沙面这样的历史文化地区，一味强调控制，一点也不能动，事实上不必要，现实中也行不通，可以尝试把第二、三类建筑拿出来，引入市场机制，在严格管理的前提下让投资者得到一定的合理回报，从而使保护工作获得资金的支持，把"发展"和"保护"从势不两立化为相互依存，已经日益成为国际学术界的共识，在许多国家也有成功实例。

扩大资金来源本来是好事情，为什么做起来非常难？其一，类似某些垄断部门，不希望他人插手。其他资金的投入意味着某些政府部门必须放弃某些控制权力。其二，无人具体操作，政府不安排事情谁也不敢去做。其三，没有给投资者吃"定心丸"，缺乏可信度。随意的大拆大建，给人拆怕了，其经验值得借鉴。

（3）积极改善环境。

为激活沙面传统的涉外商务功能，必须积极整治环境景观。

目前，沙面地区的功能和形态有很大的改变，外部空间已经不可能完全恢复历史原貌。既要满足历史博览，商务旅游功能对空间的需求，又要体现历史性地区的特色，建议在景观设计中充分运用与建筑格调相协调的历史性手法整合空间要素，使沙面形成一个完整的，具有欧式风情的景观整体。

（4）推进功能置换。

同样作为"全国重点文物保护单位"，上海外滩建筑群通过功能置换解决了保护资金的来源问题，不但足以改善外滩地区的市政配套等基础设施，还可以支持上海城市重大工程项目开发，也使得历史建筑得到更加合理的使用。根据我们所做的社会调查，沙面的建筑多为公产，由原商务建筑改造而成的住宅，居住条件并不理想，历史上遗留下来的住宅也已经普遍老化，难以满足现代生活的要求，如果市政府下决心实行功能置换，只要能够提供适当的条件，迁走居民，会得到支持。

（5）成立保护机构。

政府可以考虑成立专门的半官方机构或公司对回收的优秀近代建筑进行管理，可以先投入资金进行适当的维护和修复后，再转让给商务机构使用；也可以在政府业务部门指导下，通过严格的协议转让给那些合适的机构使用，要求其严格按规定进行建筑维护和修复，投入必要的保护资金，将会增强地区的活力，实现保护资金的良性循环，使保护工作走出困境，使优秀近代建筑传之久远。

第三章　十三行历史街区的旅游资本

"十三行"到底为何物？是人是物，是国是家，是官是商，是制还是治，是历史还是传说？颇有几分神秘感。正面观不知好在何处；反面观不知坏在何处。虽说历史的账不可能算得十分清楚，但其基本的定性和定位学界经过长期研讨已经很明确。十三行历史街区具有丰富的文化旅游资源，可转换为旅游资本开发利用。

"凡是足以构成吸引旅游者的自然因素和社会因素，均统称为旅游资源"，"旅游资源是旅游者参观游览的目的物"，"是旅游活动中的客体，是发展旅游业的基础和不可或缺的物质条件"。空有其名是构不成旅游产业的。正如"羊城、仙城、穗城"的故事，只有同五仙观、广州城、五羊雕塑相结合才能成为旅游资源，若脱离了五仙观、广州城、五羊雕塑这些实体，则仅是民间文学研究的内容。

十三行时期是我国海交史、外贸史、社会发展史上重要的历史时期，它实施了一种特殊的经济制度，产生了一群鲜活的人事社会实体，形成并遗留下一片有国际性商贸活动的历史街区，蕴藏有丰富的中西文化交融的人文故事。它体现了一个城市所具备的四种旅游资源——历史文化资源、自然风景资源、经济资源和社会文化资源的丰富程度、门槛距离、行销区位的特征。

近年来，有"旅游资源资本化"论[1]流行，这是一种以价值为导向的旅游资源开发理念模式。将物质性的旅游资源和精神性的旅游资源都化为资本，投入到旅游开发活动中，进行市场化运作、经营、管理，旅游资源

---

[1] 张琳、刘滨谊：《旅游资源资本化规划》，《现代城市研究》2009年第9期。

就能实现价值增值,从而使资源所有者从中获得营业利润。对照旅游构成"三元理论"——具有特色文化内涵、具有一定的物质空间、具有开展旅游的活动,"十三行"的现状可谓历史文化特色鲜明、文史成果丰富,但旅游研究成果稀少;十三行历史街区颇有趣味性的物质空间很多,但可观、可赏、可居、可游的景观场所缺乏;十三行街巷广场商业活动丰富,但真正具备美学含义的旅游文化活动却不多。不文明的开发会使资源浪费、流失,科学开发则可以将资源变为资本。

第一节 "十三行"旅游资源的特征评价

旅游资源是地理环境的一部分,具有一定的地理学特征;但只有对旅游者具有吸引力,即具有人文社会科学意义,方能作为旅游产业的生产资源而被利用。

一 "十三行"旅游资源的审美性特征

旅游是人类高层次的文化活动和综合性审美实践。旅游者参与旅游活动,观赏雄伟、险要、奇特、秀丽、幽深、开阔、野趣的自然风景和排列整齐、对称、节奏统一的建筑,参与当地民俗活动,那些具有形式美和意境美的景物就会产生特殊的吸引力。凡旅游资源必具有美学特征,并以此区别于其他资源而从地理环境中分化出来。

"十三行"的特质性旅游资源主要是历史地段。历史地段是指包括一定范围的自然地势地貌地物等环境,具有一定的历史文化内涵或人文景观特色。"十三行"包含许多历史街区、工场作坊、古迹建筑、私家园林、商埠设施遗存,有特色的自然地形地貌、山水格局、战争故垒等(见图3-1),它们都具有生态化的形态美学特征和人文美学思想。

从虎门到黄埔古港的江海之上,千帆并举,百舸争流的景象,使得当时阿美士德访华使团的麦克劳德医生盛赞"比泰晤士河繁忙"。[①] 许多外销画都记载了这一景象。

---

① 《十三行:往日繁华并不如烟》,《南方日报》2005年4月18日。

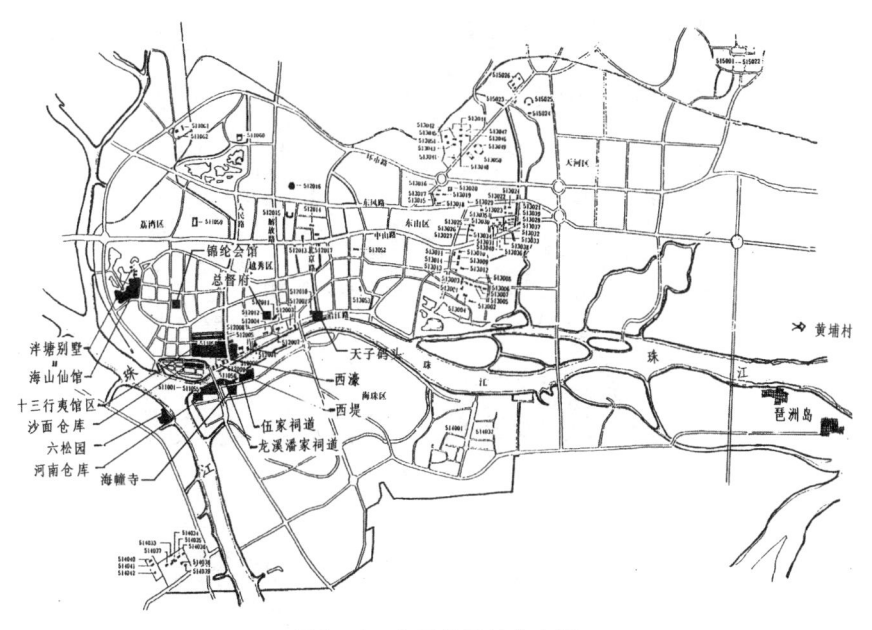

图 3-1　十三行遗址分布图

　　十三行商馆是继澳门后，中国大陆最早出现的西洋建筑，一般 2~3 层，整齐地排列在珠江岸边，各国国旗挂在一根根长长的旗杆上迎风飘扬。珠江岸边这一独特风景，吸引了南来北往、东去西来的商贾船只。

　　行商的花园住宅美轮美奂，奇花异草，引人入胜。在广州的外国人都以能到这些园中游玩为荣。行商园林的美，通过外销画和最初的影像资料传向世界各地。画家，诗人，为其留下许多美丽的诗篇和画作。在中国出口的瓷器（见图 3-2）、绸缎（见图 3-3）、漆器、锡器等工艺品上，通过彩釉、广彩、广绣、雕刻等工艺手法刻画出了这一景观。

　　在战争的大火烧毁"十三行"后，十三行历史地段上的小街小巷继承了当年的建筑文化传统格局，西关大屋、竹筒屋、商住屋、骑楼街、海关大钟楼、国际码头、商铺会展等城市建筑景观再次书写了十三行历史地段的沧桑与繁华，从人文景观与自然景观的各个视面，向人们传送着历史文化之美，或悲或壮，或喜或忧都会给人一种美的感受。十三行历史地段具有旅游美学特征，这是毫无疑义的。

图 3-2　瓷器打包（外销画）

图 3-3　广州丝绸加工作坊

二　"十三行"旅游资源的综合性特征

综合性，即旅游资源中的自然要素和人文要素间互相依存，相互作用，形成一个和谐的联系整体的特性。这是受地理环境和人类活动长期作用的结果。一个地方的旅游资源间联系越紧密，其生命力越强，地区整体景观就越突出，开发和利用的潜力也就越大。"十三行"的旅游资源综合性特征，可以从内外两个层面来看，一是自身景观内涵的有机系统性，二是外部景观联系的有机紧密性。

正所谓"近水楼台先得月",随着"十三行"的运转,历代商埠建筑文化向周边街区辐射,也配套生成别有特色的建筑风格和人文景观(见图3-4),以特殊的行为方式和特殊的规章制度,形成了较为完整的历史街区。"十三行"旅游资源主要保留在历史街区。历史街区是人文景观中的重要组成部分。从清末以前绘制的广州城坊地图上我们可以看到,城里街道、建筑物密密麻麻,而城外西关一带却几乎什么也没有。但翻开近代以来绘制的广州地图,荔湾区商业街上的建筑物比其他任何行政区都要密集,迂回曲折如入迷宫。这说明西关历史街区是伴随着"十三行"的兴盛而发展起来的,"十三行"是古代末期、近代初期广州城市发展的一个"增长极"。

图3-4 "侨批局"旧址

资本经营,容易形成国家的财富集团。十三行行商中"潘、卢、伍、叶"四大家族是十三行首富,伍家乃世界级财团,卢家来自广东新会,潘、伍、叶三家来自福建,他们依托广州,得遇良机,靠"十三行"独揽全国外贸大权而发家致富,西关居民也纷纷沾光,于是西关兴起。十三行历史街区上的西关豪宅,成了杰出的民居建筑代表,具有很高的艺术价值。保留至今的潘家大院,就是最好的例子。

十三行夷馆遗址是标志性的历史地段,与之相联系的有传统民居、骑楼历史街区、寺庙、园林、海关，码头仓库、古祠、炮台、外国人陵墓等，它们因共同的历史背景和文化主题而结合成一个网络整体。由于时代的发展，十三行历史文化的根基又会衍生萌发出许多新的城市要素，如银号、会展、保税区、工业遗产、休闲区、专业街、行业博物馆（见图 3-5）等。古老的遗存重说着昨天的故事，陶冶着今人的性情。

图 3-5 知识性资源（博物馆）

综合性就是旅游资源和外部整体特征的有机一致性。开发十三行商埠文化旅游资源时，要注意保持各要素之间的联系。这些联系有人工要素、自然要素，静态要素、动态要素，以及视觉要素、心理要素、历史人物活动要素。如果破坏了整体链条中的某个环节，则会导致整体环境和整体特征的缺损。

十三行旅游资源的综合性，带来旅游活动的多样性。因为旅游者的多样性，就需要旅游资源的丰富多样性。十三行历史地段是广州城墙之外，带有资本主义因素的新型发展城区，具有复杂的国际背景和丰富的社会元素。时间和空间的内涵与外延，必然导致旅游资源的多样性特征，自然能够满足各种旅游者的需求。这样的旅游项目，市场面宽，相比单一市场的旅游区，其风险小、市场稳定、吸引力大。

三　"十三行"旅游资源的地域性特征

旅游资源的地域性特质乃事物时空特征的表现。汽车与建筑都具有地域性特征，但其重要性程度是不一样的。对于同地理环境各要素联系紧密的旅游资源来说，其地域性就更加重要了。特别是幅员辽阔的国家和地区，建筑和街道落地生根，受地理分布规律制约，造成区域差异，而这正是旅游资源的地方特色。自然环境的差异，形成了人文特色的不同（见图3-6）。十三行旅游资源地域性特征是多方面的，且具有国际化价值。

图3-6　外街茶叶的种植、加工、运输

岭南地理环境优越，南海之滨天然形成的海口、河埠港湾，便于海船下锚；这里有温暖的东南季风，每年5~10月，大大小小的异国船只来到这片富饶的土地；10月之后，东北季风会送西去的片片船帆返航回国。这里有历代相沿与外商做生意的传统习俗。中国传统的大宗出口货物是香丝和茶叶，外国船只停留广州期间正是这些货物成熟收获的时节。外商的舶来品如早期的犀角、象牙、珍珠、玛瑙、珊瑚等海外奇珍换回中国的瓷器、丝绸、茶叶等特产。瓷器较重耐水，宜用于压仓；茶丝较轻，需防水防潮，宜置上层船舱。货物的装卸也构成一种天然的合理搭配。

四 "十三行"旅游资源的稀缺性特征

旅游资源作为自然造化、人类历史遗存和人类的精心创造，在数量上总是有限的，具有不可再生性。这一点既不同于取之不尽、用之不竭的阳光、空气资源，也不同于一般的土地、海洋资源。应该说，旅游资源是资源家族中的艺术品、珍贵品、稀缺品、绝品。

乾隆二十二年（1757），清政府一道圣旨，广州成为当时全国唯一海上对外贸易口岸，海上丝绸之路的始发港，史称"一口通商"。经"十三行"进出的货物数量节节增长，广州成为"天子南库"。"十三行"显赫的历史地位、国际地位、军事战略地位都是毋庸置疑的。

目前不少国人对"十三行"的了解还不算很透彻，然而"十三行"的国际影响却很深远。很多外国人有着浓郁的"十三行"情结，近年造访"十三行"的国际友人越来越多。丹麦驻华大使白慕申先生曾带着妻子专程来"十三行"寻旧怀古。

五 "十三行"旅游资源配套性特征

历史建筑（构）物一般以原址原物为贵，虽然"十三行"地面文物建筑已丧失殆尽，但其文化遗址因坐落在一个公园里，多少保留了一小部分；而这恰恰适合进行主题性、旅游文化恢复性的规划设计。

资源的整合可以提升资源的旅游价值。据初步调查，广州曾有四大行业会馆：钟表会馆、粤剧会馆、锦纶会馆（即纺织业会馆）、银行会馆。其中钟表、锦纶和银行三大会馆是"十三行"对外贸易的直接重要物证。广州银行业的兴旺，更直接反映了清代商品生产贸易的情况，它们是中国资本主义萌芽的历史见证。如果将有关会馆与"十三行"旅游统一规划，不但可获得1+1＞2的效应，而且能较好地体现十三行历史街区商务网络的整体氛围。

粤剧会馆与"十三行"有间接的关系。当年伍家、潘家赞助修建演出剧场，为粤剧红船[1]提供漱珠涌库房码头。这从一个侧面也反映"十三行"推动了地域民间戏剧文化的发展。[2]

---

[1] 指粤剧团队在岭南水乡巡回演出时所驾乘的专用船只。
[2] 新快报2012年3月14日，广州民生16~19版。

历史文化价值与实物使用寿命的价值标准往往是不同的，于是构成旅游资源的价值也不宜仅从结构寿命上来评价。如今，十三行行商们的踪迹只留存于史籍中和支离破碎的文物里。在海幢街，当年建在这里的伍家祠堂只剩下伍家姑娘的闺房，一面墙被改为红砖，深锁在幽僻小巷里。这不是文物建筑的错，是一些人没有给予历史文物应有的地位。

还有南华西街潘氏第三代潘正炜建于1826年的居所，地道的西关大屋，绵延100多米。潘家祠堂是原广州最大的祠堂之一，中西合璧式的建筑极具观赏性、可读性。曾几何时该文化遗产被作为街道印刷厂的厂房，造成严重破坏。

第二节 "十三行"旅游资源的类型分析

旅游资源具有广泛性和多样性，是极为复杂的物质体系，对它进行分类研究是正确认识资源特点与合理开发利用的重要途径。

"十三行"旅游资源确是一个较大的系统工程。如果将十三行夷馆当作"十三行"的代表景观或主题性景观资源来看待，那么与行商、外商相关的其他历史遗址、遗存可谓"泛十三行"内容或组成部分。"泛十三行"旅游资源按位置可分市区内与郊野地两大部分。按属性可分为自然旅游资源和人文旅游资源两大部分，人文旅游景观所占比例较大。按形态分有物质和非物质两种文化遗产。这样划分具有通俗、明确、适宜面宽的特点。

按美国 Orrrc System 分区模式，整个"泛十三行"旅游区则包含都市内高密度游憩区、一般户外游憩区、自然区、特殊自然区、原始地区、历史与文化古迹区六种。[1]

1. 游览鉴赏型

以观光旅游为主，人们可以欣赏优美的自然风光、精湛的艺术作品、优秀古建筑，经典园林；人们可从中陶冶情操，获得美感。如"十三行"滨江水体风光（见图3-7）、风格一致的洋式店面街道、风靡全球的洋楼立林、万国旗飘的商馆风光，古代楼阁式宝塔、风姿卓绝的岭南古典民居、寺庙和古祠堂、山海相连沧桑雄踞的古炮台。在现代人眼中，它们的使用功能已不是最重要的，文物功能、环境功能、观赏功能却是第一位的。

---

[1] 张琳：《上海市历史文化风貌区旅游发展模式研究》，《中国园林》2013年11月。

图 3-7 自然水域景观资源

2. 知识研究型

旅游者能在文物古迹面前、合乎心理结构的自然环境之中、博物馆内外及科技演示的生产生活活动中，获得知识、开阔眼界、增长知识的旅游体验则为知识型旅游资源。十三行旅游系统工程中属于知识型的旅游资源是很多的。除了景观中的艺术小品、特定街道、历史建筑的结构构造特征和细部装饰等景物自身的知识"含金量"外，利用古建筑、文物建筑所建起的各专项博物馆，则是最现成的知识宝库。海关博物馆、邮政博物馆、专业街博物馆、船舶航运沧桑史馆、外销丝绸艺术博物馆、瓷器烧制艺术与彩釉艺术博物馆、出口茶叶制作加工工艺博物馆、会馆艺术与织造手工工场博物馆、古炮台博物馆、古祠庙展览馆、古港发展史馆、外商来华夷人服装展览馆、鸦片战争武器展、行商（家族）文化艺术成就展、舶来品展、外销画展等，都可让人获取大量的历史文化信息和科学技术知识。这比枯燥的政治说教，效果不知要生动多少倍。博物馆建筑本身也是城市的文化景观，是集环境艺术、城市设计、历史建筑保护之大成的知识集合体，博物馆的多少与设置水平，博物馆的普及程度和博物馆经办人的多样化，是一个城市文化水平高低的集中表现。

3. 体验参与型

以参与型旅游为主，旅游者在民风民俗、风味饮食、节庆活动、宗教仪式、集市贸易、家居访问等活动中同当地群众接触、交流、体验异国他乡的文化的旅游资源类型为"体验型资源"。在十三行商埠文化旅游区，你可体验当年商馆滨江环境的地理变迁，你可以漫游闲逛历史街区，从各种历代袭用的地名中，体验各种专业"街"、"栏"、"巷"、"坊"、"行"等商业活动场景。有古祠、古庙、古民居、古塔、古村落可在那里发思古之幽情，有各种古码头、古河道、出海口可任你驾船体验当年万帆竞渡、百舸争流的壮观场面，有各种不同规模和布局的炮台阵地供你回味当年的战争景象。"旅游"说到底就是一种"体验"活动。从肤浅的走马观花、从公式化的"下车拍照、购物走人"，到"历久弥新、留连忘返"，再到净身静心、潜心研究，都是体验。

4. 场景萌生型

十三行商埠文化旅游区中有许多是原生性旅游资源，在成因、分布上具有相对稳定和不变的特点。一般属于非再生的有限资源，具有强烈的地域垄断性和继承性。如海关大钟楼、十三行街面遗址、荳栏街石板路等。好好保护利用，可创造品牌效应。而萌生性旅游资源，其成因、分布上具有某种变化特征。

我们可以这样定义十三行历史文化萌生性旅游资源。在历史建筑遗址或地段由固有基因萌发而再生的建（构）筑物或其他景物标志，前后具有一定的有机生长的连贯性，空间体量、质感色彩以及人文意境内涵上，均具有传承性。尽管不是当年的原物，但容易让人们产生两者间的联想和共鸣。对于这样的历史街区、历史地段，我们同样能从中获得某种思想性、主题性的文化景观效应。十三行商埠文化旅游区有一部分遗存就是这种萌生性的旅游资源，如打石街、桨栏路、和平路、太平南路、怀远驿巷等历史街区（见图3-8）。

图3-8 历史街巷

对于萌生性的旅游资源，我们同样应该保护利用；因为失去或破坏了这些萌生的景物，会使我们更加远离历史，并容易发生历史遗迹的"错轨"现象、历史文脉的"断代"现象。点缀分散其中的即使是真正的文物古迹也会因异化的环境格格不入相冲突而黯然失色，难以产生文化景观与历史背景相协调的效果。

5. 非遗传承型

在"十三行"这块特殊的土地上，因中西绘画艺术的交织和中外艺术市场的特殊行情，而产生的十三行外销画，风靡世界百多年。

外销画当今依然有传承者，关键问题是宣传交流推广不够，国人不了解其意义和开发价值。外销画的市场尚未复苏，外销画的旅游价值还有待开发。将其开发为具有广州地方特色的旅游产品，设立相应绘画作坊，建立"产供销"一体化机制，外销画会焕发出无穷生命力。

清代关于"十三行"的风景诗、"竹枝词"、民谣、民间小戏曲（如傀儡戏）、广彩、广绣、武术、地方土特产等也是很好的"非物质文化遗产"旅游资源，可用于展览、表演、制作旅游纪念品、广告宣传，这对于提高旅游景点的知名度和吸引力大有好处。

"地名文化"也是一种旅游文化资源。十三行路原为十三行夷馆后街。现在的街区基本保留了当年的历史格局，某些历史遗迹尚存，街巷依然使用原有命名，如打石街、宝顺街、怡和街、普安街、联兴街、靖远街、同文街、德兴街等。虽然不少街坊已插建现代建筑，破坏了街巷的历史景观，但整体的城市格局没有变。规划中应当将其控制范围扩大，划定紫线管理，禁止再违章滥建任何破坏历史街区格局和历史建筑形态的新式样建筑物。

第三节 十三行旅游资源开发实效

广州"十三行"的旅游资源不仅属于荔湾区、广州市，它还应该属于广东（粤）省甚至全国，属于国家级的旅游资源。它有巨大潜在的市场区位。"十三行"的开发不是单一旅游部门的事，它需要城市规划、城市设计、名城保护等部门共同的操作和运行。

十三行路街区，现文化公园、西堤、沙面应是一个相互关照、呼应的十三行遗址整体保护区，应竭力构成既有统一性，又有个性特色的景观序列系统，运用视线走廊加强整体联系，协同安排游览线路和集结点。

旅游区的品牌一是靠固有基础条件，二是靠人为创造。高品位的旅游区是含义较为广泛的概念，要求环境质量较高景物相对集中，以开展旅游为主要功能，并有统一管理机构的地域基本单位。旅游区要创造有特色的旅游产品，相应的一些产业与部门也要进行产业置换，转向旅游。十三行所要建设的旅游区可划归为古城型风光类，较为确切。细分开发模式有以下几种可资借鉴①（见图3-9）。

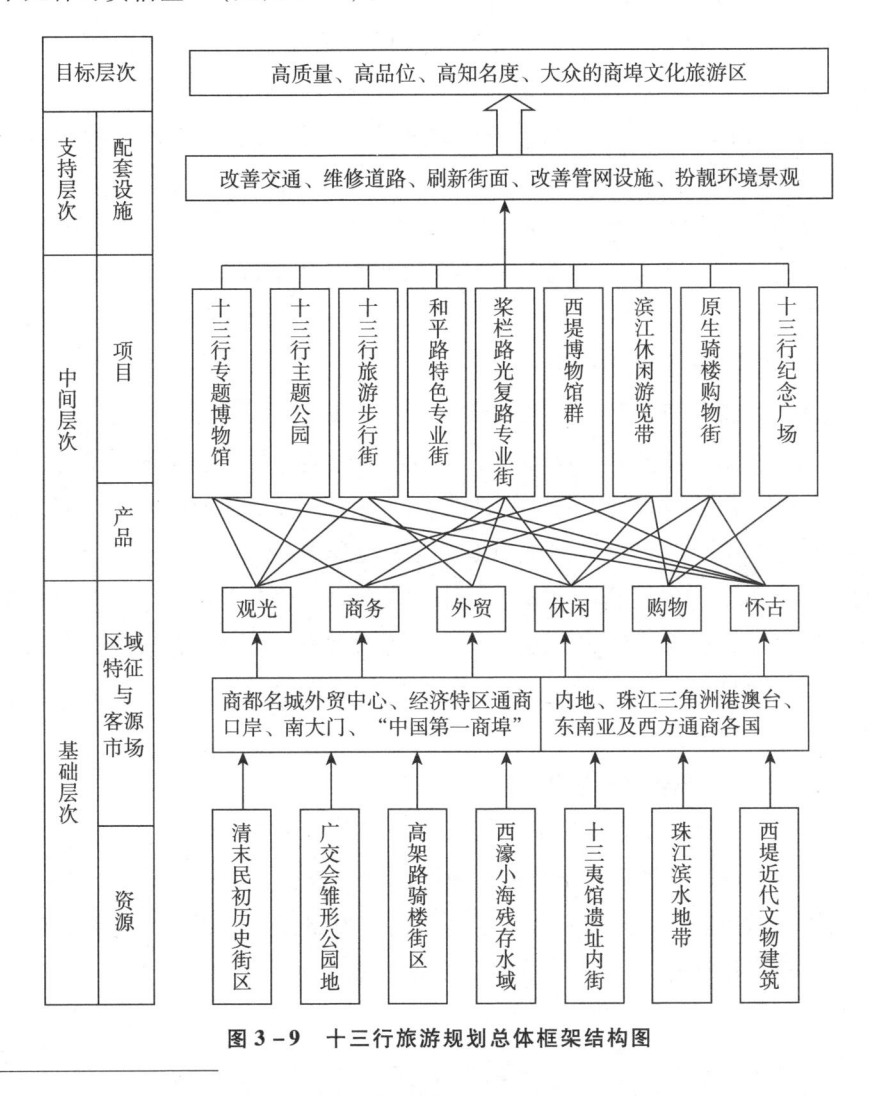

图3-9 十三行旅游规划总体框架结构图

---

① 孙文昌：《现代旅游开发学》，青岛出版社，1999，第18~32页。

1. 步行商业街旅游模式

事实上，现在这些小街小巷里，依然都是生意十分活跃、群众自发约定俗成的各种步行化的专门商品店。我们可以以此进行历史街区的复兴，首先将十三行路变为十三行街，实现环境舒适步行化或半步行化设计，给老城区带来的将是勃勃生机。而且控制好这里的用地性质，保护好这里特定的商业氛围，具有十三行时期的街道景观，又具有服务市民游客生活、游览需求的现代功能。绝对不许划拨地块给开发商搞房地产投机，从中寻租牟利。从实地考察中可以看到在十三行以北至和平路的一片地区中，许多小街小巷中仍然有许多十分特别的西关建筑，因此应该把规划范围往北延伸，把十三行北面的众多民居包括在内，形成旅游小商品的商业步行区。而那些"迷宫式"的街道和其中充满西关情调的历史建筑，经过有机更新，可成为吸引游客的"亮点"。这些房子的业主很多是华侨，可以吸引海外华侨回来投资。杜绝庸俗广告和破坏古建筑形象。

2. 主题文化公园游憩模式

从公布的规划方案中，文化公园的"公园"性质不宜改变，但"文化"内涵应以"十三行"为主题，进行改造充实。并通过几条十三行"涉外街"的入口景观设计，将公园游览空间与十三行街连通融合。公园北部与西部边界按十三行夷馆风貌营建2~3层景观建筑物，形成"商馆群"与"同文街"、"靖远街"相整合。中、东部本为当年美国花园、英国花园旧址，可结合现有"汉城"景点，保持"园中园"格局。公园内部有选择地复建改建场馆，其建筑本身就办成十三行博物馆，供游人多侧面、深层次地了解历史文化。[①]

3. 城市广场标志景观模式

树立标志性构筑物，彰显十三行旅游资源的价值。建设十三行标志性构筑物，如牌坊、牌楼、记功柱、地标雕塑，或公共服务小品等，与十三行博物馆联系呼应，打成一片。在公园内、外路面，或者广场地面的设计中，须精心设计有关十三行主题的水平景观，取得"以今写古"的环境效果。

---

① 吴承照：《现代旅游规划设计原理与方法》，青岛出版社，2002，第43页。

4. 社区一体化民俗旅游模式

我们应当以片区的概念，杜绝违章建设活动，将十三行原址周边的居民生活街区和附近的观光旅游点纳入到规划中去，形成完整而充满活力的十三行历史文化街区。因为当地老百姓的生活方式、民风民俗、口头语言、行为作风……都是历史文化的活化石和靓丽的一道风景线。具有民众生活气息基础的旅游项目是最有生命力、最有文化内涵、最宜持续发展的模式。十三行的传统基因永续留存在当地居民的血脉之中。[①]

5. 专题博物馆参观旅游模式

展览通过特殊界定的琳琅满目、美不胜收的中外工艺美术珍品，确切令人感受到我国博大精深的文化艺术曾在十三行这个国际舞台上占有显赫的地位。同期，18世纪欧洲洛可可艺术也在十三行登陆，一种追求精致、轻巧、纤秀的艺术理念与"中国风味"实现了有机的互动结合。当时流行有"洋货东西至，帆乘万里风；百货通洋舶，诸夷接海天"的谚语。"粤东十三家洋行，家家金珠用斗量"。[②] 十三行的兴盛与富足，自然引来各国奢华的艺术珍品在此汇集交换流通收藏，并不断往皇宫输送。广州成了"天子南库""珍宝之乡、富庶之邦"。

十三行艺术珍品从远古走来，通过"海上丝路"风靡全球，又从悲哀的鸦片战争硝烟中延续至今。历史事实无可辩驳地证明，改革开放、中外文化的交流有利于世界共同进步。[③]

6. 原生骑楼街复兴旅游模式

广州骑楼商业街不仅仅是建筑工艺为适应地理气候环境，而且蕴含了中西方各民族不谋而合的工程技术普适原理，合乎"以人为本"理念、适应民间个体投资经营，具有先进统一市政管理机制保障，成功建造的特色街道，而且还是因推翻封建帝制后商业活力得到大释放，城市全面对外开放，社会生产创造力和公民民主进步思想得到空前提高的智慧产物，而且还是中国城市最先近代化的代表性标志实体和具有划时代象征意义的社会发展里程碑。骑楼街最适宜开展购物旅游、休闲、约会，具有生活性、亲

[①] 广州市荔湾区西关古玩商会：《十三行艺术珍品展》，中国艺术家出版社，2012，第4页。
[②] 梁承文：《历代名人咏荔湾》，中国文史出版社，2003，第60页。
[③] 广东十三行档案文献资料中心网站，http://www.lwa.com.cn/。

民性、公平竞争性的生长活性的物质空间，适用于一切城市建筑。历代广州市"两会"上常有提案，主张拆掉人民南路的高架公路桥，复兴属于十三行历史街区的人民南路的骑楼商业街，开展老广州几乎分布全市的骑楼艺术参观体验旅游活动。①

---

① 《"十三行"历史景区将重现羊城》，《广州日报》2001年11月26日。

第四章　十三行历史街区的文化景观

因港建市、因港兴市即为港市。在水上交通相对发达的帆船时代，因"市舶"而兴起了许多沿江、沿海的商埠城市。同海上丝绸之路相连的城市大多为海港或河海港城市。广州得天独厚，河海皆优，乃千年不衰的国际良港（见图4－1）。

图4－1　广州：海上丝路世贸东方大港

经过了轮船时代，而进入火车时代、汽车时代、航空时代并举的今天，因水系变迁，有些历史商埠衰落了，甚至整个城市也相应衰落了。通过产业调整，用地置换，改善交通环境，有些城市商埠地带全面实现了复兴，有些只能局部复兴，有些完全不复当年的商埠景象。但是，从保护城市纪念性、满足旅游功能需求出发，将广州这些古老的商埠历史地段、历史街区或文物保护区营造成具有商埠文化风味的旅游区,从而促进整个城市的发展,则是恰当可行的。

第一节　海上丝路中国第一商埠

广州荔湾区根据《十三行商埠文化旅游区规划纲要》慎重宣布,东至人民南路,西至康王路,北至桨栏路,南至珠江边的区域被规划为十三行商埠文化旅游的核心区。该区包括十三行商馆遗址区的文化公园,填海造陆的新城区西堤商业中心,行商公行遗址所在地,十三行南侧的故衣街、荳栏街、德兴街,十三行路北侧的打石街、衣帽街、和平路、桨栏路等大街小巷。人民南路,西堤码头也在此列,共约40公顷。这是一个卓尔不凡的大手笔,划定这一商埠文化圈,比圈出一块房地产熟地更有意义。这是文化开拓者的壮举,挽救的是一笔巨大的、不可再生的历史文化资产,奏响的是一部文化交响乐的序曲,迎来的是一个商埠城市最辉煌的乐章。

一　文化的纵向横向比较

每一个城市的历史都有自己最辉煌的一页。西安的大唐、开封的北宋、大同的北魏、杭州的南宋、安阳的殷商、大理的南诏……各领风骚数百年,基本上奠定了整个城市及所在地区的文化基调和风土习俗。

西安作为一个具有3100多年建城史的历史古都,是东方文化的源头之一,始终代表着民族的传统文化,曾创造了无数的文明成果,给人类留下了最珍贵的历史记忆。西安的文化资源具有世界性、民族性、地域性的特征。她发源于西周、形成于秦汉、繁荣于盛唐,尤其唐长安以其丰富的文化创造力和开放包容的胸怀,使中西文化在这里充分交融并传向世界。城市的这种个性魅力,成为一面旗帜、一种标志,受到人们的关注、推崇、赏析和珍惜,由此形成了城市的文化品格和灵魂。尽管西安城在西周时期建就已建成,但处在文化形成时期;盛唐时期,一切文化成果基本成熟,不但能吸收消化其他文化,而且能深刻影响西域、东洋诸国文化,所以唐代是西安文化最辉煌的时期。西安的历史文化魅力是要靠历史街区来承载和体现的。

广州虽说是"三朝十帝"古都,但时间都并不长,无论从纵向时间历史轴看,还是从横向空间区位轴看,这三朝的历史地位和影响在中国历上都不是十分重要的朝代和邦国。有的是偏安一隅的地方政权,有的还是自身难保的"逃亡政府",他们不可能对广州,对全国的文化产生广泛的影响。其他的时期都是地方政府机构按中央的政策行事。十三行时期虽说政治机构并无特殊之制,但特殊的经济政策使广州在国内扮演了外贸特区的角色,在国际上代表了中国的形象,150多年间,中西文化在此碰撞,产生了相当大的影响,随之到来的中国社会形态变更与此不无关系。将广州谓之"中国第一商埠"亦无不可(见图4-2)。

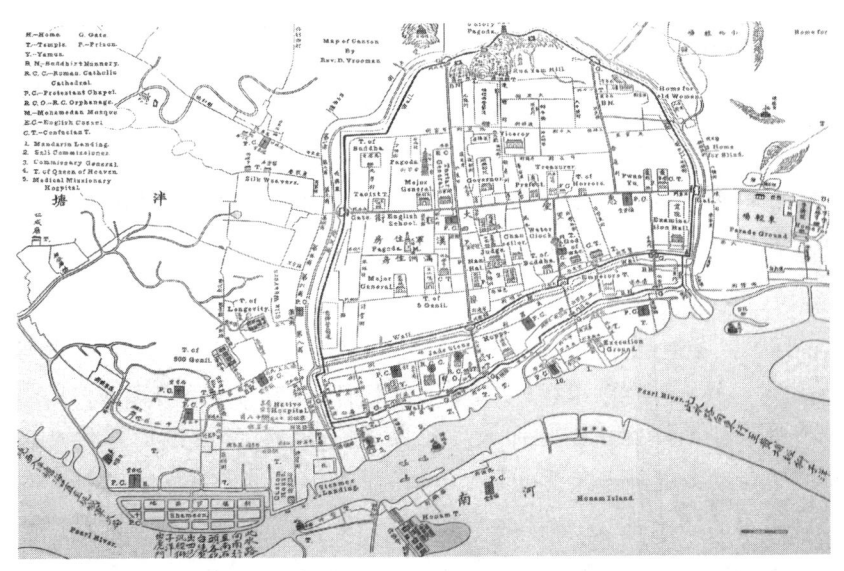

图 4-2　清代广州古城十三行商馆地带凸显发展动力(历史地图)

十三行历史文化是一个大系统。其中包含一定比重的商贸活动,一定比例的外交活动,一定比例的城市建设、园林建设活动。茶叶、丝绸、瓷器业生产、船舶修造、对外战争、武器制造、体制冲突,以及大量的诗文、出版、收藏、医药、交流等文化活动都出现在这个时代。十三行历史文化遗址也不仅仅只是上述活动的一片历史街区,它还包括大区域范围内的黄埔古港、南海神庙、琶洲古塔、河南海幢寺,伍家、潘家、陈家花园,锦纶会馆、海山仙馆、沿江百里炮台以及相关的石室、沙面、人民南路、西堤码头、天字码头等遗址遗存。

"十三行商人"是一个多阶层的泛指,包括文人、绅士、清官改革家、织造中介等。有关外国人,除了具有侵略性的义律等辈,还有像亨特这样友好的"广州通"、像柯拜这样无辜的企业家、像"哥德堡"号善良的船员、信琐罗斯得教的巴斯人等。珠江与横琴海的船不计其数。关于船的文化,也是一个系统工程,船舶史就是一部交通史、外贸史。一首"船"的竹枝词高度概括了十三行的贸易情景。

洋船争出是官商,十字门开向二洋;
五丝八丝广缎好,银钱堆满十三行。

(清)屈大均《广州竹枝词》

城市历史是文化的集中体现。城市是各个历史文化时期的街区拼贴而成的。广州十三行历史街区理所当然相对多的记载下十三行时期的历史文化信息,或者相对深刻地对十三行历史文化有纪念、标志、警示作用。

文化力是城市历史街区发展的持续力。十三行历史文化能否促进十三行历史街区的发展繁荣?答案是乐观的。我们不信奉(十三行历史文化)+(十三行历史街区)=×××亿元产值利润。但有一点可以肯定,这个简单的"加法"算式能很好地保护广州仅存的一块稍稍完整的历史街区,可以控制在此插建高层建筑增加旧城区的人口密度、汽车密度而恶化生态环境;可以带动或促进本区周边大大小小的商业中心更好地盈利赚钱;起码可以让更多的"老外",当今的"红毛""番鬼"来此寻旧,不至于乱糟糟,毫无一点记忆的线索给他们留下。

时下,"历史街区"好像一个既无爹又无妈的孤儿,是弱者;好像一棵谁都可攀拆的"残柳"。某某办公室随便一个小青年画一条红线就可能拆迁一大片"老房子"。保护历史街区的活动,目前尚是弱者的行动,腰不粗、气不壮,亟需政府官员支持。

二 商埠文化的发展历程

我国有众多的沿江沿海商埠。广州是河(珠江)、海(南海)城市类中之佼佼者。十三行商埠文化还与一条历史纵向轨迹轴线紧紧相连,这个历史链条上串连有许多颗闪亮的珍珠,隐寓着十三行商埠文化的渊源、铺垫、前奏和序曲,并留下众多的名胜古迹。它们一起要为今天的商埠文化旅游铸造城市的灵魂。

1. 战国秦汉——商埠萌发时期

古代称"都会"者，多指商贸繁荣之地。广州自秦汉以来就是我国南方的"商都""商埠之都"。《淮南子》称广州为"番禺之都"。《史记》说："番禺一都会也"，"珠玑、玳瑁果布之凑。"《汉书》也说："番禺，其一都会也。"中国经商贾者"多取富焉"。"都"者，海外珍宝入口汇集之地也。番禺为当时全国九大都会之一。但是，这个时期港市的地位在全国经济中并不重要。因为当时经济与政治重心都在中原的黄河流域，以农业为主，对外贸易主要是由陆上丝绸之路与西域各国来往。沿海大部分地区地广人稀，尚未充分开发。

2. 吴晋南朝——初步繁荣时期

吴晋南朝时期，广州百货汇集，各国"遣商货至广州"，"船舶继陆，商使交履"。海外贸易初步繁荣。"晋以后始以广州为交通海上诸番之主港也。"

3. 隋唐五代—— 进一步发展期

官方首设"市舶使"于广州，并开辟了长达 14000 公里通向西方的航线，是当时世界上最长的航线（贾耽：《广州通海夷道》）。诸国人至广州，是岁不归，谓之住唐（宋·朱彧：《萍洲可谈》卷二）。广州的"蕃坊"住有 12 万阿拉伯商人。广州已形成国际性的珠宝市场，"雄蕃夷之宝货，冠吴越之繁华"。大庾岭的开通，便利了南海与内地的交通。佛教"西来初地"广州，带来了思想文化的交流，乳香输入大大增加。政府禁止贪官剥削，鼓励进出。

4. 宋元明初——世界性大商港

广州进一步国际化，"城外蕃汉数万家"，"有的蕃商家资数百万"，"广州富庶天下闻"。元代，广州乃世界性大商港。《广州市舶条》的颁布推行影响全国。"阿峨大舶映云日，贾客千家万家宝。"意大利旅行家鄂尔立克（1296~1331）说广州是"一个比威尼斯大三倍的城市……整个意大利都没有这里的船多"。阿拉伯旅行家伊本·白图泰认为"广州市场……优美，为各国各大城市所不及"。

5. 明末清初——"一枝独秀"时期

明代，广州为"朝贡贸易"第一大港。明嘉靖年间（1522~1566）广州成为全国唯一对外通商的口岸，万历至崇祯年间（1573~1644）创办"外贸交易会"（市舶集），每年夏冬两届定期举行。清代的外贸政策是相当错误的，对全国来讲是个停滞期，但对广州来说客观上是个得天独厚的发展期。近百年海外贸易未曾中断，在 200 多年的开埠贸易史中"唯我独尊，地位不可代替"，成了名副其实的商埠文化之都。当时的澳门，只是广州的中转前站（见图 4-3）。

图 4-3 澳门因埠成市

6. 21 世纪 —— 可持续发展

当务之急需通过地毯式普查摸清文化家底，与时间赛跑。以现有的文化遗存为支撑，处理好城市规划中的传承、延续与发展的关系。如浙江的许多商埠城市于本世纪初开展了拉网式普查，制定了保护方案。重视城区历史文化氛围，老街道老城区的规划要做好做精，不能一拆了之，推到重建。如世界级科学家迦利略故居仍坐落在连车都开不进去的小巷里，该国政府并没有大修马路、广场，而保存了原生态。意大利、希腊、英国保护历史建筑的成功经验，是在保护建筑外墙和原有城镇格局不变的情况下，将卫生间、通信设备等现代化设施引进老宅。

要保护历史文化，实现科学规划，法律是最有力的工具。维也纳坚决不允许在多瑙河以北建高层建筑，美国法律明确规定文化遗产是瑰宝之地，必须加以保护。政府须放弃狭隘的地方经济利益，从长远着想，用协调发展的科学观来处理文化遗产保护和经济建设之间的矛盾。

广州的商埠文化还将持续发展，承载商埠文化的历史街区也还要继续发展。尽管十三行历史街区的文物古迹遭到彻底破坏，当年的"红砖码头"也无从查找，但"历史"是永远删不掉的。任何其他地块都无法替代这片土地。今天的国贸大厦、国际会展中心,代替了过去的商馆、会馆。今日的航空港、亿吨港,非当年帆船时代可比。今日的集装箱,早已不需当年的水脚苦力搬运。全国的旅游景区都可向外国人开放,早已不是被监督放风式的游园度假。失去商埠物质功能的十三行历史街区,现在应该承担一种新的历史使命——文化旅游功能,把今天的人们带到当年的历史文化氛围之中,又把人们从历史的氛围之中引向更值得思考的未来。

历史是可以触摸的,那蹲 3000 公斤的铁炮,那几百块海山仙馆的石碑;历史是可以目睹的,那些保存完好的文物建筑和当年环境;历史也是可以耳闻的,那叙说不完的十三行故事和日益明晰的历史事件。这样,衰败的历史街区灵魂可以回归、城市主题精神可以焕发、生命力会更旺盛,新的生活功能、创业功能可以更加完善。

三 商埠文化的物质载体

文化是历史的积淀。广州历史上最辉煌的文化是具有 2000 多年富集的海上对外商贸文化。十三行时期又是最辉煌的时期。文化是一方水土滋润的结晶。广阔的海洋无数条海上丝绸之路与大清帝国广袤疆域无数条河上、陆上商贸运输线路都交汇于一点——十三行时期的广州。海纳百川,山连九州。大陆文化之圈与海洋文化之圈相切之点——中国大陆南端的通商口岸,还是十三行时期的广州(见图 4-4)。

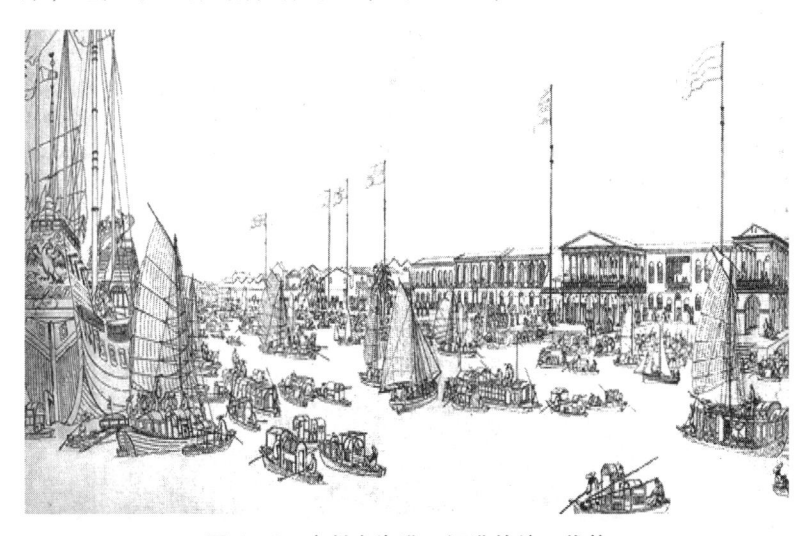

图 4-4 广州有海港+河港的统一优势

一个"埠"字蕴含了水陆交相哺吸的区位与关系。一个"商"字意味着双向的流通与交换、双方的集结与汇合。这种时空文化的特质就是商埠文化的特质、口岸特质与海泊关系特质。

根据文化的遗传与变易律、互含与互否律、向心与离心律，商埠文化所表现出来的激烈程度及前卫性可能是突出的，其影响力也可能是最大的。

广州十三行商埠文化的时空选择是有根本原因的——历史原因、思想原因、社会原因加上客观自然条件，使十三行历史街区成为最优化的结果。无论是中国人的选择，还是外国人的选择，都看好这同一个区位。

1. 历史地理上的传统优势明显

这儿是一个能安全避风的港湾，临三江交汇的白鹅潭出航便利，西接市场与商贸对象，服务、供给、交通方便。政治上便于管理，有官方的"保护"。商贾风俗深入民心，长久以来的历史传统形成了特定的场所精神。

18~19世纪的广州港——中国历史上"海上丝绸之路"的传统商埠，以她独具的魅力吸引着来自世界各国的商船，成为大帆船时代西方淘金者首选的黄金口岸。当异国商人发现在珠江岸边这片对外开放的商馆区，不仅特许洋人在此居住，而且有专业组织——"十三行"商人集团接洽商户；不仅能够传译语言、沟通商情，而且他们是那样的熟悉洋务、善于经营，于是广州十三行一时成为中外商贾八方云集的宝地（见图4-5）。

图4-5 "埠"乃水陆文化结合点

2. 物候气象上的优势得天独厚

位于珠江边上的中外交易所，洋船云集，商贾如织。几乎所有亚洲、欧洲、美洲的主要国家和地区都与十三行发生过直接的贸易关系。十三行贸易季节随每年五六月新茶上市开始。按照规定，来自各国的商船乘南洋季风每年五六月间泊靠广州港，把异地的工艺品、土特产和工业品在十三行商馆卸货交易后，再带着中国的丝绸、瓷器和茶叶，于九十月间乘东北季风回归。这种天时和地利的合理配置，似乎是"龙与上帝"的特意安排。难怪有人称之为18~19世纪的广州每年春秋的"中国进出口商品交易会"。

瓷器是中国的象征商品，除了它的精美和巨大的价值外，还是远洋航行中最理想的压舱货。它重量大，不怕潮，适宜装在船底，既可防止茶叶、丝绸受损失，又保证了船只的平稳航行。因而丝绸、茶叶和瓷器是海运货物的最佳组合。也许这也是大帆船时代海上丝绸之路的魅力所在。

自古中国男耕女织。楚地战国时期丝绸织绣的出土就说明：中国是一个丝绸之国。丝绸是东方文明的主要载体与展品，色泽滑润、轻薄飘柔、华贵高雅，成为西方上流社会不惜重金采购的奢侈品。西方自称"不善织造之国度"，贵族们的"服饰之荣"一向依赖中国。

3. 集中中国富豪的"华尔街"

按照清政府规定，洋货行商人必须"身家殷实，赀财素裕"，为的是洋行能保证经营的底蕴和对外贸易的信誉。十三行商人与两淮、山陕商人一同被称为清代中国的三大商人集团，是近代以前中国最富有的商帮群体。在豪商巨贾中，十三行商人以潘、卢、伍、叶四大家族为最。他们都是衣锦玉食、园宅华丽的名门显贵。十三行街成为当时世界的"华尔街"。大的商号拥有资产上千万两白银，堪称世界级的豪富。洋行巨头之一潘氏家族的豪华别墅筑于广州珠江之畔，堂皇气派，成为钦差大臣、总督巡抚以及外国使节的会晤之地。伍家资产在1834年约有2600万两白银，被称为"天下第一富翁"。十三行商馆内也是金山银海，伍家豪宅与潘园交相辉映，大可与《红楼梦》中的大观园媲美。19世纪中期，在美国凡带有伍家图记的茶叶，就能卖得出高价。2001年，《亚洲华尔街日报》将伍家商人评为千年来全球最富有的50人之一。

4. 工艺美术制造业的天堂

这里的行栈,作坊星罗棋布,能工巧匠荟萃,也是宫廷匠师的人才基地。肩负皇命的广东大吏,将其中的顶尖人才举荐进宫,成为引领宫廷制造业的主力。康熙年间,十三行输送的玻璃匠程向贵、周俊二人,将已掌握的欧洲磨花玻璃术带到宫廷玻璃厂,制造出中外技术融合的作品"雨过天晴刻花套杯",达到了当时工艺美术的最高水平。到了雍正年间,皇帝再想烧制此物,已是人去技空。看来至高无上的权力,在工艺技术面前也是无能为力的。内廷许多优秀的珐琅技师来自十三行街。1716 年的朱批奏折中,有两广总督杨琳选送潘亨等四人进入养心殿造办处作珐琅效力的记载。这是广州珐琅匠进入宫廷的最早案例。造办处的自鸣钟处以洋人和广州匠为主要技术骨干。该处所造钟表,是按照皇帝本人的爱好和要求,吸收洋、广两种优点,造出独特皇家钟表作品。

5. 中西人才输送的集结转运站

从康熙年间开始,一些西洋传教士、手艺人、科学家、医生、画匠等,因仰慕神秘的东方文明,纷纷搭乘本国商船远度重洋,于广州港上岸,希望以自己的才华取得进入皇宫的通行证。他们首先要由广州行商引见,才可得到官府的保送,以至皇帝的批准。在得到进京旨令之前,十三行就是他们修整、学习的地方。身处深宫的中国皇帝,对西洋人极为好奇,一些在宫廷效力的洋人曾得到特别赏识,成为皇宫中的重要人物。康熙年间,每当洋船泊靠,随船而来的一些西洋人便会被安排到商馆内的 8 处天主教堂学习汉语。名噪康、雍、乾三朝的宫廷洋画师意大利人朗士宁,就是在 1715 年 27 岁时,经广州十三行进入京城皇宫的,以至在宫内终身供职。乾隆时期,更多金发碧眼的西洋人,操着中国的官话、土话和方言出入十三行商馆。从这个意义上说,十三行创造了中西合璧的商贸文化。

6. 中西建筑文化的交流荟萃之地

为了便于外商开展商务,行商开辟了供洋人经营、居住的商馆——十三行夷馆。各国夷馆以其独特的建筑外观与十三行中国商馆遥相对应,俨然一个世界建筑的博览会,勾勒出一幅中西合璧的人文景观图。当举国上下一片封禁的时代,只有十三行是一个走向世界的通道和窗口。商馆的出现带动了西关、河南等城区的发展(见图 4-6)。

图 4-6　广州河南繁忙的码头

7. 财源滚滚的大清国"天子南库"

十三行拓展了我国的对外贸易，为国家创汇做出了特殊的贡献。据资料统计，1700~1830 年的 130 年间，广州贸易顺差白银 4 亿两，占我国同期输入白银的 80%（《货殖华洋的粤商》，浙江人民出版社 1997，黄启臣）。道光十年（1820）全国贸易税 180 余万两，海外贸易税点 90%。嘉庆年间，粤海关关税收入超过了广东省地丁银（125 万两），占全国关税总收入的 25%（《广州外贸史》上册，广东高等教育出版社 1996，杨万秀）。嘉庆十七年，粤海关税 134.79 万两，占该年户部所属关税总额的 30%（《广州外贸两千年》，广州文化出版社 1989，陈柏坚）。广州外贸的收入在清朝财政中占有举足轻重的地位。

8. 十三行街区是战略军事基地

这里清廷过去曾筑有两座炮台。当英法联军占领广州后，尽管可以任意选择租界地，但他们始终不愿离开十三行街区这块土地。当十三行被火焚后，毗邻的浅水洲——沙面成了他们的军事、金融、商业驻点。他们不嫌当时沙滩尚没完全成陆地。不惜耗重金进行地基处理。他们看好的是这里的军事战略地位。进可攻，江边可以同时集结 18 队士兵；退可守，撤离登舰,炮火支援方便。

四 商埠文化的历史复兴

中国商埠并非广州一处,古代史上有许多历史悠久的老商埠。乾隆二十二年(1757),大清国宣布广州一口通商后,自然会黯淡失色。被困85年后的老商埠,只有挨到鸦片战争以后,依次按《南京条约》《马关条约》才得以相继开埠,于中国近代史上重新"因商而兴"旺起来。

"近现代工业"经过了起步、发展后,面临着整治改造的形势。因许多工商业过去都设在水边,目的是利用便捷的水运。当水运显得不那么重要,或因工业成本太高、技术落后、设备老化、污染严重、矿源枯竭,面临"关、停、并、转"的时候,滨水地带的商埠文化复兴就成了一个现实性的问题。

国外滨水地段的城市设计已经使很多城市商埠文化区面貌一新,活力四射。如加拿大格兰威尔岛的改造、美国丹佛市的滨水地段改造、巴尔的摩内港、桑尼达令港的整治而焕发活力。

国内天津有盐商经济与传统儒家文化相结合的商埠文化所在地二岔河历史地区,正在迎接新世纪更为繁荣的商旅盛况。淄博周村素有"天下第一村"、"中国活着的商业街市博物馆群"、"中国四大旱码头"之一的美名。作为古丝绸之路源头象征的周村大街、千佛阁等历史街区,正开展古埠弥新舞动世纪豪情——中国旱码头旅游文化节活动。

湛江市赤坎区同样是一个"古城商埠"历史街区,始建于20世纪30年代的"三民路"街正在复兴商埠文化特色、建立良好的商贸骑楼旅游景区形象。山东烟台提出了"从商埠文化到开埠文化"的概念,正迎接"开埠巨变"两百年的纪念活动。"烟台街"正以开放口岸的形象示人并有在全世界叫响的可能。

如果我们对上述示范历史街区还不够深入了解,下面拟再加以详细介绍,最后与"十三行"作一简单的比较。

1. 600年的天津盐商商埠文化[①]

由于漕运带来的商机和盐业的兴盛,使天津"因商而兴",一跃而为中国北方最大的商业都会。《津门杂记》曰:"天津无沃壤腴田,民多贾趋

---

① 参见http://ww.sina.com.cn,《城市快报》2004年8月30日。

利。"天津有150多公里长的海岸线，中国最著名的海盐场就位于这里。直到今天，年产原盐240万吨，占全国总产量的十分之一。盐商经济与儒家文化相结合，就产生了盐文化。在历史上，资本雄厚的盐商在天津地区性商埠文化中占有举足轻重的地位；清初以来，有"八大家之说"。清末《天津地理买卖杂字》云："天津卫，有富家，估衣街上好繁华。财势大，数卞家，东韩西穆也数他。振德黄，益德王，益照临家长源杨。高台阶，华家门，冰窖胡同李善人。"来新夏主编的《天津近代史》云："被天津社会相沿传称的八大家。他们是'天成号韩家'（粮、船商）、'益照临张家'（盐商）、'益德欲高家'（盐商）、'杨柳青石家'（粮商兼大地主）、'土成刘家'（粮商）、'长源杨家'（盐商）、'正兴德穆家'（粮商）、'振德黄家'（盐商）。"粮商与盐商各4家。

天津盐商致富以后，斥资于津门炮台筑设、文化教育、慈善救济等公益事业。平心而论，他们对于天津地域文化功不可没。水西庄、文津阁、寓游园等私家园林都为盐商所建，富丽堂皇的皇家园林——柳墅行宫，就是天津盐商集资，专为乾隆驻跸而建造的。

天津城市发展，亦以商业为龙头。明代天津的商业繁荣中心在南运河畔三岔河口地区，成为南北物流交汇的枢纽。估衣街、锅店街、针市街、粮店街、曲店街、缸店街、肉市口大街、斗店胡同、竹竿胡同等历史地名，就昭示出商埠的繁华。清代的商业中心就在大胡同、鸟市、天后宫附近。当时，归贾胡同一带，饭店、戏院、茶馆、澡堂各种娱乐场所聚集，成为当时供外地商贾餐饮、娱乐、居住的归宿之地。

进入20世纪，商业中心从传统的城厢北部地区逐渐南移到日、法两租界，即移至旭街（今和平路）、梨栈（今劝业场）一带。租界成为天津消费的主要区域，逐渐取代了老城的位置。天津城市标志物先是渤海大楼、百货大楼等商业建筑。外来人来津，如果没有逛劝业城，就被视为白来一趟，足见天津商业文化在人们心目中的地位。

明清以来，安徽、广东、福建、浙江、江苏等南方省区商贾纷纷向天津汇集，经商定居，"数世之后，子孙孳息，而户口繁如"。在天津商人，尤其是富商巨贾中，南方籍贯者占相当大的比重。居住在津的外省籍商人为维护自身利益，以乡谊为纽带结成了民间组织——会馆，如山西会馆、闽粤会馆、山东会馆、云贵会馆、安徽会馆、广东会馆等。在天津工商界的广东帮、潮州帮、山西帮、宁波帮、河北冀州帮等都很有实力和影响。

上述从另一个侧面表明：外省文化，特别是南方商业文化对天津都市文化产生的影响不可低估。商埠文化创造了社会的繁荣，对于天津地域文化和风气习俗、道德观、价值观都有直接的影响。经商讲求"和气生财"、"买卖不成仁义在"，这对造就天津人热情好客、乐善好施、乐观幽默的风气不无关系。

2. 100多年的旱码头商埠文化①

100多年前，在山东历史上有一个值得纪念的日子。光绪三十年（1904年5月23日），清政府批准：山东济南、周村、潍县（今潍坊）成为自开之商埠，由此拉开了商埠的辉煌。周村素有"天下第一村"之称，明末清初就是山东的商贸名镇，与佛山、景德镇、朱仙镇并称为中国"四大旱码头"。周村大街、丝市街、千佛阁等古建筑群作为古商埠文化的见证，仍保存完好。这些遗迹被专家称为"中国活着的商业街市博物馆"。周村是古丝绸之路的源头之一，周村花灯堪称工艺精湛的代表流派。2005年5月20日上午，周村举行开埠100周年新闻发布会，为纪念开埠100周年系列活动拉开了大幕。

岁月流转，古埠弥新。目前，周村已成为一个以丝绸、纺织为主体，化工、建材、机械、家具等门类齐全的新兴工业城市。周村烧饼、"多星"电器、"兰雁"牛仔、凤阳家具等一批优秀商品享誉国内外市场。作为开埠百年纪念活动的重头戏，乃首届"中国旱码头旅游文化节"系列庆典活动。纪念活动主要包括"百年商埠——周村"大型综艺演出会、周村民间艺术展演、周村商埠文化旅游推介会等7个项目。会期，周村还将举办济南三地市（区）长论坛、"诚信周村"万人签名等活动，为百年商埠造势。

3. 千年古港清末再起商埠文化②

湛江赤坎古商埠曾经是中国通往海外的重要港口，商业发达、港口繁忙。特别是大通街与民主路一带，是物资集散和转口运输的"海上丝绸之路"发祥地。由于港口商埠繁荣，闽浙会馆、广州会馆、潮州会馆、雷州会馆均陆续建在街区内，至今还保留有水仙庙、水仙井、金铺井、古渡头

---

① http://www.zhoucun.gov.cn，《淄博晚报》2004年8月16日。
② 参见http://www.chikan.gov.cn/tzzn/zsxm.htm。

遗址、天主教堂、古典庭院楼阁、法式建筑群和法式灯柱。

湛江赤坎区素有"古城商埠"之称，历史上商贾云集，古文化积淀深厚。特别是民族、民权、民生路区域的建筑物，始建于20世纪30年代，保存有晚清、民国时期遗留的法式骑楼建筑群。骑楼立面造型又颇具南洋建筑古雅大方的风格，而且历经风雨至今仍保存较好，这样的历史文化街区至少在粤西是不多见的。把"三民路"改造成为具有欧式情调和南粤风格，集旅游、观光、饮食、购物、娱乐、休闲于一体的湛江古商埠，有利于保留和继承古商埠建筑的文化特色，改善旧城区的城市景观，树立湛江的良好形象，提高城市建设的品位和知名度。该项工程投入资金少，实现经济效益快，还可以与旅游资源的开发充分结合起来，具有较强的吸引力。

根据广东省文化厅《关于做好文物保护基础工作的通知》（粤文物〔2004〕29号）精神，湛江已将中山街道三和古街区（即大通街、染房街、东兴街、南兴街、新风街、平安街、永安街、泥水街）和民主街道三民古街区（即民生、民权、民族）申报为省级文物保护单位。其中三和古街区占地面积47000平方米、建筑面积20000平方米；三民古街区占地面积90000平方米、建筑面积50000平方米，均为砖木结构两层楼建筑。

为充分展示赤坎古商埠风貌，湛江计划将使三和、三民古文化街区再现古商埠辉煌。目前，当地民众自觉成立了古文化街区保护领导小组。本着保护为主、抢救第一，合理利用的原则，拟将三民街建设成以经营旧家具、珠宝、玉器、陶器古玩、文房四宝、金银首饰、古字画、花鸟为主的古文化街，并开辟集地方特色风味小吃、地方典艺于一体的文化商业休闲街。

4. 200年的"烟台街"商埠文化[①]

鸦片战争后，从1862年始，仅为福山县一个社区的"烟台街"，就成为了中国典型的对外开放口岸。"烟台街"犹如大陆向海洋打开的一道门缝，形形色色的人流货流涌了进来。从此以后，"烟台街"就在全世界叫响，使延续了两百年的商埠文化，开始转向开埠文化。

对开埠文化影响最大的当属那些西洋传教士，因为他们在传教之外也做了很多有意义的工作。仅就文化而言，传教士在烟台办学校、办医院、建博物馆、建恤养院，很有成就。19世纪末，爱迪生发明了电影。20世

---

① 参见 http://www.jiaodong.net/2004/8169546.htm。

纪初便被传教士带进了烟台。在中国开埠的十多个港口中，外国洋行933家，仅烟台就有80多家。洋行使烟台充满"洋"气。建于1872年的朝阳街，便是洋行的主要集中地，洋人在这里开洋行、开夜总会、经销洋货。起初连街名都是洋的，称卡皮莱街、兹莫曼街，1912年才改称朝阳街。一条不宽不长的朝阳街，充满了异国风情，中西交融的开埠文化，在这里得以充分展示。

开埠后的烟台，可谓洋货满街巷，洋味进万家，烟台人的衣食住行几乎全被洋化。"洋"给烟台带来活力，改变了烟台人的思想观念。正是这"洋"中的诸多细节构成了烟台的个性底色，形形色色的洋人、洋货、洋文化，塑造了烟台繁华而又迷人的开埠文化。报业的兴旺是开埠文化的重要标志，始创于清末的烟台报业，多达20余家，在全国同类城市中是罕见的。最早的一份洋人办的英文报纸是创办于1894年的《芝罘快邮》，最早的一份国人办的中文报纸是创办于1906年的《渤海日报》。

开埠后的烟台，虽然独立存在、名扬四海，但始终未被"定位"，在全国的开埠口岸中是唯一的。直到1934年才被定位为直属山东省的"烟台特别行政区"（简称烟台特区），1938年才设烟台市，历时76年。从1398年建成奇山所，到1938年成为烟台市的540年中，孕育产生了奇山文化，中间又经历了城堡文化、商埠文化、开埠文化三个阶段，前后的变化是巨大的，但万变不离其宗，奇山文化尽管融入了中华大地不同类型的地域文化，但始终带有齐鲁文化烙印；尽管吸纳了不同国家的海洋文化，中华民族文化的本色并没有根本改变。担心"全盘西化"纯属杞人忧天、多此一举，别有用心、装腔作势、借以吓人的勾当。

现将各种商埠加以比较，各自特色因比较而更突出（见表4-1）。

表4-1 广州与四个商埠基本情况比较

城市	历史街区	开埠时代	开埠时间	对象范围	地位性质	遗存遗址	港埠特点
广州	十三行	秦汉	2000年	全世界各国	"一口通商""天子南库"	十三行街区	国际河海港
天津	三岔河口	明代	600年	主要国内南方	皇帝行宫	9条古街	海防天津卫
湛江	赤坎区	1930年代复兴	100多年	东西洋阿拉伯	南洋商埠	7条民国街	不冻海港
潍坊	周村	清末1904	110年	丝绸转口	山东商贸名镇	周村大街	旱码头
烟台	烟台街	始于明代鸦片战争后重开	540年	部分西方国家	省特别行政区	兹莫曼街、卡皮莱街	内海海港

从表中可看出十三行历史街区的商埠文化无论是内涵还是外延都超过国内任何一个城市。鸦片战争以后，广州衰落，上海、香港崛起也与广州的商埠文化事件有关。

五 商埠文化的旅游策划

"商"，不仅意味着物品的交换和流通，也含有人员因商业活动需要而流动、且客居他乡的现象。过去除像徐霞客那样纯作地理考察的旅游者为极少数者外，一般都属附带旅游，如仕宦当官旅游、求功名赶考旅游、打仗行军旅游、寻亲访友旅游等等。真正具有旅游功能特质的职业活动则是"商"。尤其是国内、国际间的商务活动，就是一种商旅活动。十三行时期，世界著名旅游家，几乎都到过广州——依赖国际贸易航线开通了世界旅游的先河。

为了开展十三行商埠文化旅游，把过去值得纪念的城市空间、遗迹和遗物保护好、配套好，就是最为积极的先进的政策和行为。

1. 在商埠文化的遗址或废墟上再续城市辉煌

我国历史上许多商埠城市，现在依然是通商口岸（见图4-7），原来的码头区可能变成国际国家型大港，仍然为城市出入口之一。但也有许多方面的原因，有些城市的港口被其他对外交通运输工程所代替或降到次要的地位，过去的商埠码头或变成工业区、商住区，似乎商埠文化不在，商埠作用不在。其实并非如此，商埠在商埠文化火中涅盘，正以新的形式发挥作用。开发利用过去的商埠文化遗址遗存，既是为了铭记过去的辉煌，更是为了今天、明天更好的发展和美好的生活。

"商"和"埠"注定是紧密相连的。如宁波的滨水地带，其独特的地位受到人们更普遍的关注，得到了合理的开发和利用。三江并流是近几年最为壮观的一景。

京杭大运河南端大港，带来了杭州的繁荣。运河边上现存有历代建造的码头、河埠、仓储、工厂以及人口密集的拱成桥老商业区，因保护更新、"城河共兴"。改良商业环境，改良滨水环境，商埠文化自然就得以显现。

泉州依靠海上丝绸之路的商埠文化和丰富的文物古迹资源，打造泉州的旅游"月亮工程"，将商埠文化的古民居城区建成泉州的旅游商业服务中心，配套"海丝文化"的博物馆，与清凉山景区、祈风山景区及灵山圣墓景区共同组成泉州市的旅游中心区"大月亮"。

图4-7 "广交会": 永不落幕的盛会

湛江商埠文化区已经清理好"家底",制定好一系列优惠政策,准备迎接《湛江市古商埠整体规划》方案的深化实施,重整赤坎镇民族、民权、民生三路区域风貌、建设湛江古文化市场,不搞大拆大建的做法。

国际上的历史实例证明,有商无埠,"商"会受到一定的拘限;有埠无商,"埠"难以做强做大做好。最好的情况是商带来埠头的建设提升,促成商市的形成、兴旺和发展。当实现港埠工业化后,滨水地区拒绝了市民的公共性景观,城市的旅游价值受到一定的影响。广州因"商"功能特强,尽管码头埠头建设不怎么认真积极,并因河道淤塞南北东西不断迁徙,但"商""埠"有机联系,生意一直坚持在做。

广州十三行商埠文化旅游中心区,是广州市目前保留最完整的成片状的一块历史街区。故参加广州名城保护规划的清华大学张杰教授特别看好这一带的历史建筑及其环境的保护价值,主动要求做专项保护规划。这里是广州历史上最好的内港码头区,故也是商业最发达的古城关厢闹市区。十三行各行商的经营本部都设在这里,始为行商所建、后来外商自建的夷馆区也集中分布在这里。清政府害怕外国人与本国的"家奴"臣民接触,故意制造"防洋"、"限洋"、"抵洋"、"憎洋"的国际气氛。但因紧联古城、海关,商业街的店铺却总是如"野火烧不尽,春风吹又生",漫布河涌、海基(围)、沙洲又发展起来,最后围绕荔枝湖形成了一个今天的荔湾区。"老西关，新荔湾"六个字，充分说明了港埠与商业，商业与城市街巷连环发展的演进关系。

十三行街（路）主观上是一条隔离华洋联系、禁锢民间中西往来的封锁路，但客观上则以十三行街（路）为主枝，又分发出许多南北向的商业买卖专业街：荳栏街、故衣街、同安街、打石街等。然这些小街又汇合成一条平行十三行路的和平街。从东西向的和平街又分发出垂直的小街小巷：长乐路、北铺、兴隆北、浆栏斜街、装帽街等——这些小街小巷又汇合成一条东西向的规模档次更高的浆栏路。如此再向北向西发展，随着时代前进，则形成又一个商埠中心：上下九骑楼商业街。十三行商埠文化街区的东侧原有护城河西濠。十三行路过西濠回栏桥为仁济路，该路以南还有部分行商的商行。如位于现怡和街的怡和行就是行商之首富伍秉鉴开的。现人民南路是在广州城墙向南延伸的基础上于近代兴建的商业骑楼街，此仍广州规格最高级的骑楼，标志当年全市性的商业中心就跟随在商埠街区这里。

2. 首先建设狭义上的十三行商埠文化旅游区

从政府的大报告到个别官员的口头语，要想弄清政府的思路或打算到底具体是什么，可不是容易的事。关起门坐下来学习几天，仔细地猜，也许还是一片乌云。人民大众倒有自己的思路或企望，多次要求市政府将"十三行商埠文化旅游区"的基本建设立项，对该区的规划控制早日确立下来，以求循序渐进地发展。

（1）将十三行路建成商埠文化涉外旅游步行街。

迁出混乱的低档服装批发市场，调整商务业态，组织好人流、物流、车流，这是首要的一步！从与人民南路相交的东入口到与康王路相交的西入口，全长400多米，此街北侧拟以东段固有商业建筑为基准，按既成的建筑风格、高度、色彩、质感、体量设计，补齐协调，整合街面构图，使之富有韵律节奏、可观赏、可阅读的美学特质。商铺的形象设计，尽量体现涉外特色即"中英街"特色，因为十三行街原来是国际性的（见图4-8）。

十三行路南侧现已遭受破坏，毫无节奏可言。虽已至此，规划仍须追求风格的统一，努力体现历史的记忆。南侧西端拟在遗址考证的基础上，结合现有功能，填补、改建、重新组织具有"十三行夷馆"特色的街道建筑群。

图4-8　复兴商埠历史文化街区

（2）将桨栏路、荳栏上街、同安街等划定为保护对象。

现有若干小街小巷垂直十三行路向北连通和平东路及桨栏路。和平东路与桨栏路，街道较齐整，经营的商铺类型（结构）较为统一，行业特色也较明显，但缺乏旅游特色。如在上述众多小街小巷中设置十三行时期的"买卖风味"专业街，倒是可以认真思考的。现今街名就是这种街巷的文化遗产，听其名就可知当年它们是经营什么商品业务的，一目了然。转换现状的服装批发经营模式，开辟旅游纪念品零售步行街，挂出这种专业街的招牌。比如"外销画"一条街、瓷器一条街、丝绸一条街、茶叶一条街……，有待筹划。各种行业商会也可设立在此，这也是一种历史文化传承。

（3）将现文化公园与周边历史街区统一属地规划管理。

文化公园必须改造，管理制度必须改造。这里是当年夷馆群的中心，是当年美国花园、英国花园的遗址。300多职工全靠20多公顷几乎"建筑化"完了的公园谋生，会是什么状况可想而知。这儿是"楼阁粉白旗杆长，楼窗悬镜望重洋"的地方，应该给予游人最充分的历史文化信息。选择夷馆遗址兴办十三行博物馆、开辟十三行商埠文化广场，联系珠江海洋文化，使之成为开放性的、大众的、公共性的十三行主题公园。

(4) 将商埠文化旅游区的建筑物理环境实行科学改良。

历史建筑，甚或是文物建筑，它们都是景观建筑物，就应该进行文化景观论证规划。疏散人口，减轻历史街区负担，在获得优雅景观环境的同时，采用科学技术改善通风、日晒、用电、用气、供水排水等方面的物质条件。比喻竹筒屋或骑楼，由于商业经营门铺与居住房间绝然分隔，失去了原生的气候（穿堂风）环境效益，须进行建筑物理上的改良。让整个历史街区成为广州世界名城的一轮明月（见图4-9）。

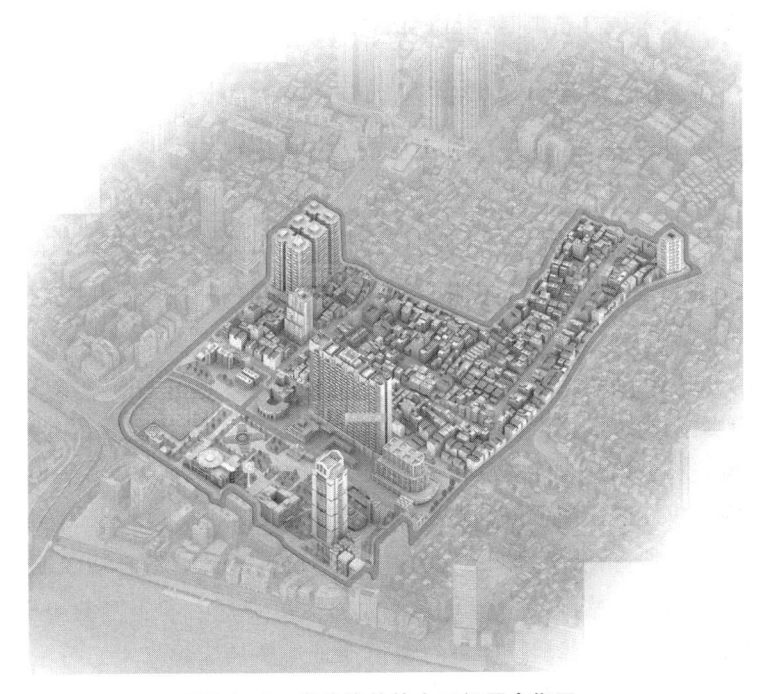

图4-9 尚能挽救的十三行历史街区

3. 创建广义上的十三行商埠文旅游区

与十三行商埠文化相关的历史文化遗址、遗存是一个全市性的大系统，除荔湾区的部分商馆区外，在越秀区也有十三行馆遗址。此外还有南华西街、黄埔古港、长洲岛、天字码头、洲头嘴等地。与行商、外国夷人有关的休闲园林、寺庙、"外国人岛"，等等，均需要我们各有关部门联手开发。

商埠文化旅游的表象是一种商业活动，其内核则为一种城市文化机理活动。商埠文化旅游中心景区的建设也应立足城市原生动力的政府行为，将十三行商埠文化旅游区纳入全市性的系统工程,而旅游运作则应走政府规划引导,社会投资建设,企业化经营管理的路子。

第二节 十三行地标性旅游景观

如果说广州要跻身于世界名城,在国际舞台上拿得出手的第一张名片可能就是"十三行"了。这张名片是个什么样子?以怎样的旅游景观姿态示人,给人们留下什么样的环境印象,让游人能得到什么样的精神感染?这是需要规划人员(主要是官员)认真思考的问题。

一 规划目标与开发理念

十三行商埠文化旅游区规划范围包含夷馆遗址地段、十三行路历史街区、现文化公园及西堤沿江地带。考虑周边的城市文化环境特征及与其有机联系,须建立起统筹性规划理念,把握好项目的基本属性。

1. 十三行夷馆遗址地段应该是一个永不关闭的开放式的历史文化主题公园

有历史文化根源的旅游项目才有可读性,才不会是无源之水,无本之木。"历史文化主题公园"可充分显现当年十三行"洋楼靓丽,万国旗飘"的历史风貌。它以魅力无穷的形象列入城市文化的精髓和标志景观。设计中要考究深层次的历史文化积淀,仿造历史建(构)筑物的"壳",改善现有设施,营造可视、可游、可触摸、可身临其境的旅游环境氛围,让游客在深厚、闲适、悠然之中感受到巨大的历史震撼力和丰富的历史信息,获得耐人寻味的心灵体验。十三行夷馆遗址所在地应建立十三行主题展览馆,改变"无文化、少绿化"的现状。

2. 十三行历史街区应该是一个有特色的"商埠旅游购物步行街区"

按旅游市场需要设置街巷景观小品、袖珍式广场景点,开发旅游产品,发挥街区潜能。18、19世纪到广州来的西方商人、游客都认为,在广州购物是一件很有吸引力的事情,因为珍奇货物很多,而且价廉。他们把这种感受写进了历史著作之中。从现实粤港澳旅游金三角扩大到东南亚旅游金三角都能体现出广州这一传统特征。十三行遗址以北现保留许多惯称"××行"的传统商铺,应将这一历史街巷划为规划控制范围。每天活跃在这里的民间商贸活动本身就是一幅既成的愉悦购物图,不宜在此进行投机性的房地产开发。杜绝以营利为目的、着眼于土地投机、吃土地差价、与民争利的"损民工程";杜绝破坏这里的历史氛围,驱赶这里的原住市民,拆毁积淀深厚民间文化艺术的民居和街巷。我们应以十三行路为主轴,带动南北既有的或将要复修的历史街巷,形成具有当年进出口特色的商品专业街,如瓷器(China)专业街、茶叶(Tea Leaf)专业街、丝绸(Silks)专业街、外销画专卖街等等,将是很有历史韵味的。

3. 十三行遗址应成为历史名城具有标志性景观的公共性游览城区

把更多的城市历史文化区、名街、水体空间,绿化景观献给大众是民主进步的象征。用历史主义的手法,按旅游功能要求,进行城市景观空间的绿化、美化、配套设计,凸显十三行时期的形象氛围,扩充容纳游人活动的空间,体现以十三行为文化内涵的场所精神,从而可全面提升市民的生活价值和生存质量。将西堤——拓展的十三行码头区、沙面——十三行的后继领事馆区(国家级文保单位)[①]、六二三路——发生过有影响力的历史流血事件和具有爱国主义教育意义的街道,与十三行夷馆区整合,恢复与十三行夷馆景区相关联的城市景观要素,保护绿化用地、珠江残留水面,实现旅游空间的系统化"文化整合效应"。

4. 十三行遗址临江拓展地带可开辟为富有海洋文化景观面的博物馆群

整合海关博物馆、邮电博物馆、"下南洋"商业博物馆群构成旅游观光区、水景欣赏区。"奇峨大舶映云日,贾客千家万家室"(明·孙蕡《广州歌》)的繁荣景象,十三行时期更甚。夷馆南临珠江,商船竞渡,是国内外游客永不忘却的一道风景。西堤到白鹅潭的滨水地带,是今日发挥创造力,营造海上丝路起始港景观文化仅存的一部分堤段。[②] 配合全市治理珠江,构筑十三行历史文化的滨江景观,适宜开展水上迎宾活动。如十三行商后裔寻根纪念活动,外商后人的怀旧、探访活动,如欢迎当年瑞典"哥德堡"号商船250多年后造访十三行活动均可以从水边码头起坡上岸,通过美化后的德兴路直到夷馆区,循序展开一个个景观空间高潮。

[①] 钟俊鸣:《沙面》,广东人民出版社,1999,第193页。
[②] 广州历史文化名城研究会、广州市荔湾区地方志编辑委员会编《广州十三行沧桑》,广东省地图出版社,2001,第7~23页。

二 景观分区与景点构思

十三行遗址商埠文化旅游区由南至北分布有沿江船埠景观游览带、西堤博物馆群游览区、微型酒吧骑楼街、德兴路礼仪风光道、十三行夷馆建筑群观光区、十三行路旅游购物商业街区；并且由一条贯穿南北的景观轴线联系网络成一个整体（简称"八街、四区、二带、一轴线"），形成前展馆后街区的格局（见图4-10）。

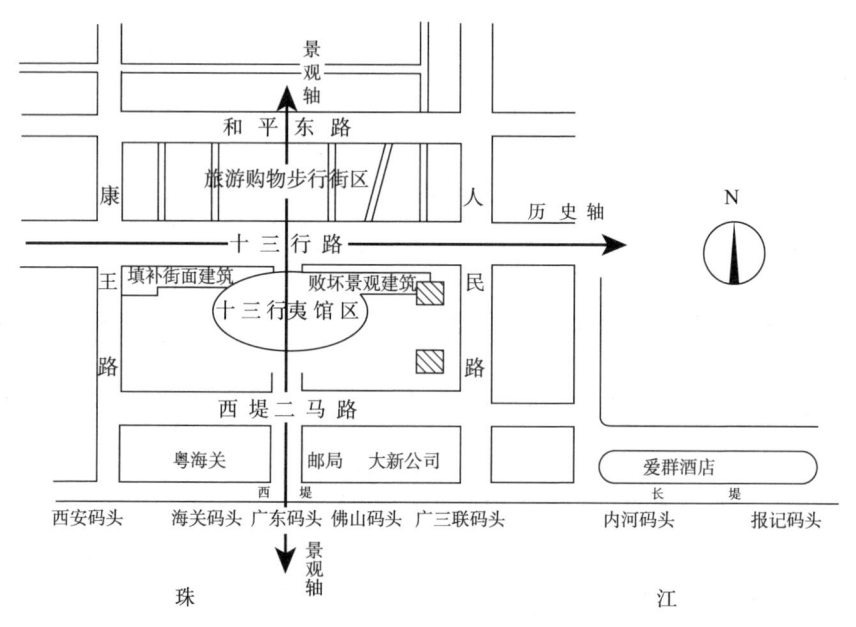

图4-10 十三行商埠旅游区结构示意图

1. 沿江船埠景观游览带

从沙基涌至西堤300多米江岸要做好水景文章。可设置"海上丝路"大型浮雕影壁或圆雕组群，可设置"哥德堡"号船舫为游江码头；可列置万国旗杆亲水埠头；可布置海船铁锚、具象的洋商人物雕塑，以及"十字门开向二洋"抽象雕塑等于岸边；可复制原江中"炮台"城堡小景式游园，……这些都能勾引起人们对过去东方帝国商港岁月的回忆。

2. 西堤博物馆群游览区

西堤，乃十三行夷馆前填江地带，清末已为重要商业兴盛区，各地洋行代理、庄口、金银业集中于此，如申庄、东北庄、南北行、药行、参茸行、绸缎行等规模都不小。民国时这里仍是货物批发转运站，各轮船码头也集中在这里，如省港澳轮船码头、旧乡轮船码头、广三铁路码头均与十三行的影响和沙面的兴起有关，也和这片小区地理条件优越有关。[①]

曾有一段时期，因高架道路的分割、珠江水质污染、产业结构变化，西堤附近许多"老字号"日益衰败，经济环境效益日益下滑，成为游客怨愤不已的地方。目前沿江地带得到整治，现以海关博物馆、邮电博物馆、南方大厦、陈氏塔影楼纪念馆为景观重心，作为"十三行"历史街区一块近水地带，现已提供给旅客使用。增加绿化栽大树，复兴"老字号"，集近代活化的行业博览馆之大成，定有特色。

3. 德兴路礼仪风光大道

十三行风光是离不开水的。现夷馆遗址已远离江边，只有通过德兴路加强夷馆景区与江景的主题联系、视线联系，拉近十三行与海洋文化的距离。具体创作手法可因借游船码头设施（西洋古典船舫）序幕启景，经过德兴路的整治刷新，调整公交站场，设电动扶梯穿（跨）越西堤二马路，对景公园南大门直望夷馆建筑群，将令人肃然起敬（见图4-11）。

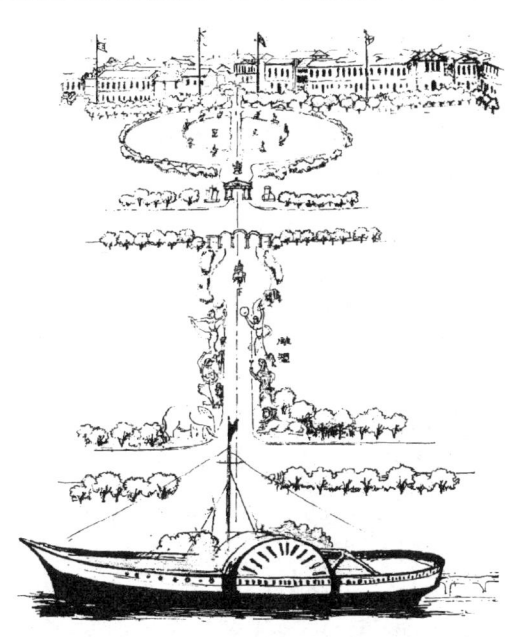

图4-11 让商馆联系海洋文化

[①] 黄爱东：《老广州》，江苏美术出版社，1999，第54页。

4. 微型夷馆风貌洋人街

现文化公园南边围墙临西堤二马路可改建一列具夷馆风格的微型骑楼酒吧街或"洋人街",整合现有凌乱的小店铺,并与六二三路相应延续构成整体骑楼空间之美。西南转角处建一小型钟塔与沙面法国别墅尖屋顶遥相呼应(见图4-12、图4-13),瞄准沙面居住的"老外"为主要服务消费对象。

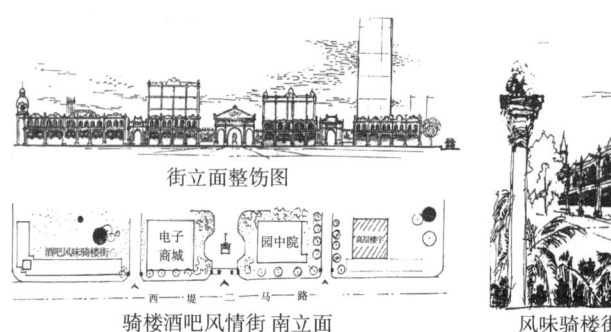

图4-12 西堤二马路应有的风味

图4-13 十三行遗址与沙面的联系

5. 夷馆中心广场游览区

真正的夷馆区只局限于十三行路南侧100多米之内。沿习历史格局,夷馆建筑景区之南可设十三行文化广场,配置与其相关的旗杆、廊道等景观设施小品。在实行广场园林化的前提下,经常举办广场商品展销会也是外销画刻画的历史景象(见图4-14)。

图4-14 十三行应该给人们的意象

6. 十三行博物馆标志景区

夷馆建筑群是遗址区的主景，当年通过外销画、瓷器釉画、玻璃蚀刻画、各种工艺品流传世界各地。其艺术造型还可从有关历史资料中得到启示，如瑞典馆有4座连排楼房与院落。英国馆面积最大，有6座排列整齐的楼房，其中设有露天走廊、立柱门廊，前临花园，有钟楼。又如李斗在《扬州画舫录》中写道：早在1769年，夷馆阳台的栏杆、壁柱及柱廊上典雅的三角顶就都采用了西式做法（洋楼又称"碧楼"，"盖西洋人好碧，广州十三行有碧堂，其制皆以连房广厦，蔽日透月为工"）。有的夷馆墙上置有国徽图标。

十三行夷馆遗址因遭严重破坏，如英国馆、荷兰馆等重要夷馆无论如何再不可能于旧址恢复。只能选择合适的地段，参考外销画或香港文化厅制作的十三行夷馆模型（见图4-15），复原1~2组其他夷馆群（如瑞典馆），作纪念性历史景观之用。

图4-15　香港文化厅制作的十三行夷馆区模型

7. 十三行路观光一条街

现十三行路原为十三行夷馆北侧的一条"涉外街"，关于这条街的历史故事很多。十三行路构成了一条历史性的坐标参照轴，它的基础就是当年"十三行街"的遗址。这也是任何人不可颠覆的。当前应该组织力量打造成一条具有历史信息内涵的、具有纪念意义的、利于开展国际旅游活动的步行街。销售如外销画、瓷器、广丝、广绣、茶叶等十三行旅游纪念性商品。[①]

按历史记载，垂直十三行路以南曾有同文街、靖远街、荳栏街穿插在十三行夷馆之间。其功能主要为外国商人服务，其街道景观有外销画作了

---

① 谭绍鹏、欧安年、胡文中：《别有深情寄荔湾》，广东省地图出版社，1998，第34~45页。

细致的描绘，同文街是统一款式的商铺、靖远街入口门牌很有特色。恢复这两条街，提高起始刺激感，形成有头有尾、袖珍式的商旅街，将极富戏剧性。

8. 历史街巷旅游购物区

十三行路以北尚有东西向的和平东路、浆栏路、南北向的长乐路、兴隆北、荳栏上、故衣街、打铜街等街巷，此乃荔湾区以至全广州仅存的一块较大、较完整的历史街区。若干旧有街巷虽不为十三行时代的原物，但它们也有一定的历史资质，排列整齐，其型制体量，色彩质感，风格造型给人们厚重的历史沧桑感，给予十三行夷馆景区恰当的城市背景和天际轮廓线，对游赏空间、地方特色以极好的补充和展示。如设立于1834年的广州第一家民间邮局，早期银号、银铺、药店、商行、民居等中西合璧式的街面，只须修旧如旧、"穿衣戴帽"，即可恢复观赏性，重组这里商"行"的商业活动，形成一个较大规模的、街巷纵横交织的、有着历史文脉渊源的和线索可寻的观光旅游购物街区。穿行其间，仿佛一个巨型迷宫，煞有趣味。古城西濠涌护城河景观也可恢复一段水上河街。当年靖远街正对十三行路以北的十三行"公行"，可充分利用这种对景关系设置景观节点。据载"洋行公所"是一座景观式公益建筑，位于光扬市场内街。

三　旅游交通与游览线路

十三行商埠文化旅游区的交通组织在荔湾区进一步完善交通路网的基础上会有相当的好转。荔湾区内有一小内环路、"三横三纵"、5条对外放射状快速路、3个地铁出入口，可形成快速外接、环网畅通的交通系统，增强各旅游区的可进入性与快速疏散功能，以及区内五大旅游景区的有机联系。

十三行旅游区不宜兴建大型露天停车场占用大量宝贵的绿化用地。停车场可设在外围待迁仓库区，于杉木栏路口建地下隧道可加强与景区的步行联系；或利用现有高层建筑地下车库扩大到夷馆遗址的地下。游人流向以东西两条干道（人民路、康王路）为主，南面干道为辅。该旅游区"四面七方"都有公交车。对外以公共交通为主、以地铁为主是正确方略。北面次道网可充分保障商业街人流汇集与疏散。人民南路公交车线路较多（12路），可适当分流一部分康王路交通流量。六二三路十分繁忙，因高架道路最终会加以改造，行车和外部景观会变得越来越好。港湾式公交上落站的设计应成为旅游区靓丽一景，达到安全、方便、舒适的效果。

步行化空间越多，旅游客容量就可能越大。所以应创造条件尽量多地为市民游客提供步行化的游赏、休憩、购物空间。现十三行路车辆不多，和平路只有一路公交车单向行驶。其间众多横街窄巷已呈步行化特色，设计成永久性步行街区基础条件较好。在十三行各大相关景区之间，如夷馆区到沙面，沙面到六二三骑楼街，从长堤、西堤到十三行路，还可启用特色旅游交通工具，如黄包车、环保电瓶车、水上花艇、紫洞艇（可绕沙基涌一周）等供旅客租用。①

地铁开通，十三行遗址将是一个开放式的永不落幕的公共历史文化公园，东西南北共计 9 个街口大门；西堤则为完全开敞式景区，可供旅游者任意出入穿行其间，从任何一个方向都能完成一次惬意的游览回环。当然其中还有一条景观轴线序列游路：您乘船由水路而来，于江边洋船码头登岸穿过西堤博物馆群，沿德兴路这条礼仪大道跨（穿）越西堤二马路，徜徉夷馆前区广场，然后十分体面地被礼仪小姐迎入夷馆区，随后可放松漫游十三行路商业街区，或购物、或品食、或赏景、或采风、或人看人……最后满载兴奋而归。

第三节　十三行遗址专题博物馆

当前，我国迎来了博物馆建设新的高潮，全国各地区、各部门、各行业、各界人士相继新建、扩建和改建博物馆。

可以预见，十三行博物馆将实现多元化的角色，成为城市文化进步的积极力量，成为加强社会教育的积极力量，成为改善民生、促进社会发展的积极力量。这些既是博物馆核心价值与社会责任的体现，又是新时期博物馆功能与职能的显现。

一　彰显城市的灵魂　续写世界的历史

城市精神是城市之魂，是区别于其他城市的核心价值和精神地标。她

---

① 罗雨林：《荔湾风采》，广东人民出版社，1996，第 152 页。

凝聚了一座城市的历史传统、政治经济、社会风俗、价值观念以及市民素质等诸多因素。十三行以来极大影响了国人普遍认同的公共价值观和独有的精神特质——改革开放，经商务实。培育城市精神，重要的有两点：一是找出来，二是表达出来。十三行专题博物馆就是彰显广州城市精神之魂最好的载体！

城市精神是一个城市的人们在承受时光磨砺，品尝兴衰荣辱，历经艰苦卓绝而走向繁荣的过程中经过反复锤炼、去粗取精而形成的、具有一定历史文化物质基础的集体认同。这种集体认同是坚韧和高尚的、也是卓越的，是我们务必充分领会并加以弘扬的一种巨大的思想力量。[1] 如果将这种精神提炼出来加以整合，通过博物馆等形式恰当表述，更易于人们接受，并自觉参与保护历史文化资源，建设世界名城，形成有利于城市进一步振兴发展的思想武器。

十三行专题博物馆是一个多职能的文化复合体——可采取新形态、新方法，收藏新的对象，形成一个不追求营利的、为社会发展服务的、向公众开放的永久性机构。作为中国近现代革命策源地的广州建设对中国从古代社会转向近现代社会的见证物进行搜集、保存、研究、传播和展览的博物馆，是完全必要的。十三行博物馆建设，可便于"保护普遍文化遗产"（2007年世博大会主题），可成为"沟通文化的桥梁"（2005年主题），可转化为"促进社会变化的力量"（Museums as Agents of Social Change and Development，2008年主题），可使"城市生活更加美好"（2010年主题）。

专题性博物馆乃培育城市精神文化的有机土壤，不仅有助于观众睹物思史，更能在物质文明的基础上，不断满足城市公民更高层次的精神文明需求。广州十三行商埠文化底蕴中的内涵本质，我们应该积极分析、传承、弘扬，令其形成独具个性特征的广州城市精神。目前，"十三行"已有相当丰富的文物资源及其学术研究成果。资源与成果须有合适的归属与利用，发挥其应有的社会价值、文化价值、经济价值——构建专题博物馆，无疑是一种积极的举措。

---

[1] 刘明圣等：《创建专题博物馆 扩大文化软实力》，《大连日报》2010年8月24日，http://trip.house.sina.com.cn。

二　国外有名　国内无实

如果说综合性博物馆是横的纬线，那么专题博物馆就是竖的经线。经纬交织，方可织出博物馆事业的完整框架和体系。只有综合、专题博物馆并重，才能形成一个地区博物馆事业的完整布局。近年来，我国专题性博物馆尚没得到应有的重视，面临着发展瓶颈。其规模和总体数量与发达国家还无法相比，存在一定差距，缺乏发展后劲，须加大创建力度。[①] 十三行博物馆的规划设计，应吸纳社会各行各业和各界人士的参与、监督与支持。

一般专题博物馆分为专业和主题两类。前者常按藏品或文物本身的特性进行分类，后者则常按事件（某时、某地、某人）进行组合。十三行博物馆应属于主题类专题博物馆。十三行的内涵与外延，即时空影响力与博物价位都是其他事件不可比拟的。十三行博物馆与城市的主题思想有关，与文化脉络思想有关，能反映城市的精神特质所在，同时还关联着整个国家与民族往后的社会制度转型的历史大事件，具有强烈的主题表现力、丰富的陈列内容。此乃一些偶然性、插曲性、短时间生活娱乐性片断事件不可比拟的。

每一个城市都有自己最为辉煌的历史。广州作为大清国的"商都"，一脉相承180年（1685～1865）。其中"一口通商"85年，垄断全国海上对欧美贸易，参与世界"海上丝绸之路"国际商品经济活动、沟通中西文化交流、影响国家重大政务，肇至社会经济转型、国家社会制度转型、城市建筑文化转型，对全中华民族统一性国家产生了上下几千年明显实质性的影响作用，远远超过"三南"（南越国、南汉国两个偏安的小朝廷和南明一个流亡政府，总计150多年）。十三行一头连着5000年的中国古代史，一头连着160多年的中国与世界的近现代史，产生过划时代的作用。研究这段历史、宣传这段历史、借鉴这段历史，不仅具有深刻的历史意义，而且对我国加于WTO、对外开放，实现经济、政治体制改革，还具有广泛的现实意义。

十三行是大清商都的业务主体，国际经济贸易制度的始参与者。十三行的文物、古迹、遗址，风俗、地名、园林艺术、科技成果等都是历

---

① 赵丰：《应重视专题博物馆发展》，《中国文物报》2011年3月16日，《两会特刊》第3版。

史文化精粹，都是现代都市值得借鉴的文化基因所在。很多文物已陈列在欧美、港澳台等国家或地区的博物馆中；成千上万的外销画被世人收藏。中国国家档案馆藏的皇帝诏书，故宫深院西式自鸣钟等精致品均与十三行有关。现存行商建筑、园林遗物遗构（石作、木雕、灰塑、碑刻等）亟待收集保护研究；每个行商的兴衰史、大量的文字书籍画卷迫切需要整理；国内外现存相关十三行的景物景点画作还须二维、三维图像模型展示。大英帝国的东印度贸易公司是中国十三行的老对手，其历史档案与十三行密切相关，其数量几乎是对等的。需要十三行专题博物馆展陈的东西实在太多。近年来，外国友人乐意捐赠的十三行珍藏品，也亟待展示宣传。在某种程度上代表中华民族历史文明的重点博物馆，可谓国家级重点博物馆，有机会应由中央财政设立专项资金、中央与地方共建。

三 夷馆原真性遗址 展馆最好的选址

博物馆建筑不是普通的楼宇，而是传承文明、延续历史、沟通文化的精神圣地。博物馆馆宅建筑应以自信的心态，表达出对传统文化和地域文化的理解，以更加丰富的文化内涵，成为社会民众分享群众记忆、连通历史与未来的公共空间。

举办十三行博物馆是广州人民多年来的诚挚愿望。用尽可能有效的方式保护城市文化遗产，给遗产注入"活力"。荔湾区曾办过类似的展览，狭窄的楼梯口都塞满了珍贵的展品；因缺少馆室，只能草草收场。为迎接亚运会，该区早已策划了一个十三行综合展，也因场地问题未能在亚运期间开放。

广州要成为名副其实的世界名城，有必要发挥"十三行"的历史文化在广州经济社会中的作用，有必要利用方便条件、面对国际社会开设"十三行遗址博物馆"，以此提升广州的文化地位。从空间上看，"十三行"博物馆是广州、广东乃至中国的一张名片，国际交流的重要窗口。利用十三行夷馆遗址——现"文化公园"既有展览设施，投入少量资金进行改建，筹办十三行博物馆，同时整合周边相关的十三行遗址，打造十三行历史文化旅游街区，促进广州名城科学发展，这是个行之有效的举措。

原址具有某种文物价值。考古学上原址的珍贵性我们应该充分认识！

博物馆选址对于展出效果影响颇大，相关的环境氛围，能使游客获得身临其境的效果。原址的历史坐标、地理坐标（即时空坐标）的意义还可以为周边众多自然与人文景观定位定格。只有遗址地带最有资格树立起历史标志性、纪念性构筑物。"十三行博物馆"选址当年风靡全球的十三行夷馆风光所在地——现文化公园乃十三行世袭领地，当年万国旗飘的交易场所就是今天"广交会"的前身，具有任何其他地点不曾具备的文物价值与遗址纪念性意义。它能对其他众遗址发挥枢纽性组织作用，具备核心遗址辐射作用，也具备现成的展览条件与发展条件，且可继续发挥同现有公园环境相得益彰的亲和功能（见图4-16）。

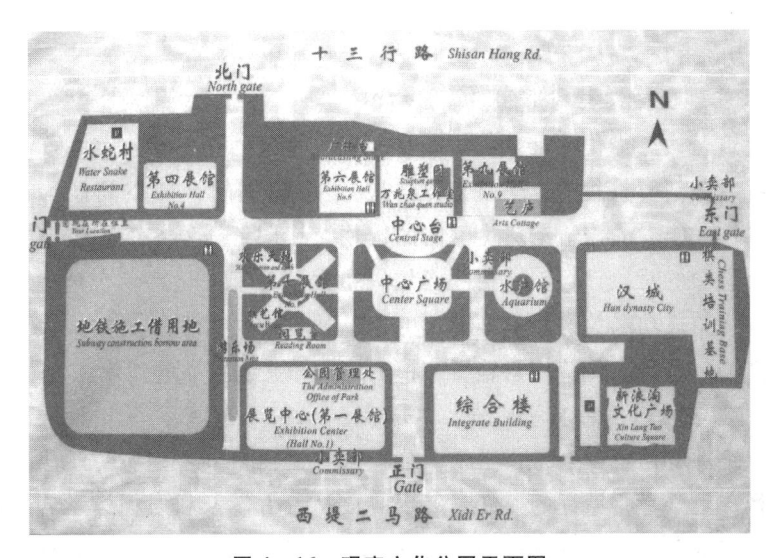

图4-16 现实文化公园平面图

"文化公园"应像当年市政府门前"人民公园"（孙中山时代名"中央公园"）一样，变成一个开放性的、大众化的、历史性的、四通八达的市民广场，成为一个旅游景观亮点。公园内"两横三竖"的格网道路，与其说作公园的道路太不合适，但作为公共广场疏散功能的道路对应多个出入口倒是挺恰当的。公园8~9个出入口可以连接30多条公交线路或地铁，开放则可极大地方便群众集合疏散。相反，关起园门，这里就将成为一个巨大的交通死结。在此真实的历史遗址基础上，尚可复修半条同文街及靖远街的一座入口小牌坊，作为两处十三行时期的历史景观也将是很贴切的。

文化公园原来大量的园林化设施、景观小品（如业界著名的"园中院"）现已大部废毁，固有展馆大都被出租开餐馆，众多景点景区艺术价值大大贬损，真可谓"公不公、园不园"。汉城偏安一隅，相对完美；但这种园林显然缺乏地方根基，作为环境绿化可予保留。在全国的公园都已免费开放的情况下，有必要复兴历史文化，打"十三行"的文化品牌，提升公园的思想灵魂，改变目前"文化公园"的颓废景象。已有投资者表示，只要政府明确支持筹建十三行博物馆，资金是不成问题的。企业投资保护城市历史文化事业，在国外乃早已有之的事情，我们广州何乐而不为？

四　只要合情合理　不需大拆大建

开办广州十三行专题博物馆应有如下几种思想观念：

1. 实现保护性再利用的旧址博物馆

建筑是人类文化的重要载体。自从有了建筑活动，建筑就与文化结下了不解之缘。旧址博物馆一般就是利用历史建筑的特殊空间展示社会发展、事件发生、人物活动历史瞬间的博物馆。旧址博物馆的旧址本身就是博物馆展示的对象，对其文化内涵加以挖掘，对其文化特色合理运用，是旧址博物馆成功的关键。不断涌现的旧址博物馆，将保护对象扩大到不可移动文物，突破了传统博物馆特定馆宅建筑和文物藏品的概念。

2. 实现考古信息展示的遗址博物馆

遗址博物馆不仅是考古学扩大公众影响的窗口，也是考古学服务公众的途径。对于考古遗址的诠译与展示应该是考古学家和博物馆学者之间有意义合作的结果。遗址博物馆应该成为专业人士和社会公众共同的乐园，把社会公众对历史奥秘的好奇看作是一种文化寻根的愿望，是构成遗址博物馆发展的积极动力和坚实基础。

利用遗址场地和历史建筑，比新建场馆还好。十三行博物馆主馆应坐落在现文化公园半露天舞台及其左右两侧以北原十三行夷馆的部分遗址上，东西向"一"字排列、南向为公共广场、正对公园大门，经德兴路与珠江相望，寓意与海洋文化的关联。该馆不在乎房屋高度、面积大小（可用地下空间加以弥补），在乎建筑艺术的纪念性、标志性、观赏性。应注意与其北面城启公司高层商品房形成强烈的对比，并用相当高度的绿化加以隔离，以求相对完美的纪念馆"天际"轮廓线。

十三行博物馆的造型方案有三：一是西洋古典式风格方案（见图4-17），

传承当年夷馆建筑风貌，外观类似若干个单体夷馆拼排而成；西式建筑的廊、柱、拱、券、山花、窝卷、女儿墙、装饰雕塑等要素均可加以运用。室内空间可按现代展览要求划分，不必受外立面划分的影响。二是新型结构模式方案（见图 4-18），保留现有露天舞台结构，以舞台作为展馆出入口、门厅，游人由此可分别进入东、西、北三个方向的展厅参观游赏。必要时舞台照样可以用来表演节目。东西北三展厅的风格应与现舞台相近：现代网架、薄壳结构均可选用。三是厚重块体模式方案，此方案采用省博立面手法，用厚实的块体拼装出"十三行"三字模样，底层是色彩较柔和、较通透的、公共聚散歇息的流动性空间。以此强有力的体块造型，可以让博物馆从恶劣的高层商品楼房的压抑氛围之中，挺起壮硕的胸膛。

图 4-17　西洋古典方案

图 4-18　利用现有设施方案

至于文化公园所凝结的某些"领袖情结""大师情结",我们是理解的、尊重的。保护历史遗址与现状、积累历代人文记忆,本来就是历史文化保护人员的天职。在筹建十三行博物馆的同时,我们会更好地保护历代伟人的人文记忆及其遗址遗存等纪念物,起码比现行行为做法要好,绝不会违背辩证法、违背科学发展规律而"大拆大建"。历史地段本是各个历史时期印记叠加的产物,从比较中突出城市主题精神的历史文化当为正确的决策。这是人类进化的共同意识行为。

观光世界各地,博物馆展厅常从地上转入地下空间发展。展品库房、服务用房、设备机房、停车场等更是躲在地下。尤其是作为博物馆文物展示空间与收藏空间两大部分,在地下往往均有良好的适应性。

从建筑空间环境和使用特征角度看,地下空间具有温度稳定性、隔离性(防风尘、隔噪声、减震、遮光等)、防护性和抗震性等特征。同时,在地面空间紧缺的情况下,并成为保护地面自然风貌和人文历史景观的有效手段。如果能充分利用地下空间的优势,得到满意的建筑功能和环境质量的和谐统一,开发利用地下空间对于博物馆建筑来说,其积极的作用是不言而喻的。① 城启集团占用了十三行夷馆遗址,并享用了十三行的无形资产,应贡献地下室为博物馆用房以谢天下。

五 设置夷馆遗址标志 布置前后雕塑精品

根据历史文化资源的基本构成和城市美学原理分析,广州市城市雕塑总体规划宜以城市主题文化进行构思创作。广州十三行博物馆及其公园环境,是一个能承载有涵养、有思想、高水平雕塑艺术作品的城市空间场所。换言之,旅游区向来就需要更多的景观艺术小品、需要标志识别系统,供游人欣赏、品味与思考。欢迎雕塑艺术家积极从事"十三行商埠文化游览区的印象雕塑设计",用雕塑艺术语言记忆、体验十三行的历史文化。

1. 夷馆北向洋化徽标雕塑设计

夷馆北向为十三行街。遗址上现建有其他建(构)筑物,可布置徽标式的、西方画框式的标志性浮雕,说明此地原为夷馆遗址。布置方式有附

---

① 《专题博物馆刚刚起步 太原晋商博物馆向我们走来》,《太原日报》2010年5月18日艺术中国版。

属式与独立式两种：前者在遗址上新建建筑物、或构筑物周边或墙体上适当位置嵌砌塑有有关夷馆标志的铭牌。铭牌为仿铜质或石质的西洋建筑徽标画框式图案雕塑，做到有历史味、有可读性；可附设（粘贴）在山墙上、窗间墙上、挡土墙上、花台侧壁上、门柱上、横梁上，并注意一定的高度便于游客观赏。后者可立于遗址处、花圃中、水池中……，或与指路牌、灯具、电话亭等街道家具结合设计。

设计对象有小溪馆（Greek Factory）、荷兰馆（Dutch hong）、新英国馆（New Compangs Factory）、旧英国馆（Old English Factory）、瑞典馆（Swedish hong）、帝国馆（Imperial hong）、宝顺馆（Paon Shou hong）、美国馆（American hong）、法国馆（French hong）、西班牙馆（Spanish hong）、丹麦馆（Danish hong），等等。

2. 夷馆南向柱式组群雕塑设计

夷馆遗址南方即今规划博物馆南部公园开敞空间，可塑一组柱式标志性雕塑。"一柱一馆一旗"，上刻该国对华外贸历史故事或象征图案标志，整体造型风格统一，配置万国旗杆，实乃经济壮观一景。本身作为一个"柱列"界面可界定当年夷馆位置，并进一步警醒人们保护十三行遗址。

3. 夷馆人民南路西侧雕塑设计

在现文化公园深处，选择合适的部位立一尊雕塑，使在现公园人民南路的出入口处的游人很容易发现、并被吸引进园。出入口处宜设置有关小品或框景要素与该雕塑相配置。

4. 遗址博物馆文化广场的雕塑

现文化公园中心广场乃当年十三行馆前规模较大的滨江多国交易集市市场或外国花园的一部分。现定位"十三行文化广场"。这里是旅游区的一个景观高潮。参考有关十三行多张外销画所描绘的商馆风光，可构思如下几套雕塑。

（1）一组组历史人物雕像（群雕）：

①十三行行商代表人物：同浮行潘正炜，同文行潘有度，天宝行梁经国，怡和行行商伍秉鉴，广利行行商卢茂官、卢文锦，义成行主叶上林，丝绸行行商义盛，等等。从这些半官半商的历史人物身上，游人可以深刻思考中国对外贸易的发展情景和中国市场经济发展畸形。

②中西贸易的行外商人（如皇商等）、巡抚大员、海监人员，陪同者胥吏、各种通事买办、纲纪牙人、保膘、打旗的、打锣的、执算盘账本

的、挑担的、牵马的、……好一幅海监回府图。此乃历史场景的艺术表现，并非简单地"歌颂"，雕塑人像不仅仅是被褒扬的"高、大、全"英雄。

（2）一组组外国人物塑像（群雕）

如各国在中国的总领事、外交官、公司大班、船长、大副、海员、水手、外国商人、保安、工程师、贵妇人、名画收藏家、摄影师、外国仆役等来华人员。从这些栩栩如生的人物形象上可让游人深刻体味当年国际贸易的热闹情景。

（3）一组组集市贸易的小型群雕

在广场周围布置一组组小型人物雕塑群，其中有极其丰富的生活内容和创作构思对象。对此生动、有趣，颇具人情味、国际风的一组组群雕，游人可以体会多种文化在此碰撞、交流。面对当今"世界贸易"的局面，当代国人是否也早有思想准备？……众多雕塑人物故事可以这样构思：① 就地讨价还价的国人与老外滑稽形象；② 慷慨解囊大批收买国货的豪商与卖主；③ 太阳伞下悠然等待客官，有丰富生意经的老板与伙计；④ 有欺行霸市的黑帮与可怜的小业主；⑤ 有仗义疏财的客商与受骗上当、赔了血本的个体两老伴；⑥ 有正义多情的公子与做小本生意、相依为命的母女；⑦ 有"五丝八丝广缎好"的大货摊；⑧ 也有瓷白釉亮"CHINA"景德镇的瓷雕；⑨ 还有绿茶、红茶、云雾茶可饮、可尝的露天展销会……。⑩ 当然，这样一个万国旗飘的"国际贸易中心广场"，肯定还有通商各国各种各样的"洋货""舶来品""奇技淫巧"的东西，吸引了来自珠三角、全广东、徽州、泉州乃至全国的商人来看样买货，好不热闹。

（4）一组组航海船舶模型雕塑

这些雕塑表现十三行为通商口岸，与对外贸易、海上交通、海洋文化有关，类似室外露天船舶博物馆。此组雕塑可使游人回味当年广阔的珠江"洋船争出是官商，十字门开向二洋"的壮观景象。当年法国"海神"号（"安菲特立特"号）、瑞典"哥德堡"号、英国"哈里松"号、美国"中国皇后"号、荷兰的"科克斯合恩"号、德国"普鲁士国王"号和"埃姆登堡"号等商船是为创作原型。

六　铸馆舍天地　容大千世界

世界名城历史街区博物馆：面临城市化加速发展进程，面临持续的大规模城乡建设，人类社会珍贵的文化记忆正在以前所没有的速度消失。在此情势下，博物馆不能再囿于传统框架，不能再让博物馆的活动空间和影响范围，循规蹈矩地限定在馆宅之内或有限领域，而应该努力站在时代的前沿，将更多的文化遗产、历史街区、历史名城纳入博物馆的保护抢救之列。

国家文物局局长单霁翔在《建筑创作》2010年第10期撰文"从馆舍天地走向大千世界"指出：今天博物馆的核心价值已从保护文物藏品向保护文化遗产，再到服务社会，进而向推动社会变革的神圣责任回归。遗址博物馆不但要保护好可动文物与不可动文物，还应该拉动所在城市或社区的历史文化保护与可持续发展。

"一损俱损、一荣俱荣"，也许存在一定的规律性。十三行博物馆可顺势带动"十三行路"形成一条售卖茶叶、瓷器、广丝、广彩、外销画等旅游纪念品的商业步行街，带动十三行路以北仿佛迷宫式的、尺度宜人的、具有建筑艺术可读性的桨栏路、和平路、光复路等历史街区的商旅业。向南，十三行博物馆可与西堤的博物馆群——海关博物馆、邮电博物馆、陈白沙纪念馆联手相背；向西，可与沙面、六二三路等历史地段遥相呼应。如是统筹全局，大可整合形成广州名城一个超大型的"十三行商埠文化旅游街区"（见图4-19），接纳世界各地史学研究者、当年中外贸易人员的后裔及游人来此怀旧、观光、旅游，促进广州的发展。[1]

当代，博物馆自身的功能日趋复合化。博物馆建筑在沿袭传统模式的同时，常常会有一些会议、观察、图书，甚至餐饮、商业、娱乐等服务设施加入其中，无形中成为了某种文化综合体的代名词。正如瑞士建筑师马里奥·博塔所说："在当今时代，博物馆正扮演着与过去的神庙相类似的社会功能。"

"城市未必要全都成为活的博物馆，但博物馆应该成为城市的'DNA'。"俄罗斯博物馆专家斯韦特兰娜·梅利尼科娃说，博物馆不仅可以保存城市的独特气氛，而且可在城市战略中发挥积极作用。博物馆不仅是名城的橱窗，而且还能更好地吸引世界游人，成为人与人沟通的桥梁。[2]

构建十三行专题博物馆，这也许就是十三行历史街区最好的保护复兴模式之一。

---

[1] 杨宏烈：《不可忘却的纪念——广州十三行博物馆的规划构想》，《建筑与环境》2009年12月，第34~37页。
[2] 孙丽萍、许晓青：《如何让文化遗产"活"起来引深思》，《名城报》2010年11月14日。

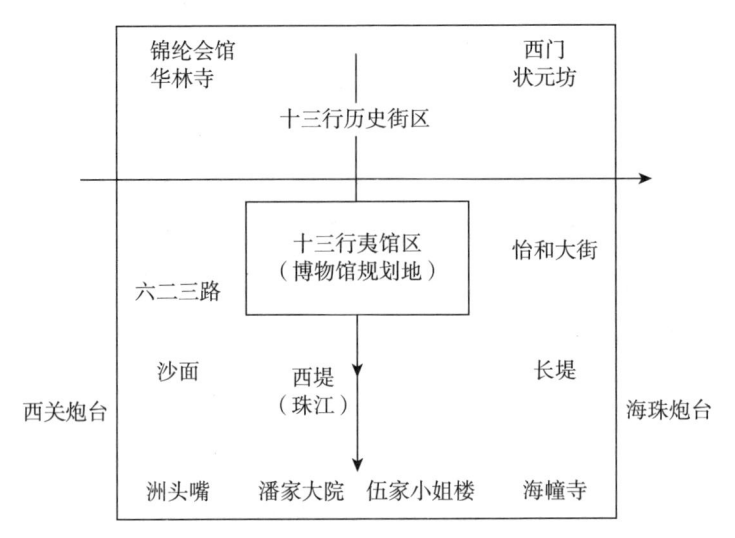

```
           锦纶会馆              西门
           华林寺              状元坊
                 十三行历史街区
    ─────────────┼─────────────→
                 │
                 │ ┌─────────┐
                 │ │ 十三行夷馆区│    怡和大街
           六二三路│ │(博物馆规划地)│
                 │ └─────────┘
                 │
           沙面    西堤           长堤
    西关炮台       (珠江)                海珠炮台
                 ↓
           洲头嘴  潘家大院 伍家小姐楼  海幢寺
```

图4-19　以博物馆为核心的十三行商埠文化旅游区

第四节　品味历史街区城市细部

　　城市细部就是引进"类"的概念，区分不同地志特征、空间领域、街角形态，或者不同建筑地貌、功能材质、场所精神等等城市要素及其组合体，以利于认识对象、分析对象、把握和利用对象的目的。凯文·林奇有城市意象"五要素"说，舒尔茨有空间形态"三要素"论，《雅典宪章》有城市"四功能"主张，还有城市空间形态"六类型"分法，都可以"为我所用"。应十三行历史街区研究主题需要，拟作如下"细部"分析。

　　中国历史文化名城起码应该保留有一个以上的历史街区，并使之继续充满活力。哪儿是广州名城最有代表性的历史街区？找遍全广州城，相对而言：具有一定规模、具有统一和谐的建筑风格，依然能焕发出人文精神、弥漫生活气息的荔湾区的十三行历史街区就是一例。人民南路以西，康王路以东，浆栏路以南，珠江以北40多公顷的范围，有些街道虽然残缺，但格局没变；有些建筑虽以残破，但骨格健在；有些门面标牌虽求时尚靓丽，但标号近100年没变，传统灰饰弥新，山花女儿墙依然煞有风趣地勾绘出一道有生气的街面天际线。也就是说，十三行历史街区集西关风情与洋式店面的细部艺术特色，很有研究价值。

一 城市细部的文化特征分析

从清末以前绘制的广州城坊图，我们可以看到明清城墙以内的街道、建筑密密麻麻，但城墙之外的西关几乎没有什么建筑物，密布的河、湖、沟、涌虽有美丽的水景风光，但的确算不得优良的城市建设用地。翻开近代广州街道详图，情况却发生了奇迹般的变化，荔湾区的外街内巷比任何其他城区都要密集，且曲折迂回有若迷宫。这是十三行商埠带来城市发展的结果。尽管西关水网地带地形地质复杂，但商埠文化的动力促使城市发展势不可当。今天的西关发轫于十三行这可是不争的事实。

十三行向周边被辐射的街区，现规划范围内仍有八九条袖珍式小街，长不过七八十米，宽不过四五米。如打石街、宝顺街、怡和街、普安街、荳栏中、同兴街、同文街等等，都是当年许许多多商行、会馆所在买卖服务街的遗址（见图4-20）。这些现存的小街小巷基本上保留了当年的传统格局，且与十三行夷馆的后街——十三行路"迷宫"般地交汇相连。从水网—堤围—街巷的发展痕迹考察，似有规律可循。堤围南北向，排水东西向的网络给城市格局以深刻的影响。西关路网图或"图—底"关系图，均可以得到上面的结论。

图4-20 西关历史街巷

街巷的名称依然沿用过去的命名，这是文化遗传性符合自然规律性的表现。原来十三行行馆、行商、货号（商标）等名称，时不时流传在民间、在口头，写在搪瓷的门牌上、街牌上。具有市井风味上不了"大雅之堂"、土里土气的街巷名，正好反映了当年为市民、船家、织绸女、外商服务的历史事实。

十三行现有的街道建筑也很有特色。它们身上残留着民国时期的青苔，屋顶上架立着西洋式的山花，卷崛着巴洛克式的涡券，千变万化，但相似相宜、很有趣味。只要有一点历史感的人都会主张扩大保护控制范围，反对任何再行大拆大建破坏这些小街小巷的行为。

事实上，现在这些小街小巷里，依然生意十分活跃，每天，云蒸雾罩、热热闹闹。群众自发约定俗成的、各种成行成市的专业市场，交易活动"一波接一波"。如果将并联它们的和平路，十三行路实行步行化，此种商业活力定将进一步溢出漫延，形成更大、更多的交易市场。十三行，往日繁华并不如烟（《南方日报》2005年4月18日）。

街道虽短、虽窄，但变化多样，一眼望尽是不容易的。必须在"逛"的过程中，通过观赏、接触、聆听各种街道细部，才能逐一感受历史街区的形象主题（见图4-21）。

图4-21 街隅雕塑

感受城市的意象，可从凯文·林奇分析的城市"五要素"着眼。另根据日本学者的研究，还有 20 项城市细部可以帮助我们加深对文化名城历史街区形象特色的认识。如眺望城市的高点，可散步的通道、重要的标志物、与城市相关的历史人物、城市水边与水景、社区小品、城市中心与街心公园、有特点的路标与街景、城雕艺术品、商业街、立面、广场、趣味、街角、照明、林荫道和广告等。①

十三行历史街区有哪些特色细部值得我们去认识并加以发扬光大？只要留心处处可见。

（1）西式店面的竹筒屋街道（见图 4-22）；

图 4-22　竹筒屋

（2）成套的系列历史地名；
（3）风靡世界的外销画历史背景；
（4）记忆商埠文化的十三行水域景观；
（5）中西结合的西关民居（图 4-23）；
（6）整齐光亮可散步的石板巷（见图 4-24）；
（7）连绵的、太平洋西岸的岭南骑楼；
（8）广州邮局"爷爷""父辈"遗存建筑（见图 4-25）；

---

① 张鸿雁：《城市形象与城市文化资本论》，东南大学出版社，2003，第 14 页。

图 4-23 联立商住屋

图 4-24 石板巷道

图 4-25 趟栊门

(9) 古城护城河、西关、太平桥、回栏桥（西濠遗址在）；
(10) 广州粤海关大楼（海丝文化的城市标志文物建筑）；
(11) 当年美国花园、英国花园遗址（汉城古典园林所在地）；
(12) 明显的历史地理变迁迹象（内海遗迹）；
(13) 海洋水文地质构造地块（蚝蛤滩途）；
(14) 广州的比萨斜塔塔影楼景点（名人陈白沙楼）；
(15) 近代史上广州市级的商业中心（太平南骑楼街、西堤）；

(16) 十三行街商铺立面传统特色；

(17) 待整理的"中英街"（同文街）、"丝绸街"、"茶叶街"、"瓷器街"；

(18) 街道转折处的西式塔顶对景（和平路、桨栏路）；

(19) 绿荫如盖的古榕街巷：福庆街、十三行横街、同安街、原荳栏街等（见图4-26）；

图 4-26 商行遗址

(20) 历史事件"六二三惨案"现场纪念地——纪念碑组群。

本书非常赞同李道增先生对本土文化中历史空间"创造性转化"的观点。[①] 有些传统文化就是要以"传统文化的空间、形态、形式保存下去"，不以今天适用不适用、赚不赚钱、赚多赚少为原则，要原汁原味地保护下去。它们的"内涵美"是不能用玻璃幕墙代替的。

有些历史街道的空间要素，适当的改造就能适用于现代的生活，有些地方本土文化不强或没有本土特色（非专指建筑风格），没有宜人的环境空间（如那些非人性化的现代房屋和城市空间），就要着力向适宜居住，适宜创业方面"转化"（如果要作为反面教材，当然还可保留）。

---

① 李道增：《"全球本土化"与创造性转化》，《世界建筑》2004年第1期。

聂毅宁、黎志涛两位先生指出"历史名城的魅力在于各个年代、各种制度、各种生活方式在空间留下的投影及丰富的组合，城市中的历史性遗留空间是创造城市局部标志性形象的首选。历史的遗产能够成为城市再发展的优势资源，常见的风景旅游资源就是一种利用模式"。[①] 曾为城市创造过各类价值的、见证城市某一片断历史的历史街区（地段），一般需要进行保护性的开发利用。不宜用"革命火药味"浓的字词对待它们。如果将历史街区剥离得只剩下一张皮，就会造成对"曾扮演过重要角色的、凝聚着一代及至几代人回忆"的历史文化的亵渎。

聂、黎两位先生同时举例波兰首都华沙的重建，极大地提高了波兰人民的民族自信心和凝聚力。二战后的华沙被夷为平地，按说正好迎合现代建筑大师勒·柯布西埃将尚未夷为平地的巴黎"推到重建"的规划思想，但是波兰人战后按被毁前的原样重建了大量历史街区及传统建筑，新建的房屋也完全服从传统街道的空间体量、色彩等要求。重建的华沙已作为特例被列入世界文化遗产。很显然名城历史街区的细部设计在其中起了重要作用。

十三行街区的保护性开发也应该这样，运用传统的城市细部，组织、丰富、提升十三行商埠文化旅游街区，使之有机更新，拒绝一切大拆大建的破坏行为。

二 建筑细部的艺术内涵识读

为了抢救建筑文化遗产，北京加紧对四合院民居的研究，仅大宅门一项建筑小品，就已有许多成果问世。

目前，对于类似十三行历史街区的建筑细部却无深入细致的探讨，没能向身边的艺术成就学习。我们希望有更多的学者沉下心来加以调查研究，为广州名城的建筑设计提供参考借鉴。

可以这么说，现存的十三行历史街区的建筑特色是距离当年十三行历史时段最短、传承十三行建筑文化基因最真、保留建筑基底墙脚最多、借用十三行当年历史建筑的残余建筑材料最丰富的建筑群（表4-2）。

---

① 聂毅宁、黎志涛：《历史文化名城中城市细部设计研究》，《规划师》2005第8期第21卷。

表 4-2　十三行历史街区现有主要建筑类型

名　　称	型　制	分　　布	年　代
西关大屋	组构：改进异化型	十三行路以北、以西	清末19世纪上半叶
竹筒屋	洋式店面商铺屋	桨栏路　和平路　光复路	清末民初
商业骑楼	平面柱廊多样化	太平南路　西堤南　西堤西	民初1914年及以后
西式公共建筑	罗马新古典主义	沙面　西堤南　太平南路	19世纪~20世纪20年代

十三行历史街区最具市民化的区段属十三行路以北，桨栏路以南，太平门以西，怀远驿以东的区域。其中不乏广州市难得保留至今，具有丰富历史价值、艺术价值的魁宝。政府应将这片街区整体纳入保护控制范围，组织整修成售卖旅游小商品的步行街区，弥补人民路因车辆充斥、有毒空气污染而丧失了游赏价值的骑楼空间。

受十三行商埠文化熏陶的各种西关建筑，身处"迷宫"深处，浓郁的西关风情，本身就是一种吸引游客的"亮点"。这些房子的业主很多是华侨，可吸引海外投资。下面分别介绍：

1. 改造型的西关大屋

西关大屋是豪商大户在广州"西关角"一带修建的富有岭南特色的传统民居，俗称"古老大屋"，属于中国庭院式民居之一种嬗变类型（见图4-27）。

西关大屋的平面布局基本上是以"三间两廊"、左右对称形式，向纵深方向发展而成。中间为主要厅堂，中轴线由前而后，依次为门廊、门厅（门官厅）、轿厅（茶厅）、正厅（大厅或神厅）、头房（长辈房）、二厅（饭厅）、二房（尾房）。每厅为一进，厅之间用小天井隔开，天井上加小屋盖，靠高侧窗（水窗）或天窗采光通风。正间两旁主要有书房、偏厅、倒朝房（客房俗称书偏）、卧室和楼梯间等，最后是厨房。门厅右边，一般设有庭院小局，与厅堂互相渗透，栽种花木，布置山石鱼池以供游玩观赏。庭院后部，为主人教子读书的书房，大屋两侧各有一条青云巷。

西关大屋的门面设有矮脚吊扇门、趟栊门、硬木大门三重（三件头），以实现通风、安全。门口两侧，多作高级水磨清砖墙，高雅大方，是西关大屋的特有形象。西关大屋以结构合理、装修讲究著称。典型的结构形式是"三间二厢"加"青云巷"（防火安全通道）。层高早期单层4.2米，可活动的屏风一般雕有精美花纹，满洲窗户安装彩色蚀刻工艺玻璃。正间

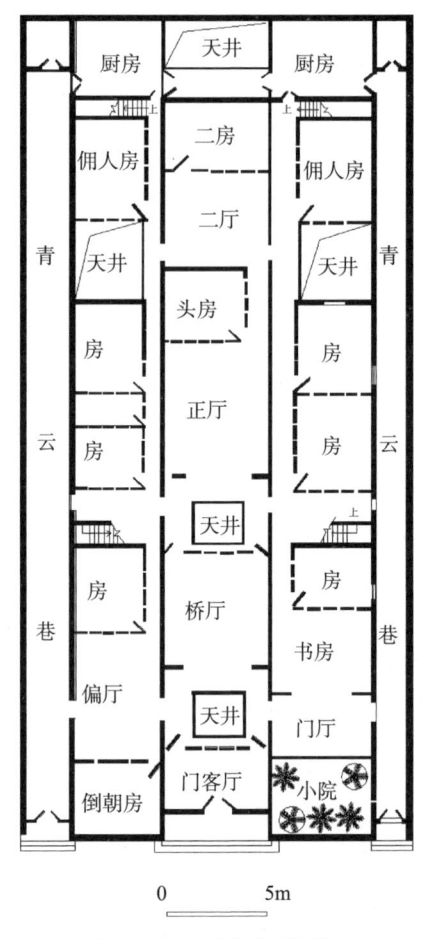

图 4-27 西关大屋平面

檐口有木雕封檐板（花罩），室内木石砖雕、陶塑灰塑、壁画石景、玻璃及铁镂花尽善尽美。

十三行街区遗存的西关大屋，当然不可能还是当年行商行主们住的西关大屋。经过100多年的演化，现存异化重组的西关大屋却依然保留有当年的传统基因，如入口大门。进深程序特色、室内装饰艺术情趣依旧，变化的是空间体量、组合特点。因城市用地紧张，有的西关大屋加建2~3层，底层为传统中式做法，二层以上为西式做法。当平屋顶风行后，大屋的支持结构相应也出现了"框架化"的现象。这一过程隐寓着：西关大屋—竹筒屋—商业骑楼的传承脉络（见图4-28）。

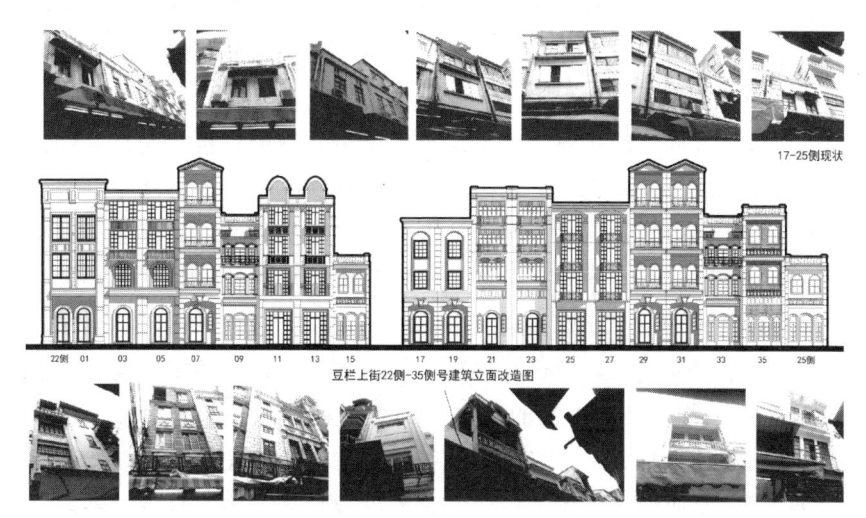

图 4–28 使用内部空间可"集零为整"、街面分划可"化整为零"

2. 洋式店面竹筒屋

又称商铺屋,单开间民居,"直头屋"。平面特点:面宽窄,进深深。门面宽约 4~5 米,纵向深视地形长短而定,短则 12 米,长则 30 多米。通风、采光、排水主要靠天井。自前至后由天井隔成一截一截的"竹筒"故名。层高 4~5 米,常建有阁楼。民国时期发展为二三层。平面上分前、中、后三大部分。首进为大门和门厅,称"门头厅",设三重门,里面大门双扇开,较高大、硬木制成、漆黑色。中间有"趟栊"门——这是粤中地区一种用圆木组成的横栅推拉滑动式门,夏季敞开木实大门而关闭"趟栊",因只有粗实横木,既可通风透气又可防盗。有的外侧,还设有半截子高的吊扇门或脚门,以挡视线。中部为大厅,厅后为房,上有神楼。按风俗,神楼上部不让人行走。中部 10 米左右一个天井,后部为厨房厕所。前后房屋有天井廊道作联系。竹筒屋低层高密度有节约用地、邻里关系密切等优点。

"商铺屋"是前厅完全用于临街店铺,大门改造为敞开式的竹筒屋。这是 19 世纪广州工商业进入一个快速发展时期的产物,当时城市人口迅速增加,城内地皮紧张、地价上升,竹筒屋这种商住屋建筑形式应运而生,成为广州传统住宅形式之一。

竹筒屋很少朝外开窗,基本上形成封闭状况。楼上临街一面设有内阳台,早期阳台多为半月形,用木质或有图案的彩瓷筒作栏杆,可在此晾晒衣物、休息观望街景,十分惬意。这是竹筒屋唯一一处关闭大门后通向外界的"空中楼阁"。

十三行街区的竹筒式商铺屋不仅是广州最典型的样板,而且对珠江三角洲、西江流域以及汕头、湛江、海口、河内、东南亚等地都有一定的影响。十三行街区由于接受西方建筑技术和艺术较早,这里的商业活动特别活跃,中、外流动人口量大,生意上涨幅度大,故此地竹筒屋也会发生量与质的变化(见图4-29)。层数不断增加,二三层甚至四五层,楼层和门楣的梁和过梁最先使用新型建筑材料水泥制造,以代替砖木结构。各层的小阳台采用了多种西洋建筑的局部装饰。短柱、巨柱、光面柱、多棱槽柱、扶壁柱、独立柱、单柱双柱……仅柱式就令人眼花缭乱。与阳台有关的牛腿托臂、宝瓶曲栅、扶手栏杆、短墙等极具表现力。拱券、连拱、连拱吊脚柱、拱脚花饰、拱门缘饰、楔形拱石、壁龛式等细部更令人惊叹其创意性。

图4-29 很有戏剧味的小横街

尤其坡屋顶改为平顶,排水难题得以解决后,山花女儿墙成为形象最生动的表达部位。涡券、S曲线装饰、匾额图案、托座挑檐板、屋顶装饰柱、钟楼、塔楼(亭)、小穹顶等组成的屋顶,既无雷同之感,又无冲突之嫌,构成一组组和谐的天际轮廓线。欣赏十三行地区这些洋式建筑的"万花筒",令人情绪兴奋。商铺屋至今还看得出商业市场萌动勃发、西风东渐的市井时髦,好一幅生机盎然的景象。

3. 骑楼商业街建筑群

广州近代城市重要特色之一的商业骑楼，也是值得保护和研究的对象（见图4-30、图4-31、图4-32）。十三行街区的太平南路、西堤南、西堤西侧以及邻近的六二三路均为广州高格调的骑楼商业街。尤以西濠口骑楼气魄最大。20世纪30年代孙科主持广州城市建设时，骑楼经明确规划控制建造而风靡全城。骑楼既有本土历史根源，又有国外影响刺激因素而形成（因为中国的许多民间传统形式，不由外国人刺激推崇往往得不到发扬光大）。加之近现代新型建筑材料开始大量启用，克服了木结构某些弱点，故使南欧、地中海一带风格的骑楼大行其道。骑楼的使用功能恰好适宜岭南炎热多雨气候和步行购物的需要，并从广州传及闽南，两广、海南。

图4-30　多立克柱式　　图4-31　爱奥尼柱式　　图4-32　山花拱券涡卷

小型骑楼建筑基本上是在竹筒屋基础上演变发展起来的，其细部同商铺竹筒屋一样异常丰富，有过之而无不及。因为骑楼空间的公共性，给了建筑师以更多的创作天地。大部分骑楼规模样式超过了竹筒屋。除两者均适宜中小型资本业主经营外，骑楼还可用作多种更大规模的公共建筑。因人民南路骑楼街的商铺店面环境的被损失破坏，一般商户开辟了骑楼地下街空间，微电子商品小生意十分红火，但是要做到地下街空间的舒适性，还有待改进提高。

20世纪30年代初，繁华的西堤，集中了广州众多之最：最早的百货公司、最高的钢筋混凝土大厦、最洪亮的大钟楼等。名闻一时的大新公司、爱群大厦、大三元酒家、中央大酒店……是了解近代商业历史不可或缺的实证材料。

4. 西方新古典主义建筑

十三行地段内还有若干栋西式新古典主义建筑。粤海关大楼是继"行商贸易"时的清粤海关税务署重建的，使当时的西堤焕然面目。大楼平面为不规则多边形面立，正立面为三段式划分处理，中间采用仿罗马爱奥尼式双巨柱，贯通 2~3 层，四层为罗马塔司干两组双排柱对应中间的双巨柱，一层用花岗石巨块设计成基座，上部三层都有外廊，空灵的暗色衬托出柱式、栏杆与檐板支托，点、线、面所构成的图案十爽朗、有精神。入口大门采用二层高的拱弧、曲线及断三花门檐突出墙面，中心五层楼位置是嵌有四个钟面的塔楼，采用角部双柱弧形檐板穹窿顶，造型十分紧凑而具有表现力。楼顶钟塔至今还能报时奏乐。该楼照片曾于世界博览会上展出。

广东邮务管理局大楼与海关大楼毗邻，坐北朝南，南部主楼三层，连半地下室共高 18 米。只有墙面局部为石砌体，四周大部为希腊爱奥尼式巨柱通贯二三层，屋檐主要为水平线条组合檐板女儿墙，屋顶除了角部立有方尖碑式的饰物，其他部位只有短柱和低栅栏。十分简洁、但外观造型十分优美典雅。大楼底层以斩假石作基础，显得厚实、稳重，与二三层的柱廊阴影形成了明快黄金之比。

上述二栋建筑均由英国人戴卫德迪克（Dick）设计，虽柱式、色彩有别，但它们之间似乎更有某种微妙的默契关系，使两栋建筑既有各自的特色，又有某种共同的机理法则，如称之为姊妹花也没有什么不可。1897 年 2 月，大清邮局曾委托广州海关开设了第一家邮政局，民国初年（1914）这两栋建筑建在一起不会没有因缘。

三 历史街区细部的艺术修复

历史街区的建筑细部有一段时期似乎被人们遗忘。在"文化大革命"中有的建筑细部被打成了"封、资、修"的东西，加以批判铲除。房地产业的巨大利润，导致商品房的过度开发泡制，经历数百年形成的城市特色细部即使没有被夷为平地，也被湮没在石屎（钢筋混凝土）丛林之中。传统的建筑细部是中外建筑文化的表现形式和艺术成果。它们是地域、气候、宗教、习俗在建筑上的文化交流与影响而形成的艺术结晶。在机械程式化设计中被荡涤无余实在可惜（见图 4-33）。要说这是一种"进步"、"革命"实不敢苟同。要说这是一种为克扣成本、赶工期、粗制滥造多赚钱倒是真理。在这种形势下，只要把历史街区、历史建筑一推倒，永远就别想"起死回生"了。

图 4-33　历史建筑细部艺术丧失的恶果

如果说在传承的基础上创新，我们相信这一定是进步的表现。如果在践踏历史文化、背叛优秀传统的做法上标榜为创新，这一定是无知妄为的表现。不管是从社会学的角度还是从工程技术的角度看待这个问题都是如此。如此浮躁极至，慎言"创新"好了！

新陈代谢是自然界一切事物的客观规律。新的建设在所难免，历史街区和历史城市保护的原真性是指"在适应时代需要的同时保护他自身的特色。不是禁止改变，而是对发展要加以控制"。① 实行有机更新、延续生命，这是一种合乎科学的、保护城市历史文化细部的有效手法和发展观。

"有机更新"是内在动力因素作用下的更新，是保护原有机理、结构、功能条件下的局部更新发展，是在不引起结构器质性病变的前提下的更新发展，是在能自我弥合疮疤、自我修复创伤、自我滋养嫁接上的附本的更新。有机更新是"治病救人、科学美容"，不是"脱胎换骨、翻天覆地"的"改朝换代"（见图 4-34）。

广州北京路骑楼商业步行街将原来商业服务配套齐全的一条街变为后来结构单一的服装一条街，将原来丰富的建筑艺术装饰、雕刻、灰塑、拱券、山花、女儿墙等，全部用水泥砂浆抹平，然后用五颜六色的 ICI 油，将历经近百多年仍然清晰的历史见证弄得荡然无存（而那些翻新的粉饰在邀功请赏后不久便开始破碎、脱落），这是一种破坏行为（杨国明，2004）。另用大于全楼正立面面积的广告牌将整个历史建筑封闭，真不知这种商业行为是美还是丑？

---

① 张松：《历史城市保护学导论——文化遗产和历史环境保护的一种整体性方法》，上海科学技术出版社，2003，第 174 页。

图4-34　建筑细部无声地与人对话

要将十三行历史街区打造成十三行商埠文化旅游区，其实质意义就是以固有条件、优势为基础，以上述城市细部结构的保护更新带动整体的发展，"兼顾社会效益、经济效益与环境效益的统一，兼顾城市效益与居民效益的统一"。保护、整饬、更新十三行历史街区城市细部的目标任务是：

（1）将十三行路建成一条完整的商埠文化旅游步行街；

（2）在十三行夷馆遗址地带建设十三行标志性景观及主题性博物馆；

（3）和平路、浆栏路等树立"商铺行店"优秀细部群集形象、保护传统街道的完整性。

下面就建筑与环境艺术的细部保护，探索历史街区复兴的几个问题。

1. 十三行商埠文化旅游街

现十三行路是构成十三行商埠文化旅游区的重要组成部分。它组织与支持的是整个历史街区或历史地段。如果对此路不注重其历史文化的研究就难以更为深入地认识广州城市的本质、商埠文化旅游区的真正意义。与此相关的文物古迹、历史建筑和街区就难以作为城市的特色物件细部，提到一个相应的重要地位上来，只能长期地处在文化的低层次、低"价位"。

"街"比"路"更具有文化内涵和商业细节，更适合于开展商业买卖活动。今天城市中的"路"往往是车行的路，而不是人行的"街"，缺少人气、生活、商味、情趣。定名"十三行街"比"十三行路"更能体现历史文化特色，促进今天的商贸旅游活动。路只能是匆匆地赶，街可以慢慢地逛。后者比前者可获得更丰富的商旅文化信息。

一条完整的商旅街道必须有始点有终点，必须建立两个入口结点广场。"十三行街"东入口广场不对称均衡的现状以及"新中国大厦"对文化遗址的破坏，给设计带来了极大的困难。

　　十三行街应该有两个对应和谐的街立面，这两个立面应该由最具历史资格的建筑群组成。东端北侧的历史建筑体量宜人，具有连排成组"多家多铺"的街面形象，显示出商业公平竞争的活力，应以此为样板完善全街的店铺建筑设计。该补的补齐，该拆的拆，按样板段补建真实完美的街坊商铺店面。十三行街的西段北侧也应如此操作。而南侧则应考证历史遗址，构建历史景观。

　　十三行街与其他街巷相正交的小街小巷也应做到完善完美。古老街巷中的石板路必须尽力保护并重新利用起来。这可是十三行街区原真性的历史遗存，应尽量保护保留，不得掩埋进建筑垃圾之中。如当年与十三行夷馆同时代的荳栏街只存北段南段遗址，南段与十三街路相连部分近年来已不存在，清远街已被商品房占领，只有同文街还有一丝希望再生与十三行街正交，作为一个特色购物点，可使十三行街频添历史意趣。十三行路西段现已残缺不全，并有被插建商品房的危险，需要立即作好补充规划设计，延续东段的街面，按该街历史建筑细部装饰完善旅游观光功能（见图 4-35）。

图 4-35　保护建筑细部，提升历史价值

十三行街的南侧立面是树立在夷馆建筑遗址上的高层商品房。此乃严重的建设性破坏事件。挽救方法只能在裙房之面上做点细部刻画。将计就计弥补的方式是运用艺术地面铺装手法，唤起人们对十三行夷馆的联想。即按假想的太阳高度角，选定夷馆建筑的阴影落在街面及人行道上，告诉行人这里原来是十三行夷馆的位置与大致的建筑形象。从地面折返到立面，从虚影幻想到实体，从现今回溯到历史，此乃最有经济性、最没有利益冲突的无赖补救方案之一。

一条街的细部还有很多需要设计人员仔细琢磨推敲的地方。让它的纵深透视感令人兴奋，让它的立面构图典雅优美，让它的装饰匾额古色古香，让它的山花女儿墙生机勃勃，让它的灯光造型典雅热情，总之，应让它为人们带来更加繁荣的商业和美好的心态。表4-3为规划部门的控制要求，应具有法律效应。

中国城市常以"街"为本。居住、生产、娱乐、交流、休憩、贸易、运输、饮食、庆典……几乎所有活动都会在街上进行。相对来也匆匆、去也匆匆的"道"或"路"，街更多的是逛、停、憩、静、达，更多的是细节、情感、思想、信息的体现、展现。"街"有文化味、有风俗味、有人情味、有生活味、有历史味。不但集中了物质文化遗产，也集中了当地的非物质文化遗产。

2. 十三行商埠文化主题园

现文化公园本来就是十三行夷馆用地，应建设成一个历史文化主题公园。园内大多数场馆已商业化，只有"汉城"园中之园有点玩头。其他地段可谓园不像园，市不像市。只有7公顷的文化公园要养活数百名在职及离职、退休职工。靠山吃山，兴园吃园，已是不争的现实状况。

汉城取材中国北方汉代城市细部构造组合园林化艺术空间，即将明堂、市场、街、廊、市（肆）亭、民居、宫室等组织形成各种不同性质的院落，寓意市井、宫廷、府第、民院、城阙等古代城市景观单元。同时又大量运用汉代室内外环境雕塑、水景及汲水设施、仙人承露盘、宅门景亭、人物塑像、照壁、旗晃等等丰富空间文化生活内涵，加上大量的中国园林山水、植物绿化要素，使之景色丰富合适宜人。作品是美的、成功的。只是此处是银钱成堆的十三行历史地段，毫无汉代历史印迹的地方，无故冒出个"汉城"，似无有根基之嫌，无传承纪念之意义。此种简单地移植的"沙盘模型"似拼装飞来之物。据考文化公园中的汉城所在地乃当

表 4-3 城市景观和传统街区及其主要控制指标（据市区规划文本）

名称	保护范围	保护范围主要控制要求					建设控制地带主要控制要求			
		空间格局	街区功能	建筑限高	建筑面貌	环境要素	控制范围	建筑限高	建筑风格	环境要素	备注
文化公园	公园产权范围（要求保留"水产馆"等初期建设建筑）	保护现状低密度的空间环境	以十三行文化内容为主题的城市公园	以一二层小体量建筑为主	建筑以低层、传统建筑风格建筑为主	绿地率应大于60%	保护范围向外20米范围	0～10米范围≤7米，10～20米范围≤10.5米	与公园环境协调	建十三行博物馆	严格控制建设与公园主题无关的建设项目
杨仁巷西关大屋民居建筑保护区	杨仁巷街坊	不得随意改变现状的街巷格局和宽度	低密度传统居住区	7米（2层）	传统西关大屋特色建筑风格	麻石铺地	保护范围向外20米范围	0～10米范围≤7米，10～20米范围≤10.5米	与西关大屋特色建筑风格协调	保留石板路	按"整旧如旧"的原则严格保护建筑外貌
冼基东、冼基西西药传统建筑街	冼基东、冼基西路两侧一线建筑范围	不得随意改变现状的街巷格局和宽度	建议结合十三行改造，恢复传统中医西药街功能或其他传统行业功能	10（3层）	传统西关大屋特色建筑风格	麻石铺地	保护范围向外20米范围	0～10米范围≤10米，10～20米范围≤15米	与西关大屋特色建筑风格协调	保留石板路	按"整旧如旧"的原则严格保护建筑外貌
光复路传统建筑街	光复南路两侧一线建筑范围	不得随意改变现状的街巷格局和宽度	建议结合十三行改造，强化传统行业功能		整治沿线建筑立面风貌		保护范围向外20米范围	0～10米范围≤10米，10～20米范围≤15米	与光复南路沿线建筑风格协调	改善沿线路面环境	按"整旧如旧"的原则严格保护建筑外貌

续表

名称	保护范围主要控制要求					建设控制地带主要控制要求				备注
	保护范围	空间格局	街区功能	建筑限高	建筑面貌	环境要素	控制范围	建筑限高	建筑风格	环境要素	
十三行传统贸易复兴区	东至人民路西至镇安路北至和平东路南至文化公园	保护传统行业经营街镇模式	充分利用现有商业气氛，带动新的贸易发展	20米（6~7层）	传统风格的新建筑		注：该街区基本为传统保护建筑，主要保护其商贸文化内涵，由于本身为改造建设现状的故衣街行业街包含在本街区内，所以不划定建设控制地带。				传统贸易复兴的主要地段
人民路南传统骑楼建筑街	以骑楼街南侧现有小路以内为保护范围	保持现状骑楼街带状分布形式，保护街道现状高宽比	以文化服务与旅游服务功能为主，结合发展饮食业和商业	保持现状沿街建筑高度15~24米	保持沿街均为传统骑楼建筑，拆除违章搭建物	整治与整饰立面，美化环境空间	道路中主线两侧各50米范围	沿线新建筑不超过30米	建议拆除人民南高架路，恢复骑楼街原有的风貌		
珠江西关沿线	北至中山八路，东至人民路珠江沿岸50米范围	不得随意改变现状江岸和滨江面	珠江隧道以西段为沿江绿化带，以东段为欧陆风情景观带	20米（5~6层）	西段与珠段建筑风格协调西段保护现状近工西式风格建筑	保护江面清洁	保护范围向外30米范围	0~10米范围≤15米10~30米范围≤15米	与沙面建筑风格协调	保护滨水自然景观要素	
西堤近代建筑保护区	南至沿江西路北至二马路西至人民桥的三角地段	保护沿江立面天际线	商业区、旅游区	20米（5~6层）	保护沿江西式风格建筑	改善沿江码头建筑面貌使之与保护建筑协调	保护范围向外20米范围	0~10米范围≤20米10~20米范围≤30米	与保护建筑的西洋式建筑协调	增添纪念性景观小品	

年英国馆、美国馆南边的英国花园、美国花园遗址。因外商花园人工要素少，复归外国式花园不如尊重既成事实，用"汉城"的中国风格勾引人们对"怀远驿""粤海关"古建筑的回忆。

如果只有附近的老太太、老大爷是经常光顾的茶客，则说明该公园的文化辐射力场效是十分有限的。走大众的、公共的、开放的，十三行商埠文化主题园的道路，走类似人民公园的改革道路，迁出人口、敞开围墙，标定商馆，面向海洋，才是正道。让十三行历史文化遗址自己做宣传。只要在当年的夷馆遗址处作一点景观标志小品设计。比如：象征性地竖几支商馆旗杆、留一排烧毁的商馆断坦残壁或几根颓废的山花、罗马柱；把现在的中心舞台变为十三行商埠文化博物馆，打出"中国第一商埠"的旗号，吸引的不仅仅是当地老太太们，更多的是外来旅游者，公园中原先的"院""馆""店"生意也会更兴旺。因文化的吸引力拉动整个历史街区的发展，公园周边的骑楼街、竹筒屋商铺街、复兴的同文街，其间的外销画廊、茶叶商铺、丝绸街、洋货行、布匹店都将成为旅游商品店更加兴旺。让"十三行"由此起步，冲出包围着的铁栅，走出国门，打开更加广阔的市场（见图4-36）。

图4-36　十三行街区所载商埠文化旅游特质不能抹灭

3. 十三行商埠的"店行集群"效应

与十三行街大致平行的和平路、桨栏路，与十三行街自古联系密切，同属老城区西角。此地商业繁荣，钱庄、故衣、药材、饮食业兴旺，钱庄多靠近十三行路，故衣街则以典当、借贷和出售旧衣物行业出名，民国时桨栏路中成药制造业由工商不分走专业发展之路。现在布料配料、衣饰物等批发市场比较活跃，常见外地采购人员和车辆到此采购、托运货物，因缺乏旅游项目，零售业和服务业，人气不够，街上可以停靠车辆。如果进行必要的景观整修、增设旅游商品，引入先进的电子商务设施，克服车辆进街提货的麻烦，打出十三行街区商店"行"群的文化品牌，"酒店不怕巷子深"，自可争夺"上下九"、人民南路的游人。即使作为上下九、状元坊、人民南路等大型旅游景观节点之间的联系纽带或通道，桨栏路等小街小巷的旅客人流也会大增，步行者可以在不受汽车等交通干扰和危害的情况下，自由而愉快地穿行在这充满历史景观而怡人的街道之中，也能受到历史文化的感染（见图4-37）。

图4-37 整治后的十三行历史街区可以是这样一番景象

4. 历史建筑演绎旅游景观亮点

西堤广州邮政博览馆的开张引来市民和媒体的诸多关注。邮政博览馆所在的沿江西路43号的老邮政办公大楼，由于80年的历史成为广州邮政的标志之一。然而在历史街区的内街小巷中，还藏着好几处广州邮局的"爷爷"。广州最早的邮局设立于十三行街区的道光十四年（1834），民间邮局一度支撑半壁潮汕经济。

和平东路50号是一座不起眼的三层老房子，然而几乎没有人知道，这座建筑就是广州现存最早的民间邮局之一，始创于清代的永昌庄旧址。类似这样的老邮局仅存五六处，它们比国家邮局要早许多年，一度是市民百姓通信不可取代的途径，在邮政史上占有重要地位。现都已成为民房，逐渐湮没无闻；现状堪忧，急需保护，可以鼓励用民间方法。[①]

广州现存的老邮局可分为三类：即客邮局、民信局和侨批局。其中客邮局是指新中国成立前其他国家在广州建立的具有外资性质的邮局，如设于英国领事馆内的英国邮局。后两种则是土生土长的中国民间邮局，多为

---

① 杨宏烈、张亦功：《民间历史建筑保护策略研究》，《中国名城》2012年1月5日。

私营，于住所开设，经营民间信函、汇款等业务。而侨批局则为广东、福建一带的特产，与海外华侨有关，源于咸丰八年（1858），有着 120 多年的历史。

  十三行历史街区也是广州传统金融区，有 8 条街巷：光复南路、西荣巷、故衣巷、富善西街（所谓"四纵"），十三行路、和平路、桨栏路、余善里（所谓"四横"），因紧靠十三行西堤外贸区，集中了广州近代 251 家银号。其中有银行工会主席、广州市总商会主席邹殿邦的广信银号，"赌王"霍之庭的兴记银号、福荣银号，中央银行行长邹敏初的恒济银号。事实表明，鸦片战争后，这里依然是药材、布匹、丝绸等中国货物的集散地；又因轮船码头的兴建，能将长江流域、华北、东北的地方产品运到这里分销。在银行业还没大势兴起的时期，银号在国家金融事业中发挥过特定作用。[①] 历史街区细部的旅游研读和利用应该考虑这些"银质招牌"。

[①]《岭南商贸：十三行 251 家银号扎堆奇观》，《广州文摘报》2013 年 11 月 25 日。

第五章　十三行历史街区的有机更新

"有机更新"来自"有机疏散"的理论，同"有机建筑"学说也能沾边。历史街区"有机更新"的概念，强调的应该是新与旧、历史与现代、保护与发展、外形与内在、整体与局部、局部与局部、自身与环境之间的有机关系、渐进关系、传承关系、谐调关系、内在关系，亦即可持续发展的关系，保护即焕发历史街区固有的生命活力。十三行历史街区应该取如此观念和手法实现文化复兴之梦。

十三行街正北有个街口是故衣街，正对靖远街北口是行商公所，横过西濠涌的桥北为通事馆……。在此历史街区西部是被现代大马路（康王路）截断而消失的老城区，中部还有一个公园包含许多令人深思的变故与文化积淀，公园南部沿江西堤乃填江而成的近代城区，富集了更多西洋式建筑。这是广州所剩不多的一个有世界影响力的历史街区，绝对不能让大拆大建的房地产商再次加以破坏。

第一节　"十三行路"回归"十三行街"

现十三行路是一条损毁历史文化景观信息，缺乏国际旅游空间意境，污染商业购物环境氛围，干扰城市正常交通安全秩序，泯灭市民游客场所精神的脏乱拥挤之地。让十三行路回归十三行街，修复历史建筑的特色风貌，创建纪念性旅游商品专业步行街，取缔不合规划常识的批发业态市场，打造广州十三行商埠文化国际化旅游区，培育广州世界文化名城，方为人间正道。

18～19世纪的广州西关十三行街记录了十三行时期"中国第一商埠"的发展历程，定格了"十三行商"、"十三洋行"、"十三行夷馆"、"十三行货"、十三行制度等事物的文化组合关系及空间位置演变特质。如果说十三行的其他文化遗址消失殆尽,尤其是风靡全球的夷馆建筑群遗址惨遭破坏,那么十三行路则是唯一最有代表性的历史空间参照坐标轴了。十三行路当初为"十三行街",十三行街后来变为"十三行马路";现在欲从十三行路回归十三行步行街,可引发新一轮的商业旅游热潮。好一个历史沧桑,好一个世代轮回!作为名城历史街区的保护复兴和城市设计,尚有许多值得研究探讨的问题。

一 大清帝国的"华尔街"

十三行商人与两淮盐商、山峡商人一同被称为清代中国三大商人集团,近代以前中国最富有的商人群体。后二者大多只经营国内贸易,而前者重点是国际外贸。前者活动的国际市场——十三行街可谓当时的"华尔街",占据全球可观的金融总额,出现了世界级的富豪,有个叫"伍秉鉴"的行商家资 2600 万两白银。

魏源《海国图志》引《华事夷言》曰:"十三间夷馆,近在河边,计有七百忽地,内住英吉利、弥利坚、佛兰西、领脉、绥林、荷兰、巴西、欧色特厘阿、俄罗斯、普鲁社、大吕宋、布路牙等之人。此即所谓十三行也。"(何秋涛《朔方备乘》)清廷为限制洋商活动不准入城,于 1777 年开街一条,即今十三行马路(见图 5-1)。乾隆四十二年(1777)行商上广

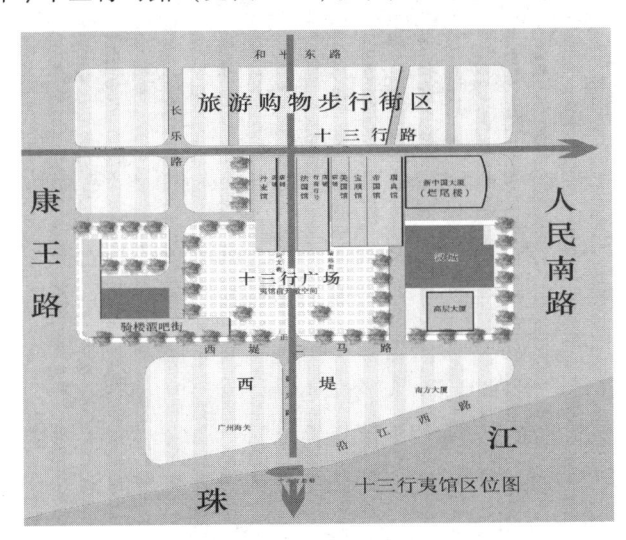

图 5-1 历史景观坐标轴

东巡抚《禀》称:"查夷商到粤广,现在俱已送照定例,在商行馆歇休居住,并于行馆适中之处,开辟新街一条,以作范围。街内两旁盖的小铺,列肆其间,凡夷人等,水梢等所需零星什物,以便就近买用,免其外出滋事。"

按黄佛颐《广州城坊志》载:"广州十三行街,为西洋诸国贸易之所。岸有赵屠设案市肉,历有年矣。"(慵讷居士《咫闻录》)难怪附近有"赶猪巷"的历史地名。十三行街两端还设有驻兵炮塔(哨楼)栏栅,以防守安全。

十三行商馆建筑多为白色、浅黄和棕黄,瓦面用灰白色、砖红色,整个商馆区由三条街道切过,西面是同文街(见图5-2);第二条是平行于同文街的靖远街;第三条是东面的新荳栏街。清代末期,十三行街以南至河边地,已经成为西关的主要商业区域,各地轮渡码头集中在这里,各地洋行代理、金银业也集中在这里,是广州商业中心之一。

图5-2 庭瓜画室所在的同文街(当代画家陈铿作品局部)

十三行街北是当年广州城的西关,正北的街口是故衣街,正对靖远街北口是行商公所;横跨西濠涌的桥北为通事馆,商馆和政府的沟通就靠通事馆译员;木匠广场即为行商专造木制品的多排店铺,有70家以上,东侧经官行、茂官行、浩官行等,即今天宝顺大街和怡和街延至海珠南路一带,这些商行建在江边,方便上落货物。同一个行,分两处活动,一处是行商和本国商人交易的地方;一处是与外国商人交易的地方。十三行夷馆只是十三行街南侧的建筑。

如果说开辟十三行街方便外商生活是应该的话，有意限制外商进城、与民众接触，则为封建统治者的险恶用心。所谓"杜民夷之争论，立中外之大防"是也。把外商长期禁锢在东以西濠为界，西到联兴街，北抵十三行街，南临珠江"七百忽地"的范围内，肯定不是滋味，虽说定期每月逢"八"日可外出游览，但也是在"通事"等人监督控制下的行动，时间、范围都有限①（河南海幢寺、芳村花地、西关华林寺、洪圣庙、关帝庙、另加三处行商花园，因宗教隔阂，庙宇也不是多去的地方）。

当时行商及行外商人的活动大多集中于十三行商馆区和珠江沿岸（见图5-3）。鸦片战争前，"新荳栏，同文街，联兴街，清远街等处，市廛稠密，阛阓云连"（《林则徐集·公牍》，中华书局，1985，第98页），呈现畸形繁荣的状态。外国人的画作及照片也反映了十三行大街小巷市面上店铺林立的景象。图5-4是一幅表现19世纪30年代十三行靖远街街景的外销画，整齐划一的商铺，街上的行人中西杂处。两旁木构房屋多为钱庄、茶行、酒店、服装店、丝绸店、布店、染色店、伞店、钟表店……。位于西端与十三行街正交的同文街乃同文行址，为两层木构连排店铺，屋宇富泰。"同"者，取其祖籍福建本县同安之义；"文"者，取本山文圃之意，示不忘本。西堤联兴街尾部近江边，为十三行商馆界。新荳栏街只有

图5-3　商馆前河埠贸易广场
18～19世纪广州十三商馆前市集（拉伟涅画，萨巴提亚刻，香港艺术馆藏品）。

---

① 〔美〕威廉·亨特：《广州"番鬼"录》，冯树铁译，广东人民出版社，1993，第80页。

图 5-4　靖远街一点透视

一排小店，现只有北段。"在经过任何一条商业街时，你会看到门边一条柱子上钉着一块小招牌，上面写着'和平'、'得利'、'集义'、'全合'、'联合'等字样。""小番鬼"亨特几乎对什么都感兴趣，这些小招牌他也记在心里了。"我曾经见到'单意'（字面意思是'单独的生意'）、'金记'、'三联'等。亦有采用较为气派的，例如'乔治与桑德班克，子与侄'，采用双名的如'永和记'。"这些描写可与林则徐的文告相互印证，"至民间开店营生，原属例所不管，唯联兴、同文等街铺户，大半交易夷人，甚至悬挂夷字招牌，肆行觖法，迥非正经贸易良民可比"。① 林公对当时当地经商看法是有偏颇的。

处于十三行商馆最西头的丹麦馆，"与之相连的是一系列中国人的店铺"。构成商馆区边界的是联兴街，这条布满外国商铺的街道，有无数小洋货店、茶叶店、钱店等，乃专为便利外国人所设。按裨治文的描写，"当你沿街行走，在街道的左边和右边，有时甚至在路中间，你可以看到和尚、巫师、铁匠、铜匠、木匠作坊等等；药铺、餐馆、钱庄以及几乎数不清的各种商品的零售商"。② 十三行街是"广州城外最长的，也是开设了数量最多的各种商店的街道"。③

---

① 《林则徐集·公牍》，第99页。
② 〔美〕威廉·亨特:《广州"番鬼"录》，冯树铁译，广东人民出版社，1993，第16页。
③ Chinese Repository, Vol. 4, pp. 102 – 535.

十三行街有人评说是当时的"华尔街"。它是当时中国唯一、世界第四大对外通商口岸。其中一些街巷命名用了当年中国行商的行名，如宝顺大街、普源街、仁安街、善安街等，至今仍能寻觅到十三行的历史痕迹。然而它们的繁荣景象却并没有被当局者看好，加以因势利导，引领中国走向商品经济的社会，而是死守着"老祖宗"之法，坚持封建王朝的统治，致使两千多年来的"中国第一商埠"毁灭在无情的大火之中。十三行街因1822年的大火被划分为两个时空段落。前一段落中国建筑的风格成分较多，后一段落西式建筑风格的影响越来越大。但后者对中国大规模的城市建设始终没能被广泛地推广与自觉借鉴，传统竹筒屋仍是基本模式。

二 民国时期的"十三行马路"

十三行街自1858年彻底焚毁瓦解，沉寂了近半个世纪后又开始复苏，并受到沙面西方建筑风格的影响。西堤的新古典主义建筑就是沙面建筑风格传播影响的实例。

鸦片战争后，十三行商馆区被大火破坏，沙面出现了完全由外国人规划的租界。钢骨混凝土和钢筋混凝土的运用使城市近代化产生了自主性的建设活动，广州全城兴起了拆城墙、修马路的运动高潮。惠爱路、新华路、太平路、长堤大马路、西堤等成为了商业中心，机动车（东洋车、小汽车）的出现，加快了市政道路的建设。

十三行路东起人民南路，西至杉木栏路。如图5-5所示，1922年之前的十三行街街口，立有一坐牌坊门，历经风雨的门洞上方"十三行"三个笔画饱满的大字清晰可见，两侧的对联就看不清楚了。1924年拆除十三行街（见图5-6），1926年建十三行马路，长315米，宽12米。十三行路距怀远驿街约一里，附近有白米街、故衣街、油栏直街、荳栏直街、盐亭街，皆当年交易米、油、豆、盐、故衣之场所。十三行附近有怡和大街，为伍家怡和行故址，同文大街为潘同文行故址，普安街为卢家广利行故址，其十三行会馆则正对靖远街，面海。此后二年，始由各行业主子孙公议，售与大信银行，又辗转为东亚银行、华益银行。[①]

[①] 梁嘉彬：《广东十三行考》，广东人民出版社，1999，第55~56页。

图 5-5　清代十三行门坊　　　　图 5-6　民国开辟十三行路

近代史上的"马路"因车辆不多，人车混行照样热闹。许多至关生命安全的矛盾尚没显露出来。进入汽车时代，"马路"变"车路"，问题就来了。如果"以车为本"的观念没有根本纠正，历史街区将加速死亡，城市空间就永无安宁之日。与十三行马路同年修建的靖远路，北至十三行路，南至西堤，长369米，宽12米，清代为十三行商馆的中心地带，西方人称旧中国街，一张外销画刻画了19世纪50年代的靖远街街口景观，牌楼当立，店铺夹道，建筑讲究，人气和谐。20世纪50年代修建文化公园时被截为南北两段。1981年署名清远路，现在房地产大开发中彻底消失。垂直十三行路，位于东头的荳栏街，体现出当地口头语言的习俗。一般"栏"都与"街"相同构，生活服务性的北段遗址，现今变成了一个死胡同。

广州近代马路是很有特色的。街道两侧的房屋一般为竹筒屋原型的异变，要么是商铺屋低层高密度面窄进深长紧挨着排到；要么是规模稍大的商业骑楼建筑2~5层，纵长横窄，骑楼贯通一条街，透视效果强烈，流动感强烈。屋身空间浓郁的岭南风味与千变万化的洋式门面构成了质朴、滑稽性的美感。有可读性，有可观性，欣欣向荣的气势扑面而来，自由竞争的氛围十分浓烈。十三行近代建筑可谓原生代建筑的第三代（孙子代）"传人"。鸦片战争的大火烧毁后，于清末原址根基上萌发出第二代建筑，在随之而来的近代化城市建筑中（拆城墙、开马路）衍生出第三代。这就是广州现存历史街区的"出生年月"资料（见图5-7）。

图 5-7　十三行建筑文化脉络

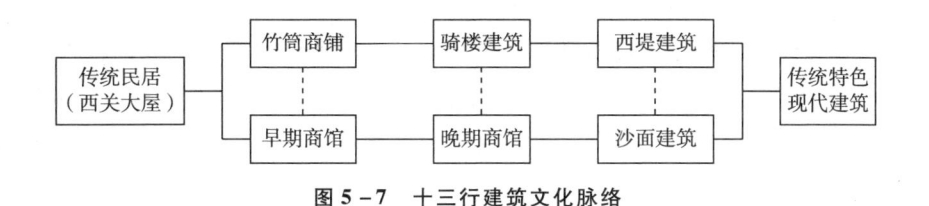

本来这些近代史上的建筑还可持续发展，它们本来的寿命还远远没有完结，可是某些房地产开发理论却总给它们描绘出一条死亡的曲线。其"理论"就是什么时候拆除，就能很快赚一大笔钱。至于城市历史文化，节约社会资源，贫困弱势力团体利益，什么持续发展，等等，这些应该考虑的参数，应该发生作用的因子，统统一概不顾；该"二十年后拆的拆了，该二十年后建的建了"。这一拆一建，大拆大建，不知造成了多少文化的损失，社会财富的损失？中国业界是从来不计算这笔代价的。

在上述"死亡曲线"的指引下，十三行路断了脉，3/4 的街面失去了历史文化风貌特色。人民南路也断了脊骨，那么坚固的骑楼也要加以摧毁。公园中的历史文化遗址地段也拱手出卖给房地产商建造高层商品楼房。当"寻租"、"谋利"有了权力、资本保证时，其他学科技术法规都会被忽视，一切只能听从魔鬼和上帝安排。

三　埋没历史文化的"十三行路"

社会的发展总是要按美的规律进行的。其中少不了要克服许多不和谐的因素，多少年来人们总能感觉到，社会的任何一点进步都是付出巨大的牺牲代价换来的。城市建筑领域更是如此。人们可以发现当我们践踏历史文化求发展的时候，当我们不顾生态规律搞城市建设的时候，历史和自然同时给了我们无情的报复。报复落在全社会人的头上，错误往往得不到认真清算和纠正，于是今天又出现了昨天的故事。许多文章都说这有"众所周知的原因"。到底"周知"了什么？谁也不敢明说。

今天的十三行历史街区并没有衰退，并没有失去生命活力，它不但拥有重要的历史文化地位，而且还拥有发达的商业经济基础和游赏功能。问题是管理使用不科学、不合理。这不但有损街区的物质机体，同时也有损居民游客的心理健康。它本能赋予我们的，我们不要；我们本应该友情爱护的东西，却反而残酷地加以破坏。

现在的十三行路东段南侧是一个驳杂的低档服装、匹头、配饰批发墟场。房地产开发商在烂尾楼中推销出来的批发商品堆在马路边等待转运，让车流、人流、物流、制造了更为混乱的局面。该路东段北侧与人民南路交结处的街角广场是在整修旧房的基础上因地制宜开辟出来。帆船时代的海舶——瑞典"哥德堡"号船模，清代十三行商人与老外贸易谈判的雕塑，以及刻画当时珠江夷馆千帆竞度热闹场景的外销画壁画艺术，使40平方米的广场回味着十三行时代的部分主题景观。近来，追求文化品牌的人群还在为十三行招魂，希望这个灵魂深处焕发出无穷的财富。人们力图以一种全新而怀旧复古的形象让十三行街重新浮现出来。外墙装饰用料有红砖片、仿古砖、花岗石等，西方建筑常用的卡奇色和辅以局部灰调子色带也很普遍，用于历史建筑修饰，效果较好（见图5-8）。

图5-8 只有1/4残留历史风貌的街道

东段北侧一排连续的店铺80多米长，保留了清末民初的形象。通过刷新整修，高低错落的街面构图，街道景观精神焕然。修旧如旧的手法，使十三行街宝刀不老。往北，有垂直于十三行街南北向的荳栏上街、故衣街、兴隆北路等小街小巷，目前正在组织整饬店面，统一风貌特色，尽量保持一定的连续性。再往西则出现残破的街段正接康王路，须重新规划设计用好这一地块（见图5-9）。

图 5-9　尚可恢复的十三行路西段老街

　　人们记忆犹新：20 世纪 90 年代的十三行路中西段还是一个很有希望复兴传统风貌、构建和谐社区，体现了十三行商埠文化、适宜发展旅游的历史地段。可是靠近人民南路的"新中国大厦"和"十三行大厦"抢在规划前大拆大建，用超高层的写字楼和商住楼镇压了十三行夷馆的遗址，骇人的建筑体量和玻璃幕墙，是断裂历史文化脉络的消极元素，使人们无法联想当年的历史情节及其时代背景。据查考，"新中国大厦"所占用的地皮正是当年小溪馆、英国馆、荷兰馆的遗址，这一带是最靠近西濠涌以东中国行商装货栈房，上落货物最方便的地带，所以让最有实力、最先来华通商的荷兰、英国等国商贸集团进驻。"新中国"称号也是当年夷馆区的街巷名；是开发商拉大旗、作虎皮，用到了烂尾楼上。

　　十三行大厦选址即为当年夷馆门前美国花园与英国花园的遗址，而且让硕大的体量横插在从夷馆区到西堤，这一历史发展秩序之间，肢解了夷馆、西堤、太平南路（今人民南）三者之间的有机联系，亦造成严重的景观视线冲突。正由于高层建筑的出现，使历史街区不堪负重。狭窄的十三行路不仅每天有数以千计的公交车、私家车、送货车、提货车进进出出，连人行道也塞满了不少车辆与商品包裹，交通的混乱一直漫延到人民南路和和平路，还漫延公园内及西堤二马路。

　　"新中国大厦"的门外，是各种搬运夫的天下。这里停放着禁止营运的残疾人摩托车、平板车、三轮车、行李车,都是等待为外来的批发商运送货物的基本工具,横七竖八,占用了大量的旅游街道空间。遥看这一街头黑压压的人群,仿佛一摊互相撕斗的蚂蚁。把镜头推近仔细观察,可见几个城管正要没收一个老者谋生的手推车,老者被吓得脸色煞白;两伙人因为互相碰撞争吵得面红耳赤几乎要动起手来;正在吃快餐的小伙子一筷子好菜被一捆货物挤拨在地;扛着大包小包的年轻女子被困在人群的重重包围之中动弹不得;还有几位老太太正为被挤压得摇摇欲坠的摊位呼天抢地。十三行路成了蚁族路!

十三行路本来就不宽,仅有十来米。"新中国大厦"的建成使这条道路不堪重负,车流、人流、货流纵横交错、混乱异常。云天上的办公楼成为了资金,"货从天降"。后来经营的"红遍天服装交易中心"营业面积达4万多平方米,2000多个档铺,是从地下室的洞口爬进爬出的,引来更加密集的车流、人流、货流,争抢打斗并非"空穴来风"不但恶化了十三行路的旅游观光环境,给附近的市民生活造成极大的不便,而且自身也成了十几年的烂尾楼。这种针对外地客户的低档商品批发项目应安排在城市的边缘地段,而避免逆流、功能混乱现象。这种基本的规划常识、低级的错误难道官员们一点也不懂吗?

长期无序,不合理的经营,"十三行"的文明在这畸形的环境中,一天天萎缩。当年那一幅国门开放的画卷,当年十三行的国际化气息,正深埋在我们脚下的"旺地"里。

四 "十三行路"复归"十三行街"

"街"与"路"是有区别的。现实能否将十三行路复归为十三行街,让我们大胆地挂起十三行商埠文化旅游街的招牌?

"街"是"以人为本"、开展生活、娱乐、交往、购物、体验、且行且停的地方,是"以街为市"的产物,是两旁有房屋的通道。它突出的是商业活动、突出人在其中"逛"、"观览""交易""交换"的功能,是既能够停留又能流动的开敞空间,是可以展示人文艺术价值、实现旅游观光价值的地方,可以保证行为安全的聚积人气的积极空间。

"路"只是通过的空间,强调的是"通",而不是"达"(目标),更不宜在此停留、漫步,是以车为本的非人性化空间。"路"的两边不一定要有建筑(最好没有),路上也最好没有人,只让车跑。"路"的人气、人情味，文化生活意趣，从概念上就不如"街"浓烈。"路"是个"来也匆匆，去也匆匆"单调枯噪的线性空间，是个不需要人留连忘返的地方，是令人疲劳、恨不得快一点结束这里的活动、更别说开展休闲旅游的地方。在"以车为本"的路之旁经营买卖，也是不会有购物乐趣的消极场所。"路"边向来就是一个不宜居住，不宜工作的地方。当20%的人们享受某些"路"给自己带来方便的时候，80%的人却诅咒它给居住生活带来了烦恼。此处，作者并无全盘否定"路"的价值和意义，只是从城情商旅出发，发现了"路"是不能代替"街"的。

针对目前现状，为张扬十三行商埠文化旅游区的旗帜，十三行路宜复归为十三行街，即为限制车辆半步行化的商业街。

美国城市规划学者凯文·林奇（Kevin Lynch）曾最先提出城市环境必须具备活力性、感觉性、适应性、接近性和管理性五种性能。刘永德等日本学者认为对于街道空间环境，如果充分考虑步行，则须注重如下种种机能。[1]

安全性：日间通行安全，夜间通行安全，没有噪声和公害的污染；

观赏性：有较好的环境景观；

象征性：两测，两端建筑富有象征意义；

亲密性：步行环境气氛和谐，有亲切感；

通用性：对步行机能以外的其他功能也有良好的适应性；

方便性：便利日常的生活活动，不妨碍社区的日常行为；

平等性：面向社会，对老人、残疾人也无通行障碍；

维护性：对物理环境及相关的附属设施有良好的维护管理。

实验证明：交通量大的街道，人们首先关心的是"安全感"，即使有美好的景观也无心过问。交通量小的街道，人们有安全感，对有"象征性"、"亲密性"的文化景观就特别注重。下面就十三行街的复兴提出几条论据。

1. 传统街道文化的复兴是历史的进步，及早进行规划

历史上每一次文化的复兴都具有进步性。在汽车时代之前，十三行街是步行化环境，人们在商埠文化的氛围中享受城市价值，并为创造城

---

[1] 〔日〕刘永德、三村弘、川西利昌等：《建筑外环境设计》，中国建筑工业出版社，1997，第133~134页。

市文化的行为空间。这种历史实事是任何一部文明史都肯定的。伯幼德·鲁道夫斯基（Bernard Rndofsry）在潜心研究美国街道非人性化的同时，一直对意大利还保存中世纪步行环境的原貌赞叹不已。他说，地中海沿岸的城市"街道——虽外表看去很古老，但只要稍微加以研究，即可发现它不仅对现在有效，而且还是面向未来的典范——洋溢着理性的妙想"。①

现今，十三行到底实施什么样的发展模式呢？需要决策定性。是路，是街，还是"人车共道"？是时控性"购物街"，如"周日"步行化？或是禁止普通车辆通行，只容许公交车限量通行？或是只许夜间提货、供货车通行？

2. 让十三行街打着十三行时期的胎记，保持传统特质

十三行商埠文化旅游半步行化街不是拟古不化地回到十三行时代，再说那个时代十三行街到底是一个哈样子，谁也不能完整地考证出来，完全没有必要再去追求那个过时了的街道。但19世纪末20世纪初这一时期的十三行街，确是从大清十三行街脱胎而来的，这是距离十三行时代的时间差最小的实物存在。街道位置没变，街道的格局没变，西濠小河涌还藏在现在的楼房底下，门牌号尚没变的民国商铺房烙有十三行时代的胎记，除了层数与店面设计有明显的进化，本质基因没变。改造利用这种类型建筑，大力开展商贸旅游活动，广州各市区已取得非常丰富而又成功的经验，近在咫尺的一德路的做法可以借鉴。

将十三行路与和平路之间的竹筒（商铺）屋，和平路与桨栏路之间的竹筒（商铺）屋，尾接尾地串联起来，从这条路进，从那条路出，中间可开辟扩大型的天井，引进西关庭园改善物理环境。这样的历史街区既有历史文化信息，又有时代创新精神，何乐而不为？

建筑作为一种社会文化产物，街道两侧的建筑装饰是不容忽视的文化景观。不同的风格显示不同的情调，具有不同的心理效应。特定时间街道的剪影轮廓，勾画出不同的天际线；透视线把人们带入远方的聚焦点、端点对景，如此均能产生强大的文化感召力。十三行街区完全可以达到这种效果。

---

① http://www.ben.com.cn/BJB/20050131/GB.

3. 补全历史街面，实现街道空间的完整性、传承性

保留至今的十三行路东段一组组商铺是十三行街复兴的样板模式。它们的体量风格造型构图，虽然简练但业已到位（见图 5-10、图 5-11）。希望更多的设计者加以潜心研究，在此基础上进行改良创新，使十三行路西段的街面商铺修整得更好——谓之新的改进性竹筒（商铺）屋亦未尝不可。

图 5-10　十三行路东段北立面符合目标景观要求

图 5-11　"提升文化格调"是保护规划的根本

街道的连续性、延伸性、节律性、扩展性，实质表现的是生命活性、生长性、平等竞争性、市场开放性。我们应该支持"街"的康复与发展。"街"是活的。无店不成街，无街不成市。十三行路回归十三行街，首先

就是恢复它的商业功能。现在是一条不完整的街、残缺的街，商铺不健全、市场混乱的街。尤其是西段缺乏系统规划，目标定位始终不明确。有的人将十三行路与和平路中间的一块街坊用地安排多层排列住宅，这些"模式"本不属于十三行街的特质，与传统用地功能不符，也与今天十三行路的发展目标不符。修街如街，目标应是一个历史文化旅游项目——如同东段具有丰富洋式店面景观的街道。

4. 依靠社区自我更新，调整业态，组织特色专业步行街

当年十三行中外贸易最有代表性的出口商品是茶叶、丝绸、瓷器、外销画等。这些商品可使十三行商埠文化旅游街区重新发达兴盛起来。现有小型商铺与一般个体市民的经营能力、生活方式很是般配。修屋开铺、联铺成街，让十三行商铺特别是个体户的商铺也成为城市文明的橱窗，体现历史的进步、展示物质文明和精神文明的水平，同时也成为一道靓丽的旅游景观。

将十三行路变为十三行街，就是要挖掘十三行更多的历史文化信息来充实当今的现实生活内容，提升经商、生活、旅游的空间质量。十三行街的完整性、连续性的表现是补充、改建、恢复、完善西段端部及南北两侧的商铺，富含传统的商埠文化景观情调。历史街区的轴线作用不仅起到空间形态的几何定位作用，还有时间参数作用，即文化要素作用、划时代的历史作用。应尽量展示她的历史风貌、配置历史性、纪念性的商业活动。

十三行街的店铺设计是又一项专业技术工作。从旅游的角度讲，开设的商铺当然是"原汁原味"的好，从文化沉淀的属性看，自然具有一定的历史根基和优势。宜开设兼合古今、传承性和开拓性相结合，具有本地特色与广阔市场的旅游商品店好。近年来，十三行路周边聚积了大批经营布匹、服装配料的商行。光复南路，桨栏路出现了布匹经营"一条街"之势。杨巷路聚集了大批服装配料经营商户，光复中路的缝纫设备市场也初具规模。这是自发的、合规律的现象。如果欢迎外地游客到此旅游，还必须进行精心组织及产业结构调整优化，增加一些怀旧性的、纪念性的商业活动空间，外加一些高档次的洋货行，小街小巷就成为特色旅游游赏区。

五 "十三行街"的景观设计

在极"左"思潮影响下的城市设计、建筑设计是不容许讲究美观的。我们带着当年的余悸，也带着对历史街区的敬畏之情，坚持以"抢救第一、保护为主，合理利用、加强管理"的原则，以最为节省、最易操作的技法，构思十三行街的文化景观设计，以博政府当局及业界人士的关注。

1. 十三行街区的入口景观

旅游区西部地段，含十三行路西段、和平路西段、桨栏路西段，皆因拆迁兴建康王路而遭到损伤。且因康王路为南北主干道，北连上下九路大型商业骑楼街等市级购物中心，故成为未来"十三行"游客的重要来路方向。上述三条街的西段街道入口，应修建得有特色。人们在康王路上坐车观赏，三入口在动态视野中应以剪影外轮廓的可读性、醒目性、诱目性、易记性见长。如果人们来到"十三行"景区，以步行速度观赏或驻足细察，因审视时间加长，则要求三个街口及其街内商铺建筑景观都必须精、细、深刻，便于人们沉思和再访。

中国步行街的传统入口设计手法用得最普遍的是牌坊。这是分隔前后内外领域的界面或标志，空间序列的"第一印象"。它可以画龙点睛为街坊建筑景观提神，它作为交通要塞控制疏导与组织流通。它又是项目角色的道具、视觉的焦点，景观中的情结所系。做好入口标志建筑小品设计很重要。十三行时期，十三行街设有入口牌坊门（栅栏门），外销画的轶名作者将它刻画得十分细致，现在有幸还存反映当时的一张精美名片。随后的岁月（彩）牌楼的出现在广州十分频繁，有的高达三四层（见《广州旧影》历史图册），它为喜庆时节的一大风景。至今许多当年十三行商行所在地的街坊依然保持有各式各样坊门，如怡和街、宝顺街、回澜新街等街口均是。为与洋式店面建筑风格相一致而借用拱券、山花、柱式、巴洛克卷涡构建的入口牌坊能较好地解读这一特定历史发展时期的文化氛围，值得优先选用（见图 5-12、图 5-13）。

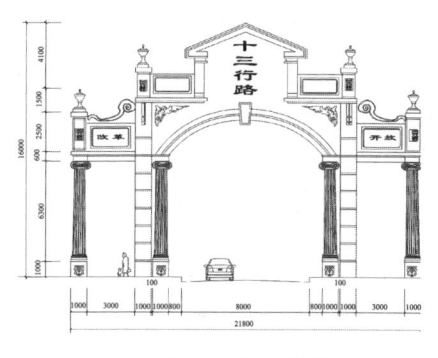

图 5-12 十三行路入口牌坊之一 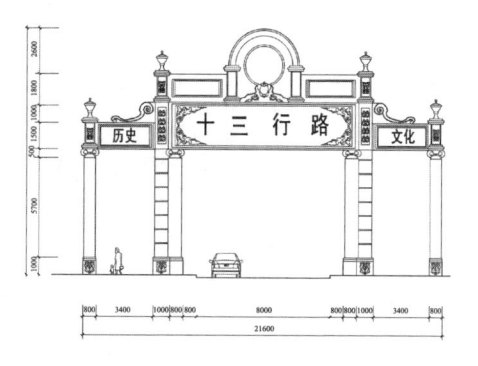   **图 5-13 十三行路入口牌坊之二**

2. 十三行街的水平景观

街道的垂直景观容易受到人们的注意，而水平景观往往易被忽视。水平景观包括路面及其交通指示符号，人行道、路缘、草坪、低小树丛等。人在地面上作水平向运动时，人的视线一般集中于倾角30°的范围内，超过30°仰角的部分，虽在视野之内，但已退居为背景的地位，所以街道的景观应以近地面的视域为主。

当前的十三行街宽约12米，单行线，人车混行，且因交通管理不到位，静态交通设施严重缺乏，表现出停靠与通行的矛盾十分突出。多年来地面严重磨损，路面的铺装谈不上有什么讲究，只有落成不久的商品房，高高在上的塔楼入口部位，用订制的瓷砖铺满了自己的门档，且将某些辅助设施置于人行道上，妨碍人行通道，只顾自家门阶高、不管他人水浸店。十三行路的西段，基本上没有商业建筑，因文化公园的北入口在此，形成了一个南向的支道，南北两侧建筑缺乏统一要素，风格与清末民初的手工洋式店面大相径庭。若借建筑设计，可追求到协调一致、出色完整的街道艺术景观。

（1）主街地面铺装景观。

选定一定的高度角，以十三行街面为承影面，勾画出假想的夷馆建筑落影轮廓进行地面铺装，模拟夷馆落影"落"在十三行街的南侧人行道及车行道上。令人低头行路时联想到当年"十三行"商埠街就在身旁（见图5-14）。

图5-14 "夷馆"阴影水平景观

这一设计方案"真、巧、绝、雅、省"。可观环境符合建筑日照方位原理，不需要额外的投资和额外的工序，只要投入思想艺术就能达到十分感人的效果。十三行夷馆被毁遗址挖不出来了，但它的影响留在世界上，留在人们的意象中。走在十三行街上，只要我们摒弃当今的浮躁而低头沉思，就能感受到博大精深的历史文化对我们仍有现实意义和作用。

（2）次街入口地面处理。

既然拟定文化公园将来是一个开放的、公共的、大众化的休闲观光场所和十三行专题博物馆主题公园，那么十三行街与公园的联系过度方案设计就得推敲处理。历史主义的具体方法有二：一是借用"靖远街"入口牌坊门样，设置入口联系。二是在"同文街"遗址处复建一段"同文街"，联通十三行街与主题公园。其地面可刻画故事图案：长石铺装线型艺术或石刻文字艺术。广州许多历史街区（如耀华大街、鳌洲街）还有古代类似的石刻街面遗物留存（见图5-15）可资借鉴。

图 5-15　石刻遗存

（3）街角空间地面景观。

为改变塞车、躲车使人焦急紧张的场景，可预设半公共性的"文化角"，减轻拥挤感，增加富有自然景色的人性空间。比喻十三行路与人民南路相交结点北侧的雕塑小广场，便是一个惬意的街角空间，其地面艺术设置可有意让多种文化渗入。接近地面的植物绿化是生态和谐、活力生机、文明健康的象征。具有历史沧桑感的铁链围栏可与当年的海港驳岸船舶锚桩建立某种时代背景上的联系。它默默地告诉人们，这脚下的土地与千百年的海上丝绸文化，尤其是近代历史上中西文化交流有直接的关系。越来越多具有浓浓"十三行"情结的老外，面对这一街角景观，会久久沉思：当年"哥德堡"号商船下锚泊岸的地方距离这里一定不远（见图5-16、图5-17）。

图5-16　城市壁画　　　　图5-17　城市雕塑

3. 十三行商业街动态景观

街道的动态景观莫过于汽车和人，而静态的景观则首推商业广告。现代技术构成的动态景观不受时效的限制，可以常见常新，如声、光、电、气等技术在造景中的作用日显突出。移动的汽车造型为流动的景观提供了众多的载体，特别是一些企业界人士，都看好这块流动式的宣传广告阵地，在人的服饰上，汽车外壳上大施粉墨。诸如"文化衫""活模特""跑动的广告牌"，每日更新的车厢广告，充满市街，争夺人们的视线。

我们需要什么样的街道动态景观？也许因人而异。我国商业街曾普遍萎缩，受到汽车大行天下的影响。尤其那种争夺人的心理，损害人的生理的车流，还严重影响人的神经活动。所以城市商业街的复归一是为了躲避车害，二是追求人的本质价值。人们愿意在娱乐的环境里"人挤人"，人们愿意在优美的街道上"人看人"，这是人的共同天性所需。把人们"物化"在一个非人性的汽车环境里，则大多数人都是不幸福的。

城市空间必须好生规划组织经营，否则会让人大生厌恶之情。"十三行周边的巷子里到处都是私人的服装摊位，这些摊位占道经营现象严重，几乎每个摊位都要多摆出一米左右，使狭小的巷子更加狭小。小巷中间的一点空地，又被卖盒饭、小吃的小贩占满，到了中午用餐时，周边的商贩都来卖饭，蹲在街上叫卖，直把马路当成了露天大排档。"这从反面说明我们应该组织更多利民便民的城市生活空间！

有几位日本朋友真正看穿了这种现象：中国的城市广场恐怕很难成为居民的活动中心，因为它缺乏生活基础。中国人的交往多限于街道空间，"街谈巷议"古已成习。北方有句俗语："吃饭蹲在大门外"（指街道上），以及普遍的"逛大街"活动，都是发生在街上的事。直至今日，许多集市、夜市花市还是占街经营和沿人行道一侧摆摊设点销售的。饮食业、服装业、小百货摊位成行成市。这些既是居民生活的需要，也是中国的历史传统。春秋战国时期的齐临淄，楚郢都都把都城集市"人挤人"的现象看成一种荣耀，说明生产发达，市场繁荣。汉代哲学家桓谭在《新论》中论述："楚之都郢，车挂毂，民摩肩，市路相交，号为朝衣鲜而暮衣弊。"[1]宋代《清明上河图》街巷中的众生百相也是生活丰富多彩的表现。如果我们真想为人民群众着想，就应该因势利导，多投点资，修复更多方便商业生活的街道空间项目，使街道特别是历史地段的街道空间（如分布全市的骑楼街），纳入城市文化，商贸文化体系，创建更多与市民和旅游者日常生活紧密联系的有活力、有人性、有次序的街道空间。街头艺人增加也是好事，不是坏事。"人看人"是基本的环境心理学定律。单纯的购销只是最简单的商业活动之一，还应该充实文化生活内涵，寓文于购、寓乐于购。但在汽车、电子时代，决不是十三行路现状的小商品批发闹市乱象。

4. 十三行街西濠水体景观

十三行街的自然地理景观所占比例不是很大，严格论来是匮乏的；但我们可以采取多种象征、指引、标志等手法，挖掘固有的自然地理观感要素，调节环境气氛，活化市井生活，增加游览情趣，更好地宣扬十三行商埠文化主题。如同商埠文化相关的珠江堤岸，古海岸遗址西湾涌、沙基涌等自然景观却是可以想办法加强联络呼应的。如通过垂直十三行路的联兴路与珠江对景，借历史街巷同文街、靖远街与公园绿化相印，十三行夷馆前区（当年上落海岸的"鬼子码头"遗址）与"汉城"（当年的英国花园、美国花园）勾通，通过十三行街东入口的细部，表达西濠暗沟的位置与当年的功能及演变，通过十三行街西端入口的设计示意与沙面、沙基的位置关系，就能寓意许多历史地理景观的变迁和值得深思的哲学。

西濠涌的前生原为明清广州城的护城河。西濠涌还有部分段落可以重

---

[1] 张雪年：《荆洲漫步》，湖北人民出版社，1986，第32页。

建天日。潘广庆先生主张：在十三行街以北、人民南路西侧骑楼街的背后，尚有100多米长的西濠涌暂被混凝土板覆盖。从当年的回澜桥到太平桥的西濠揭盖复涌，将其过水横断面进行双层分流设计——生活污水在底层排放，清洁的景观水体在上层流淌。结合两侧墙体门窗的重新整合设计，好一幅威尼斯水城的风光（见图5-18）就会轻易实现。

图 5-18　西濠水城风光意象图

六　十三行街雕塑景观构思

十三行路是一条历史坐标轴、时空参照系，要求有标志性的雕塑作为主题定位。一般文化街道应注重两端节点的控制与出入口的环境设计，形成哑铃状的广场空间意象。为此十三行路的东、西两个出入口，必须认真对待。

1. 十三行街东入口广场

十三行路与人民路交汇处，是历史上十三行街东端回澜桥处。1933年梁嘉斌先生曾摄下此"结点"的图片，可见十三行路东入口是一个重要的代表性节点。须强调枢纽作用，在此应设立十三行路东入口的标表牌坊及两组雕塑。

（1）十三行路口南北各树一桢立体雕塑（参考刘枫林雕塑师构思草

图），题材为：①两个老外认真选购中国商品（见图 5-19）；②几个大清国人选购西洋商品（见图 5-20）。

图 5-19 客似云来　　图 5-20 货如轮转

（2）广场两侧其他部位结合房屋建筑或半地下室墙体可分别设置壁雕墙。画面不一定为矩形，也可用浮雕与圆雕相结合做法。题材为：①有老外参观的 19 世纪中国茶叶种植及贸易图（有历史绘画 *The China tea planted and trade* 作参考，可用瓷器片贴制）；②有外国商人参观的十三行外销布缎生产情景图（有多幅历史画卷可资参考，宜用烧瓷浅浮雕）。

2. 十三行靖远街入口处

参考外销画《清代十三行靖远街》《同文街风光》，可立一大清国民挑担赶集的雕塑或一大人带一小孩坐在台阶上整理所购小"洋货"的雕塑。

3. 十三行同文街入口处

参考外销画《同文街上一店铺》（1825~1830），可立一戴瓜皮帽、吊长辫子的大清商人与购物的回头客老外握手道别的铜雕。

4. 通向怀远驿的街口处

明代西关即有对外贸易机构，1406 年建立的怀远驿，今仍有街名。在十三行路通向怀远驿街的街口，设立一指示方向性的雕塑，并展示怀远驿历史形象（有历史图片可资参考）。

5. 其他小街小巷出入口

按当年地名典故来由设立标志性雕塑牌匾。如茞栏街、故衣路、兴隆北路、打石街等均可设计出一些有市井风情趣味性十足的雕塑作品（见图 5-21），体现开放商埠的历史文化。

图 5-21 英国人笔下的市井风情

6. 十三行街西入口设计

十三行路本身也是珍贵的历史文化遗存。为突出街口，立一榀景观牌坊，坊前形成一个小广场。风格同东牌坊，主匾题："十三行街"；副匾题："改革"、"开放"。同时应修整好因城市干道康王路穿过历史街区所造成的破杂不雅的西立面景观，并配置相应的雕塑作品。

七 调整"十三行街"的业态

历史街区的衰败就衰在商业功能不当上。历史街区的复兴，就复兴在商业设施和商业经营功能合适配套上。"新中国大厦"与低档摊贩的商业性质不适应开展国际性旅游活动，需要坚决调整。这种低档次商品批发市场，尤其是面对本市以外的采购者，更不应该将带有仓库性质的批发场所布置在市内中心地带，更不适宜布置在文化深厚的历史街区。这种批发商业活动适宜放在城市边沿地带、具有大宗货物运输能力的交通设施附近。一是减少进出场地的运输量，降低商品的价格成本；二是减少大量人流、物流穿越城市中心区，给居民生活、交通秩序、环境卫生、社会生态、城市景观带来十分恶劣的影响。城市管理者只求税收，却不顾其他，就是失职！

十三行商埠文化旅游街的商铺应充分加以复兴、补充和调整，这是发展的需求。现有小型商铺与一般个体市民的经营能力、生活方式很相般配。修屋开铺，联铺成街，让十三行商铺特别是个体户的商铺也成为城市文明的橱窗，代表历史的进步、体现物质文明和精神文明的水平，同时成为旅游项目的重要组成部分。

将十三行路变为十三行街的实质就是要挖掘十三行路更多的历史文化信息来充实当今的现实生活内容，改善经商、生活、旅游的空间质量。十三行街的完整性、连续性的表现是补充、改建、完善、新建十三行街的西段端部及南北两侧的商铺，恢复十三行时期的商埠文化景观情调。历史街区的轴线作用不仅起空间形态的物质性几何作用，还有时间参数作用。即文化要素作用、划时代的历史作用，应尽量展示她的历史风貌、配有历史性、纪念性的商业活动。历史风貌是我们保护的根本所在。

十三行街的店铺设计是又一项专业技术工作。从文化沉淀的属性看，传统性的商品商铺，自然具有一定的历史根基和优势。兼合古今，坚持传承性和开拓性相结合，宜开设具有本地特色与广阔市场的旅游商品店。近年来，十三行路周边地带聚积了大批经营布匹、服装配料的商行。光复南路、浆栏路已经出现布匹经营"一条街"之势。杨巷路，聚集了大批服装配料经营商户，光复中路的缝纫设备市场也初具规模。这是自发的、合规律的现象。如果要开展外地游客到此旅游，还必须进行精心组织及产业结构调整优化，增加一些怀旧性的、纪念性的商业项目，比如丝绸行、茶叶行、瓷器行、外销画铺，外加一些高档次的洋货行，等等。十三行街区的商品类型及其交易模式应是有文化特色的一道景观。将十三行地区的小街小巷组织调整为特色专业街是最合适的。

商业街的合理宽度视购销活动与文化设施情况而论。如按步行街考虑，顾客行走在街道中间可以直接地看到两侧柜台上的商品则好，街道不宜太宽，一般取 4~8 米宜可，如考虑其他需要，步行道之外留出 8 米净宽即可。现十三行中间行车道宽 8 米，步行道 2 米，共 12 米是较合适的。希望多开辟一些这样有格调的街道，让百姓的"马斯洛需求层次"[①] 得到提高。

一方面，城市现代化反映了时代的进步与文明，这毋庸置疑。但另一方面科技的发展与人性复归应该同步。从显性的形态看，用技术装置、交

---

① 人生需求由"生存"、"安全保障"、"归属与爱"、"自我地位尊重"与"社会价值的认知体现"五个层次组成，当满足了低一个层次需求后，就追求高一个层次的需求。这就是人类社会进步或提升幸福感的表现。

通设施、构筑工事迅速增加，路幅一拓再拓，却只是为了汽车而已；建筑用地一增再增，却只是容积量增大；道路上的防护栏杆不断加长，虽然是为了交通管理，却为行人增加了许多不便。总之，科技的物化形态使人眼花缭乱，人却被限定在更狭小的人行道上，只行不止，难以开展其他活动。这不能说是城市化的正面效应。人的价值、城市的价值、文化的价值有重新估量的必要。城市的生态化、人性化就是文化化。如果历史文化在街道空间中被泯灭，城市现代化的真正意义就不复存在了，至于怎样文化化？这就是本章所主张的——街道步行化。

阮仪三、顾晓伟在《同济大学学报》上撰文指出，我国城市历史街区的保护更新有几条准则是必须加以注意的。[①] 本文的体会是：

（1）什么事都必须由政府来主导和管理。据国情，否则再好的好事怎么也做不成。政府的调控运作应该制止非理性的市场行为。如诚启集团抢在十三行遗址上开发商品房这样的事情，学术界是无论如何也阻止不了的。我们不能相信诚启集团代表的是大多数人的、民族文化的利益。

（2）坚持长期渐进的小规模"修旧如故"原则。荔湾区几代领导人不主张在十三行历史街区采取大规模拆建的方式，而采取一种以逐步恢复街区历史传统风貌为目的、渐进式地修旧如故的方式，实质就是政府尊重、依靠人民群众保护名城的作风。但事件往往因人而变。

（3）保护历史脉络的延续性和真实性。为历史街区的可持续发展提供可能性，就要保护十三行街原有社区结构和生活的真实，历史时间的连续性与现实物质空间上的连续性相统一，保护物质文化遗产与保护非物质文化遗产相统一。十三行历史街区应成为西关文化的大本营。

（4）推动基于"社区参与"和"居民自助"的保护更新机制。按十三行商埠文化旅游区的总体规划，实现自下而上与自上而下双向运行的社会网络进行，才会使十三行街区居民获得自主权，为自身的发展而维护街区的历史文化。

（5）建立适应历史环境保护要求的土地开发管理机制。有些街区要力争确认为核心保护区，不得大搞房地产开发。今天不是核心保护区不一定明天就不是核心保护区。2012年的广州名城规划，已将十三行街区视为核

[①] 阮仪三、顾晓伟：《对于我国历史街区保护实践模式的剖析》，同济大学学报（社会科学版），2004，第5期，第4~6页。

心城区，却也有不按政策办事的。这往往是政府的某一部分人不执行正确政策的结果，或曰政府强力部门欺负弱力部门的结果。

第二节　文化公园延展文化根脉

文化公园四周都是车水马龙的商业区：南临西堤二马路，北靠十三行路，东邻人民南路，西接康王路，全园用地面积7.8万平方米，其中建筑面积5万多平方米，绿化用地2.8万平方米。公园风格不明显，文化主题不明确。须追寻文化公园的文化根脉，营造能真正体现广州世界名城特征的文化景观，形成地标性的观景点，构成有世界影响力的国际商埠文化旅游区。

一　一方热土300年来的沧桑

文化公园（见图5-22）的前身是华南土特产展览交流会场馆用地。交流会场馆的前身是被日军飞机轰炸与大火烧毁的民国时期的商号民宅。这些商号民宅的前身是在十三行商馆遗址上，后于光绪年间建成的十多条街巷。十三行商馆是在第二次鸦片战争中被大火彻底毁掉的。大清帝国

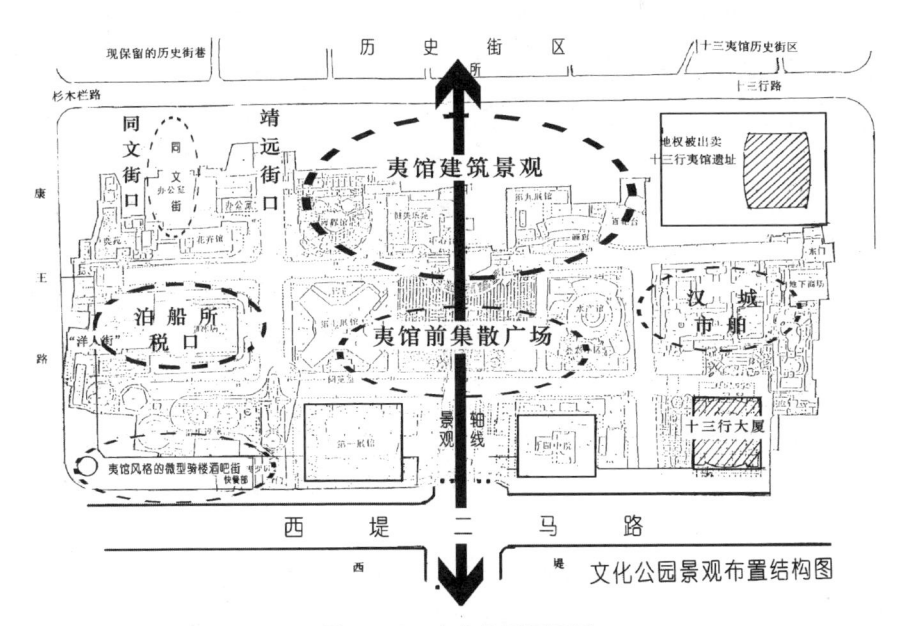

图5-22　文化公园平面图

"一口通商"之外贸特区持续85年之久。承载这一特区的乃是广州古城西城脚下的一块"700忽地"。再往前可追寻找到1685年开设粤海关及十三行的萌发时代的"河旁之地",并有与此毗邻的明代"朝贡贸易"的怀远驿遗址。

文化公园北部所在地原是十三行夷商馆部分遗址。当年洋商只能居住在中国行商为他们修建的夷馆里。"夷馆"当时是贬称,一般称"商馆",洋人称"Factories"。产权多为伍浩官、潘启官等家族拥有,租给洋商居住,租金低廉。十三行街东西设有栅栏,洋商不得越雷池半步。沈三白《浮生六记》载:同文街与美国馆结合处常有10~12名士兵守备。栏栅内除了商馆,还设了一些小杂货店、找换店、刺绣店、瓷器店、画店等组成的买卖街。一来方便外商生活,二来主要目的是监督外商。

夷馆面向珠江,各馆深度由400英尺到一千英尺不等,平均宽度为85英尺,西洋式门面,砖木结构。十三行夷馆可算是一个舒适的居所,故有外国学者称之为"Golden Ghetto"。[1] 因为馆舍与珠江之间,建有西方式的花园,地理气候条件倒是十分优越。

可惜,第二次鸦片战争时期(1856)英、美、法商馆均遭火灾,1858年又烧,整个商馆区再也"找不到两块连在一起的砖头"[2],真可谓烧得"白茫茫的一片真干净"。至光绪初年,仍为废墟。光绪末年,广州逐渐兴盛,才开街成市。对照清末地图,至民国时期十三行路以南保持了许多十三行时期的街名,只新荳栏街北移至十三行路以北,路南改为荳栏东街。坐落在夷馆区的小街还有仁安街、普源街、同兴街、清远街、荣阳大街、同文街、德兴大街、联兴街、联兴南路、西隆大街等。这些街多处今文化公园范围内,如清远街、同文街、联兴南路、联兴大街等。有些地处西堤一带,这是由于商馆区陆地向南推进的结果,如联兴街在今海关东测。很有意义的是这么多街道基本上都沿袭了十三行时期的街名,使人有一种历史连续感。

民国十五年(1926)拆城墙建马路,将原十三行街与十三行横街扩筑为马路,改称为十三行路和十三行街横路。有不少洋行原址,拆建后仍用

---

[1] 谭炳耀:《十三行与十三商馆》,《香港医学会会讯》2005年9月,Leisure Coner《闲趣栏目》,第64页。

[2] 〔美〕威廉·亨特:《广州"番鬼"录》,冯树铁译,广东人民出版社,1993,第16页。

其名，保留历史烙印。至20世纪末，十三行路以南，有同文路（原同文行所在地）、同兴路（同兴行旧址）、普源街、仁安街、清远北路（此路两侧为中和行旧址）、人民南路以东仁济西路以南有宝顺大街（乃天宝行与同顺行旧址）、怡和大街（怡和行旧址）、普安街，等等。

1951年10月14日开幕的华南土特产展览交流大会，是新中国成立初期在全国较有影响的一次物质贸易大会。大会会址历史上就是"海外诸蕃互市之所"（陈微言《南海游记》），也是很方便"输报本省潮洲及福建民人诸货税"的商贸交易旺地（见图5-23）。交流会闭幕后，原有设施改建为具有博物馆性质的文化活动场所——岭南文物宫，1956年1月1日易名为"广州市文化公园"。50～60年代，国家领导人刘少奇同志全家老少曾光临文化公园，朱德曾到公园参观，董必武、郭沫若给公园留下过墨宝，陈毅同志曾邀公园人员到弈斋下棋。80年代初，邓小平同志及夫人卓琳携带儿孙到过公园游乐场，兴致勃勃地玩遍各种游乐项目。[①]

图5-23 华南土特产展览交流大会（1951）

文化公园现有六个不同类型的展览馆场及一个常设的水产馆，每年举办展览40多个，内容包括文化艺术、花卉展览、科技教育、时事政治、国际交流等多种类型。

园内文娱活动场所原有剧场、溜冰场、中心舞台、书画展览馆、旋转飞机、风车等。后又陆续增设红星露天剧场、电影院、说书台、乒乓球室、健身室等10多个游乐场所。先后增建的"棋坛""棋斋"，成功地组织了几次全国性的中国象棋赛。

---

① 广州市荔湾区地方志编纂委员会编《广州市荔湾区志》，广东人民出版社，1998，第109～110页。

二 漂来的"美国花园"艺术

据1856年巴特（R. N. Bate）测绘的十三行商馆区的地图（图2-17）记载：十三行夷馆区内有美国花园和英国花园，占地面积分别约为360×360英尺和250×280英尺，美国花园13万平方英尺，英国花园7万平方英尺。又据1844年11月法国人于勒·埃及尔所摄的十三行，摄下了英国花园的真实镜头，园内树木葱茏，布局工整。考证西式花园的具体位置应是广州文化公园的东部地区。据1936年进行沉箱施工发现文化公园水产馆附近地下8米深处有陶瓶碎片和基本完好的陶瓶，说明文化公园内部分路段在1840年前后仍是十三行内港水域，由此可以推断馆区的美国花园和英国花园位置，应是文化公园水产馆以东至"汉城"（一个园中园）地域范围。

美国皮博迪·艾塞克斯博物馆购藏有一幅中国外销画"美国花园"。佚名画家描绘了1841年5月22日至23日大火后的美国花园。花园左方的丹麦馆、西班牙馆以及法国馆都化为灰烬。即如克罗斯（1991）指出，从这件重要的作品中根本无法知悉英国馆、荷兰馆及小溪馆（义和行）是否于1841年大火后曾经重建。这个花园从前是一个开放的海滨广场。左方是靖远街，右方是新荳栏街。[①]

从珠江眺望夷馆，夷馆前的一片绿色不言而喻就是洋商在中国修建的园林，我们不妨称为"洋商园林"。记载洋商园林的文字并不多，外销画却刻画了不少景象，多少可以作为研究的参考。

1844~1845年中国外销画"美国花园"（见图5-24）似乎把整个花园原来的种植计划都记录下来了。园中很多花木都可以辨认，可推测为大火后重植，木棉树正在盛放花朵，叶子还没生长出来。编印此画的编者史罗斯曼亦指出，此时花园内的林木应刚刚开始种植，以树木为主，并无多少修剪痕迹。可与某银托盘画相比较研究。[②] 银托盘是中国工匠奇昌（活跃于广州1840~1870年）特为伊萨·布尔刻制的。花园规划的基本模式

[①] 选自香港艺术馆《珠江风貌、澳门、广州及香港》画集V：*Ews of the Pearl River Delta Macon、Canton and Hong Kong*。

[②] 选自香港艺术馆《珠江风貌、澳门、广州及香港》画集V：*Ews of the Pearl River Delta Macon、Canton and Hong Kong*，第64页。

是对称布置种植花坛，花坛横四行、纵五列。周围一圈南北二边为栅栏围护，南边桐栅设有两个栅门及上落小船的码头台阶。东西两侧图中为带有隐藏扶壁柱的围墙。左方出口可通靖远街。它位于西边的中和行和东边的广源行中间。

图 5-24 美国花园种植全景图

从活跃于 1840~1870 年之间的中国画家庭派所绘的"美国花园和圣公会教堂"（见图 5-25）画上，可以看到新建的教堂（1847 年建）就在"牡驴尖"（洋人命名的江边陆地尖角）附近。在旧英国馆和荷兰馆的旧址上，兴建有两座中国沿海常见的大型建筑，作为商馆用。美国花园原在 1840

图 5-25 美国花园和圣公会教堂

年拓建，左边是丹麦馆、靖远街，右边是西班牙馆、新荳澜街。经历了1841年的大火，现可见图中花园树木再次茂盛起来。这幅作品原属于一本共156页的画册，曾由约翰·赫德收藏。他是美国麻省易普威治市的中美贸易商人奥古斯丁·赫德的后裔。

洋商行馆屋顶石栏上常置有盆栽，屋檐上饰以雕花，有些墙壁外更写上商铺招牌（广告做的很投机）。盆栽与花园也许有一定的联系，洋人的园林艺术情趣也是多样的。

1855年关联昌作的"从河南眺望十三商馆"是一幅流传很广的外销画（图4-6）。此画多多少少可告诉我们有关洋商园林的一些大致环境。画面前方是河南货仓区，几位挑夫正把一箱箱的茶叶运往舢板上，随后转运至停靠在黄埔外港的外洋海舶。对岸便是广州城的河堤。1847年兴建的基督教堂清晰可见（见图5-26），后来在1856年被烧毁。这个教堂存在的时间只有9年。1847年5月4日，Samnel Banks牧师从英国来到中国应聘为广州领事馆的牧师。当时，教堂正在筹备中，直到1848年12月才建成。双坡屋顶，山墙面南开门，门斗上加设四角立有双角柱和女儿墙装饰的钟塔。教堂顶为金字塔式坡屋顶，墙面条型拱弧窗，三面外嵌罗马时钟，小巧玲珑。教堂位于花园中间，绿树环绕，是为花园视觉景观焦点。

此种型制的教堂后来在沙面重现，沙面圣公会基督教堂（见图5-27）仿古罗马式小型穹顶式塔楼，为园林化景观增色不浅。可以想象，十三行

图5-26　十三行圣公会教堂　　　图5-27　沙面圣公会基督（英）教堂

时期的洋商花园并不亚于现在沙面的情景。沙面基督教堂在英租界内，始建于1861年，由中国政府支付建设费用，作为十三行商馆教堂被毁坏的赔偿。可见，无论在军事上还是建筑文化上，沙面此教堂与十三行彼教堂有着必然的联系。洋商花园毗邻珠江，教堂前方常泊有蒸汽轮船。"火花"号轮是由罗伯特·福布斯船长于1849年驶往广州的。他是从波士顿来华的一位十分重要的商人，任聘于旗昌洋行。他藏有另一幅相同的水粉画，并亲自注有各建筑物名称，以供辨认。此画背后附有英文题识："一幅描绘广州商馆的画作，由广州同文街头16号的庭呱绘，1855年1月记。"

从上海古籍出版社出版的《十九世纪中国市井风情三百六十行》刊出的一张十三行商馆图中，我们还可以看到当美国花园还只有靠江边种有5～6棵小树，而整体上麻麻平平一片的时候，东边的英国花园却林木森森。这说明英国追求风景式园林，英国花园寄居国外，从简结、从实效，多植树木权且速成。英国花园常见平面位置图而不见详细空间景物刻画图。据推测，英国花园东邻西濠税口房，西邻荳栏街以一栏栅或围墙相隔，南部临江有阶梯、石梯等地形险阻。相对美国花园不断向南填江增地，英国花园扩展速度要慢，故公园面积较小。从多幅商馆景观图的平面分析中，均可明显观察到，英国馆的正南方伸出建有很大面积的西式山花柱廊拱券（首层）建筑，向东西两侧倾斜的两坡屋顶与商馆主体屋顶南北向正好垂直，并突伸占据了公园的部分土地。英国乃洋商之首，门庭若市，种植大树林木就是最好的设计选择。

《中国市井风情》刊出的这幅"美国花园"的钢笔墨水纸本画中，"旗杆无旗"说明：鸦片战争前夕，公园场地已用栏杆围起，河道上亦有围桩封锁堤岸；自英军战前撤离此地后，河埠平台亦被拆除，外国旗帜不再飞扬。这是1839年7月8日的事。战争带来园林的衰败，但园林的艺术深化及文化交流发展却是不可抗拒的（见图5-28）。

始建于1865年的沙面公园，是英国人在无清政府用地限制情况下，独自规划建设的英国式花园，以植物造景为主，其位置正好也处于英国领事馆南面，被命名"女皇公园"（见图5-29）。

它是用清政府给十三行花园的赔偿款修建的。英国领事馆复发十三行英国夷馆的老习惯，依然将领事馆用地延伸到"女皇公园"内，使之成为名副其实的前庭花园。

图 5-28　香港制十三行时期的美国花园（模型）

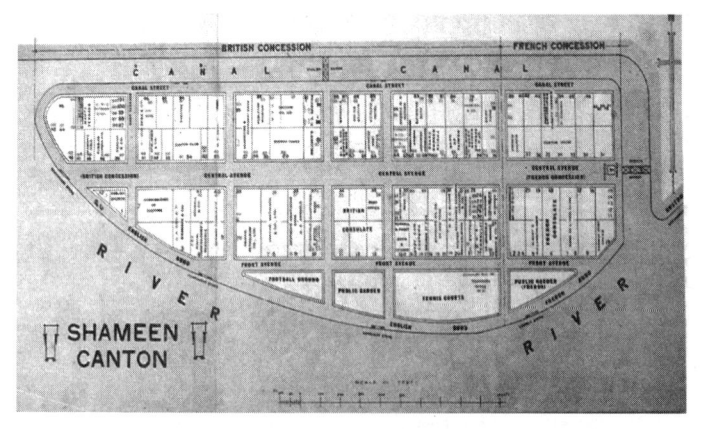

图 5-29　1861 年的沙面规划图（南部为花园）

三　没有历史渊源的"汉城"

因用地范围拘束，当前的文化公园人工化景观分量特大，只能以园林微观景观示人。花卉馆，名花展，不断更新绿化面貌，类似生意不好常换柜台。迎春花会，中秋灯会，菊花展览……多为应时应节的临时活动设施，并不构成公园固有的景观特色。某一花展活动之后仍可在此地彼时、此节彼节，配合任何相应的政治、经济活动继续兴办运作。

文化公园本来面积就不大，景观自然以小而精取胜。这些小规模、孤立分布的园林袖珍水石小品只能作为现代大建筑的附庸品，构不成整体效应和规模效应。而公园中那些大型建筑物日趋逼仄掠城略地，且很缺乏景观观赏价值，商业气味太浓，不适宜游览赏玩。与其说是逛公园，不如说是泡茶楼、逛商店。尤其整个公园的外环境，几栋高层建筑烂尾楼的混凝土墙"森然欲缚人"（苏轼《石钟小记》）大有压抑之感。谁愿拿钱买心理、生理上的难受？

"汉城"是个园中之园，诚然设计是成功的。该园运用了许多中国古典园林艺术手法，将考古所得的汉代肆店、店铺、民舍、市亭、门阙、殿堂等基本建筑样式以及井栏、照壁、宫中用的承露盘、寺庙旗杆、避邪兽雕塑、庭廊等环境艺术小品通过灵活的空间组合，形成了一个景观丰富，民族风味十足的园中之园（见图5-30）。只有这个"汉城"似乎才给人带来了自我舒展的感觉，给人一个闹中有静的后花园、一个安宁的思想空间。这里可以模仿汉代市井之民做生意，也可体验权贵之族高堂大殿的气派，也可身入平户人家玩玩汲井打水的乐趣，还可学学文人士大夫坐上雅致的茶几，一面把盏清谈，一面观赏池中自得的游鱼。只可惜这样的园林艺术天地太小了，这样的人性化环境太少了。只可惜这个活脱脱的"汉城"没有一点历史根基，不说明任何想要说明的历史文化遗址现象，建在了属于十三洋行外国人的西洋花园里。猛抬头，那现代高屋建瓴的楼宇悬在头上，令人惆怅不已。

图5-30 飞来的"汉城"

现公园几乎就是一栋栋大体量现代商业建筑的边角余料剩地,无论吃、看、赏、玩、坐,都只有巴掌大的地方。其实就是一般科普长廊和茶室餐馆。整个公园中能够修建房屋的地方几乎都建了房子,能够开马路的地方,几乎都开了马路,与城市普通马路无多大差异。

可喜的是,文化公园的职工很会举办一些节庆活动。这一点其他公园望尘莫及(见图5-31)。职工多,种植任务少,大可利用公园广阔的"水门汀"高硬质地面,举办多种文艺展销活动。每举办一次热闹一番,绑扎纸糊的欢乐彩门,可花一笔钱。这比单纯为稠密人口的闹市区输送不可收费的"生态氧气"划得来?

图5-31 高层板式楼对公园的影响

笔者曾为公园愤愤不平,为什么公园的土地老是很容易被商业组织,被商品房开发者侵占而去?人们同情公园,同情弱者。后来发现事实并非笔者想象的那样简单和幼稚。这园中园外、圈内圈外、背景前、背景后的人事关系复杂得很呢?只有一条是真实的:人民的公园、文化的公园,绿化用地一天天在萎缩。周围景观的天际轮廓线极端冲突园景也好,大楼像一座丑陋的大山阻挡游人视线也好,给整个公园空间造成极其逼仄、极不愉悦之感也好,……都是没有人负责任的。一块巴掌大的公园被那么多的高楼大厦肢解、切割、穿插搞得支离破碎,也是没有人负责的! 对谁负责任? 除了用不着对上负责,就不需对下面千千万万的"愚民"负责了。

记得当年许多人大代表、政协人士、海内外旅游界、历史界、高校等部门研究十三行的学者大声疾呼保护十三行夷馆遗址,积极从文化的角度开发利用。学者们写书、写文章阐述保护性开发的意义,开研讨会广为宣传。荔湾区旅游局曾广为征集规划设计方案……就在这种"书生意气,好不热闹"之中,某规划部门却对十三行历史街区只认一条普通的马路:按普通的老方式,两侧批地大拆大建。某房地商及其背后的支持者都生怕十三行夷馆遗址变作历史文化保护对象,而损失买地钱,暗中加紧房地产开发,推土机、挖土机、日夜兼程;力图造成即成事实,强占十三行遗址这块风水宝地,建造超高容积率的商品楼房,追求超高利润。最后,房地产开发商及其背后的支持者的意愿得逞了,他们高举酒杯在庆贺。而书生们、老朽们的热望换来的是失望。广大群众喝的却是苦酒、呼吸的是脏空气。

作为文化公园的管理者,又是如何反思的呢?如果你是一位真正的园林艺术家,你是不愿意看到"文化公园"如今的现状的。如果你是一位只想赚钱养活职工的"好干部",可能你会后悔忘了根本。因自身文化与周边环境的衰落,公园客流量锐减。平时 60 多家参展单位,减少到 30 多家。

房地产商面对当前文化公园的状况又作何想?估计他们的日子也不好过。只要看看那高耸入云的钢筋混凝土,近 10 年来的烂尾楼推销不出去。就知道这些大款们、大腕们不知浪费了多少老百姓的血和肉!与此同时,还不知浪费了多少全社会、全民族的历史文化资源或财富。孰是孰非,在中国目前何许是说不清楚的。

四 失却文化根脉的公园

历史证明,大半个西关的形成壮大是与"十三行"兴旺分不开的,西关的衰落也与十三行的衰落习习相关。十三行对外贸易的交易主要场所在哪里?数千年中国封建社会最后的"国门"在哪里?数千年来的"中国第一大商埠"在哪里?西方那么多国家,最先了解中国是在哪里?就在今天的文化公园被多次大火焚烧过的热土里。

大清文件"内阁起居注"是康熙二十三年(1684)六月颁布的关于酌定海洋贸易税收的批注,折中反映了康熙对开商的先见卓识,"海洋贸易实有益于生民",对税课则"差部院贤能司官前往酌定"。这"开商"、这"税课",这"酌定"首先发轫的地方就是广州十三行,就是今文化公园这个地方。

乾隆年间,正当举国一片禁闭声,广州十三行却成了全国唯一"一口通商"的门户,"天子南库"的基础就落在今文化公园的诗画走廊里。乾隆五十六年（1791）上缴白银1127562两，嘉庆十年（1805）上缴白银1641971两，外贸税收大得惊人。

17~19世纪，十三行举世闻名。现在西方主要国家几乎都与十三行有联系。很多老外的祖辈都是从"十三行"开始了解中国的。他们对"十三行"的情结要重于国内某些人士。他们收藏"十三行"的文物，已传承了好几代人。德国驻广州总领事馆领事Haraldrichter先生向荔湾区档案馆赠送了两幅反映17世纪十三行及珠江景色的照片。这为研究文化公园的前身增添了新素材。

广州人喜欢认祖归宗，具有无法割舍城市传统文化的夙愿。像十三行这样底蕴深厚的历史地段，担负着为岭南文化寻找新的生长点的任务，可让更多的平民百姓乐于置身其中而"不辞长作岭南人"。当年中国给人"丝国""茶国""瓷国"的形象。这些形象可以体现在物品产生地，也可体现在商品本身漂洋过海的情节中，但最为集中的还是体现在广州国门口的商埠景观上。这商埠景观就是文化公园的前身——"银钱堆满十三行"的地方。愉快的外贸活动是推动社会进步的历史，不愉快的战争更有值得引发人们深思的内容。两次鸦片战争的焦点都集中在这里。这里是一个全世界关注的舞台。

十三行历史文化旅游资源组合是十分丰富的。但现存的遗址中，只有一条灰尘垢面的十三行路，还有一条似街非街的联兴街遗存，半条巷道式的新荳栏街。现文化公园所在历史地段能全面地将上述遗址遗存整合在一起，形成一个较完整的十三行历史地段形象。格式塔心理学告诉我们，整体大于各个体之和。用集中成"面"的整体，自然大于以"点""线"为元素的分散体，并赋予更多历史文化信息。如果说到文化公园的历史功绩，可能就在于保护了些许十三行的历史文化遗址遗存，并为今后的人们从事纪念性的开发利用创造了基础条件。

"江山还要伟人扶。"文化公园成立以来，可以说并没考虑"十三行"这一历史文化遗迹。"共和国"的领袖们曾来到文化公园，或游览，或带家人游乐，这是公园深感荣耀的事情，可以为文化公园增添绚丽的人文色彩。但这些都是"花紫"，不是一个春天；这些只是伟人的个人生活片断，并不构成重大历史事件或国家大事；只是个人爱好雅兴，不是划时代的举措。对领袖人物的历史功勋要有准确的定位。如果今后要更正公园的文化主题时，也并不存在什么"避违"、"忌讳"之类的大问题——在今后园林史志上，依然是耀人的亮点。

十三行发展史持续200余年，在国内国际有相当大的影响。这段历史的文史资料多，文物展品多，历史事件扣人心弦。这段历史对中西方的早期文化交流产生过积极的作用，同时也给世人十分丰富的历史经验与教训。无论是胜利者的英雄，还是失败者的英雄，都能给后人正思、反思的无限空间。仅文化公园这块河滩地，东西南北与之相关的名胜风景，文物遗存多之又多，可形成一个十三行旅游大系统。十三行文化的根须几乎覆盖了从虎门到广州城的广袤地域。从商贸经营到文化技术，从海交、海战到社会制度，从宗教医学到天文地理，从建筑规划到园林艺术，无不是交流互促的领域。

由封建社会过渡到近代社会可是划时代的变革。如何认识这个时代的跨越？社会转型的基因是什么？持乐观的态度还是持悲观的态度，可能莫衷一是。中国的后朝喜欢破坏前朝的城池宫殿，美其名曰大破大立，新起新发。如果用这种态度来看待十三行的200年历史，那就永远只有一个"现代时"，历史实物就消失光了。这是一种畸形的意识形态。这种思想影响曾发展到一个顶峰，使我国的历史文化、历史文化名城，哲学、美学、建筑艺术遭到空前绝后的破坏。

现文化公园到底该做何种文化定位呢？综上所述，显而易见，历史地段打"历史文化"牌好。有历史文化根基的项目有生命力、有个性、有源头、有脉络，能雅俗共赏，能唤起广大人民群众的心灵共鸣，能赢得国内国际的旅游市场。——"公共的、大众的、开放的十三行主题公园"具有广泛的文化兼容性。

1. 空间上这里可与众多旅游点相关联。周边桨栏路、十三行路、靖海路、沙面长堤西堤、太平路、天字码头、华林寺、锦纶会馆、海山仙馆、河南洲头嘴、漱珠桥、海幢寺、芳村花地……都能与十三行建立历史文化上的联系。稍远的有琶洲古港、黄埔村、长洲岛、南海神庙、各地海防、河防、城坊炮台，再远的有虎门、澳门，再远的直达世界各地与"海丝文化"相关的城市，建立起连锁旅游关系。

2. 时间上贯通上下250年，涵盖众多历史事件。包括"一口通商"、鸦片战争、反租界斗争、华南土特产品交流会，20世纪中后期的"广交会"、20世纪后期的改革开放……一直到21世纪发生在我们今天身边的诸多故事，都可以为作为公园的文化内涵与外延，进行策划、展示。因为今天是与历史有联系的。

3. 与众多历史人物、世界风云人物相关联。这里有宗教人物、领袖人物、科技艺术人物、国际大富翁、民族大英雄、反帝烈士以及下层贩夫走卒，都可有一席之地，反映出社会的多文化多层次化，可能更多的，这里还是琴棋书画一族常来常往的艺术天地。

4. 与众多的建筑文化景观相关联。规划中的十三行历史街区有典型的西关大屋、竹筒屋（商铺屋）、骑楼建筑、西洋建筑……，尤其中国大陆最早的西式建筑之一——十三行夷馆，可与北京圆明园的西洋楼南北呼应，开一代风气之先。

5. 与众多的生活方式相关联。生活是文化的泉源。西关大屋里西关小姐生活，商铺屋里的小财东生活，骑楼街里的众相生、西洋古典建筑里的买办商人、塔影楼住过革命志士、洋人酒巴里的红毛番鬼、电子城里的阿拉伯散商……将为公园里的文化景观频添无限生气乐趣。

总之，十三行商埠文化主题公园是正宗的文化定位与开发价值取向，且泛十三行历史文化的总"根"也在这里。"认祖归宗"吧——真正的文化公园！

五 迎接十三行文化公园的曙光

毕竟大多数群众的呼声得到了一定的伸张，毕竟一个十三行主题公园的曙光已经初显，毕竟众多广州市民的十三行情结得到省市领导的认可。我们相信：文化是城市的灵魂，不为舜存，不为桀亡。未来的十三行主题公园到底是个啥样？不妨可以畅想一番，但只能用低调。

1. 缔造历史文化主题公园

整合公园范围内的景物构成，保护历史留下来的街巷规划基本格局与传统建筑风貌特色，这就是历史文化公园。园内残存靖远街遗址、同文街遗址（石板路），或各国商馆遗址需要认真考证，界定分布状况，暂时不能恢复局部景观的可立标志保护。有政协委员建议可以利用现文化公园第九展馆和百花剧场1500平方米建筑面积组建十三行陈列馆，展示有关图片和文物。这是最写意、最节省的创作手法！但缺乏个性标志。

"汉城"地块是当年英国花园、美国花园遗址，原则上不作西洋园林恢复设计，继续维护好"汉城"的四大园林要素，保持中国古典园林的特色和生态植物、水体的园林艺术，帮助游人体味古代庭园式空间环境意趣。必要时以汉城为基础进一步向外拓展中国式园林空间，加强园林绿化，形成游人留恋不舍的景区、生态化的景区。

部分夷馆建筑遗址，可以修复个别"样板工程"。整体上可统一作标志景观设计。最简单可行的方案是将现文化公园北界围墙修建成夷馆建筑正立面形象，并在"夷馆"正立面前竖一排当年飘扬在商馆门前的万国国旗。国旗基座处设立标牌绘制图样阴刻文字说明。非夷馆遗址地带如公园南边围墙（或商铺墙）上可作蓝色浅浮雕设计，展示成当年各国海船来穗停泊珠江岸边"牡驴尖"与千帆竞渡、洋船争出的商埠壮观场面，使人联想到此处当年就是珠江海边，顿生沧海桑田之感。

以上两处景观方案处理都不占用土地、但又有景观冲击力的效果。这是因为连续的墙体面积大、色彩突出、对比强烈的特性使然。

2. 开放的大众化绿化广场空间

现文化公园——未来的十三行主题公园应打开四围园门广纳游人，建成一个开放的、大众化的、纪念性绿化广场空间。让四周商业街上的行人可洋洋游乐其中、匆匆通行其中、悠悠停歇其中、欣欣观赏其中。像人民公园那样既是一个大众的文化场所，又可照常经营原来的商业业务。取消一张门票，多了十张钞票。园中的餐饮、茶座、展览、游乐等服务活动项目、直接接纳顾客，说不定生意会更好，天天赚的盆满钵满。这样开放的效果，等于将西堤二马路、康王路、人民南路、西堤长堤、十三行路等之步行者顾客，用一只无形的手，将他们全邀请来到公园怀胞之中，顺便消费、顺便接受历史文化的熏陶和渲染，顺便将公园的文化宣传广告出去。公园的经济效益、社会效益、环境效益都将会得到提高。公园固有的高道路密度网，正好适应这种大众化、开放性的"漫游"作用。

3. 改善市政设施的动力推动

地铁出入口将设在公园的大门口，这无可非议地会给公园带来繁荣，出入公园的人群因有地铁会使造访的次数变多，光临更为频繁。但这里的地铁上盖物业是个什么东西却令人担心。因被服务人群的地铁出行方式，会要求商品供应的多样化。地铁改变的不仅是人员流动量，也使人类文明得到了有效传播。此时的主题公园，既要有特色纪念性旅游商品，例如展销丝绸品、瓷器、茶叶、外销画等传统商品，又要开辟新的纪念性、艺术性、实用性相结合的旅游商品。而公园内是不宜设置过多商店的，建议沿西堤二马路北侧用进深较浅的小型骑楼街贴墙形成连续完整的旅游商业店面、面向马路营业，减少商业、交通对园内历史文化氛围的冲击。

4. 公园的管理体制需要改革

公园不应该仅仅是职工谋生的资本和工具。职工多了应分流到新城区开发新的公园，管理新的公园，使全市的公园合理分配，使全市的生态环境均衡发展，这样就更能发挥职工的专业技能。与其窝在一地厮守，不如引进竞争机制，提供就业岗位、扩大用武之地，这对公对私都有好处。广州城市建成区扩大到了1000多平方公里，照说500米范围内就应该有一个小游园，1000米范围就应该有个大公园。园林工作者本身是乐意转移到新的区域发展全广州市的园林绿化事业的。

5. 公园重要的是营造文化景观

现有文化公园建筑密度大，硬质化地面比例大，城市型景观偏多，而真正的历史文化景观偏少。这恐怕也是公园缺少魅力的另一个原因。建议将现有景观建筑物充实历史文化内涵，举办十三行专题博物馆，完善西北部的十三行街面，复兴同文街、靖远街街口历史景观。

面对人工建筑、构筑物比重偏大的倾向，有人建议力求园林景观小型化、精品化、集锦化，这是目前值得运用的微观手法。从宏观上讲，主张"反规划"亦是应该的。① 过去人们习惯于将自然景观视为"底"，将人工景物视为"图"，组织两者间的艺术关系为"规划"论。现在的文化公园可真要反过来规划了。人工化的地面为"底"，园林要素的组织为"图"，称为"反规划"言之不为过，这表现了一种生态化的理念追求和社会进步。

第三节　营造西堤精品旅游社区

位于珠江北岸西堤的大钟楼（粤海关楼）是中国历史上著名港口城市及其对外开放的标志。大钟于1915年由英国制造，至今已有近百年历史。高13米的光洁穹窿顶的大钟塔楼立于主楼正中，四面各砌两组塔司干双柱，建筑面积62平方米，分上下两层。下层为钟室，内有不同口径的铜制吊钟5座；钟楼内部连一个灯光自动控制器都是保存原样的。上层为机房，

---

① 《专稿：面对危机四起的中国城市水环境俞孔坚大谈"反规划"论》，《园林工程》2005年9月（总第18期），第10页。

四面各有直径 2.5 米的圆面钟，昼夜通明，24 小时奏乐报时，传声数里，"声震林木，余音徐歇"。作为保存完好的全机械式立钟在全国还是罕见的。

大钟曾出现停走故障，只因运行太久，中轴、齿轮等磨损严重，齿轮公差系数出现偏差，需对某些零部件进行更换。有关方面很快实施维修和保养，让大钟楼重新焕发了光彩，敲响了新世纪的乐章。

大钟楼原址为 1860 年始建的两层楼高的粤海关税务司署，见证了广东口岸从兴盛—衰落—重振雄风的历程。广州西堤是十三行文化遗址外延水域淤积而成的沿江历史街区，广州近代化的象征景观。当商业结构环境发生变革的时候，西堤丢掉了城市商业中心的地位。珠江水质的污染，又使众多游人离它而去。但是，每当海关的钟声唤醒黎明，每当广州人踏着珠江依旧的涛声上落夜游码头，每当面对遭到严重毁弃的十三行遗址时，似乎有许多心事要说。重塑西堤的辉煌、重构西堤的旅游文化景观，是一个有历史意义的商埠文化复兴运动。

一　西堤从十三行走来

广州西堤是在清代十三行商馆区的基础上，经过八十多年的"海—陆"地理变迁与人工改造，逐步向江面拓展而成的商贸区和临江码头区。西堤是目前全国保存较为完整的西式建筑荟萃的历史街区，素有"广州外滩"的美誉。

19 世纪末，从十三行路往南伸展的街道有同文街、长乐街、兴隆街、靖远街、新基街（20 世纪 20 年代拓展为马路）等数条。这意味着当年的陆岸不断地随街道向南扩展。至 20 世纪初（1914 年），临江修建了粤海关大楼，广州邮局大楼、大新公司等最领先的建筑。当年南方大厦"广州第一楼"建成时从天台花园往下高悬一副对联：

　　大好江山四百兆众；
　　新开世界十二层楼。

大新公司为 20 世纪 30 年代前是全市最高、最大的钢筋三合土建筑。

至 1910 年，西堤马路开通后，沿江房屋美轮美奂，成为省会城市标志。据老一辈长者口述，清代两广总督岑春煊主粤期间，1905 年曾力主广州面对沙面租界的楼宇，规定要有3至4层高，要讲究造型，超过沙面洋人建筑。故当年沙基街南向的楼坊"排空而起"，颇有讲究。

西堤还有值得一书的是：许多重要历史人物在此留下踪影。孙中山先生密友，光绪二十一年加入兴中会，并参与广州起义的陈少白，辛亥革命后任都督府外交司长、非常大总统顾问。20世纪20年代初，他毅然辞去国民政府官职，专事中国航运事业。陈少白在西堤建联兴码头发展航运，成为中国拓展远航的先驱。西堤码头旁边有一座"塔影楼"，是广州十里江堤唯一的临水建筑。陈少白有《忆塔影楼》诗留世。诗云："日日凝妆珠海岸，经年憔悴深闭门。风光如许人何处，厌记江潮涨落痕。"

世人一直认为，私人临水建房，只有陈少白才够格获得国民政府的特许。其实陈少白注意到将其建成中西合璧的塔式建筑，俗称"江天小阁"，与西堤建筑样体相处协调，与滨江水体相映成趣，使之成为公共江景。相传孙中山曾在该楼二楼居住过，今已成为广州文物建筑。

西堤的开发与火烧后的原十三街区联成片，成为广州的商贸中心。其内商行林立，除有丝绸布匹、西方名酒、香烟、洋货、西曲、外币找换等传统商贸活动外，还增加了中药材批发业务。抗战前十三行街区就有"宝米堂"药材批发行、"瑞米行"等大号。沿着西濠口有粮油、柴炭等"行口"；新基路一带批发行、银行、钱庄、报关运输行、储运业等，十分兴旺。区内饮食旅业应有尽有，其中光华旅店乃新加坡等归侨定点住宿处，在南洋一带久负盛名。

二 广州近代化的象征

广州市城建档案馆征集的1600多张历史照片中，有一张长130厘米，宽18厘米的巨型珠江风景照，堪称1920年的广州《清明上河图》（陈松收藏，陈衍桐又名AHFOMG摄影）。虽然岁月已经在照片上留下了点点黄斑，但仍可清晰地看到从白鹅潭到今天海珠广场一段连绵7公里的沿江景观。"南国之冠"——1937年建成的爱群大厦尚未落成，但见粤海关大楼、邮政博物馆、南方大厦、著名的先施公司……雄峙江畔，车水马龙、商铺林立，代表了当年广州的繁华（见图5-32）。

十三行时期，虽然商品生产和流通前后对比大增，工商业在城镇中的比例有了较大的提高，市场网络开始形成，城市面貌呈现繁华景象。但因缺乏社会制度的变革和生产关系的普遍创新，仍是"农本商末"国体上的

图 5-32　1937 年后从河南远眺西堤

边缘经济。城市的发展始终在旧有的封建社会经济框架中被"框着",内部两种经济势力都未能开创一个新局面。几栋西洋楼式的商馆,虽成为一道不同凡响的风景,可汪洋大海般的封建背景,表明依然还是一个庞大的农业帝国。

鸦片战争以后,广州城市发展依然处于中西方政治、经济、文化冲突的焦聚点上,且在某种条件下内外两种势力却发挥了相应的作用。外部西方势力以沙面为据点,通过友好与不友好、直接与间接的作用对广州城建产生"外力"影响。

真正起巨大推动作用的还是"内力"。19 世纪中叶,经过了林则徐"开眼看世界"、康梁变法、洪秀全起义、洋务运动等一系列革新运动的洗礼,广州成为国民革命的大本营。特别是第一次世界大战中,孙中山及一大批爱国实业家,试图通过国际协作或国际联盟,运用中西方文化、科学、技术来发展中国的基础工业。特别是交通业和运输业使中国经济出现飞跃性的发展,在城市多种力系的作用下[1],以推动着中国经济的近代化进程。如果说广州老城区的发展主要体现在政治功能变革的话,西堤的出现就体现了近代经济模式的威力。

清末,张之洞治粤,为使广州不亚于整洁的沙面,而建有西堤一马

---

[1] 周霞:《广州城市形态演进》,中国建筑工业出版社,2005,第 95 页。

路，此乃荔湾区的第一条大马路。随着1920年东山住宅区的出现，战后住宅思想的变化，拆城垣、筑马路运动的开展，市区面积迅速扩大。马路陆续开辟，使黄沙、沙面、西濠口的太平路（现人民南路），同西堤马路连接起来。①

沙面、沙基、西堤长堤一带活跃的口岸经济带动了各行各业的经营。黄沙、人民南、西堤、六二三路的资栈、商行、航务商号、酒店等等应运而生，中西合璧的高楼林立，一派繁华景象（见图5-33）。有两幅相对应的历史照片旨在说明西堤、长堤活脱脱如上海外滩的特质与景象。无论是在城市的商业金融区位上还是城市与河流关系上，无论是建筑类型风貌同一效果上，还是河运、海运及与街道联系上，两者十分相似乃尔。这一比较无非是说明当年的西堤在城市中的中心地位是十分突出的，工商业的发展动力在推动城市建设。

图5-33　繁华的"外滩"

当时外国的货轮多湾泊白鹅潭，小轮船湾泊码头多在长堤。省港轮船码头，开往佛山、梧州、澳门、香港等地的轮船则在西湾停泊。沿江广三驳轮（铁路联运）、佛山码头（香港—广州）、广东码头（澳门—广州）、海关码头、西安码头（香港—广州）自东而西有序排列。广三铁路、广中公路的联运码头也在这里。至20世纪50年代的广州水运中心的历史，就

---

① 钟俊鸣：《沙面》，广东人民出版社，1999，第51页。

是在这里写成的。西堤（含长堤）、人民南路一带的高级酒店引领广州之潮流。如东亚、新亚、新华、西濠等酒店，"其楼阁堂室，规模宏敞。供客之饮食，大餐厅中西菜式具备；供客日用，有波楼、理发店、阅报室、电话电铃、电扇、浴房、冷热水喉等；近送宾客，更有电船汽车"（1932年《广州指南》）。西堤、长堤、人民南路曾是广州灯红酒绿的十里洋场。这里骑楼商铺是一种显示近代城市风貌和岭南风采的建筑，多在1920年以后形成商业街。西堤骑楼与大平路（今人民路）、十甫路、上下九路、龙津路、长堤、六二三路等连成一气，并取舍沙面建筑的要素与南方气候特点相结合，构成不怕炎夏烈日，不怕疾风暴雨的步行长廊——骑楼街。[1]

三 西堤建筑艺术超绝

中国近代建筑艺术是伴随着封建社会的解体，西方建筑的输入而形成的。广州近代建筑的发展与每一阶段的生产、生活方式和审美趣味有着直接的联系。从建筑艺术美学的角度看，有如下特点：

1. 传统建筑在数量上仍占主导地位，但出现变味，致使建筑风格和某些艺术手法有所变化。古代的西关大屋由传统模式演变为中西艺术手法相得益彰的景观。

2. 近代工业生产和以公共活动为主的社会生活，产生了新的类型建筑，具有一定的开放性。新工业建筑的出现与遍布全市的商住骑楼建筑使新建筑运动出现了一个高潮。新材料、新工艺、新结构产生出了新形式。

3. 封建等级制度的废除，社会体制的变革，建筑的社会功能有所变化，要求创造出能体现新的审美价值，适应新的社会功能的建筑。西堤的许多新建筑则体现了这一新的审美价值和新的社会功能。

由于广州近代工商业的发展，城市功能由封建的自给自足经济向半殖民地半封建的经济过渡，以前的宫署、寺院、祠堂、民居、工场、作坊、会馆、公所、衙署、公廨、银楼、钱庄、茶楼、饭庄、戏院、书院、店铺、市场等，有的逐渐消失，有的改头换面，有的继续发展，同时也出现了新的城市建筑类型。行政建筑如政府官署、领事馆、海关、洋行，工业建筑如工厂、矿山，宗教建筑如教堂，金融建筑如银行、交易所，商业娱乐建筑如商场、百货公司、饭店、旅店旅馆、影剧院、娱乐场，文教卫生

---

[1] http://www.aaart.com.cn/cn/theory 2005-9-5 15:33:03.

建筑如学校、医院、图书馆、博物馆，交通建筑如火车站、航运站，居住建筑如新式住宅、公寓，纪念建筑如纪念碑、堂、墓等等，这些不同类型的建筑极大地改变了城市的原有景观。广州西堤（包括长堤）近代出现的新类型建筑早期大都是直接参考西方类似建筑，有的直接请外国人设计，对平时常见的殖民地式、古典复兴式、哥特式、折中式等进行了认真的模仿，影响效果至今仍大。因为单从艺术的角度来讲，它们是永远不过时的。如何保护和运用这些建筑与我们的现实生活又是紧密相联系的。

西堤的标志性建筑是商业繁荣金融权威的象征，是艺术完美的结晶。西堤与长堤是一个有机整体，组织一起勾画出广州生机勃勃的江岸天际轮廓线，除了爱群大厦、三元酒家、新亚酒店等高层外，这里起码还有四栋建筑物是令人震撼和诱人欣赏的。

1. 海关大楼（见图 5-34）

图 5-34 海关大楼

粤海关是我国最早设立的海关，创立于清康熙二十四年（1685），负责征收、缉私、管理自十三行对外贸易以来的有关事务，也是我国关税收入最多的海关之一。曾为江海关、浙海关、闽海关、粤海关四关之首，且有近百年"一口通商"之关的地位。近代曾与江海关、津海关合称全国三大海关（杨森主编《广东名胜古迹辞典》，燕山出版社，1996）。1913年拆去旧楼，由英国建筑师戴卫德·迪克设计新楼，晖华工程公司承建，1914年3月28日奠基，1916年秋建成。1925年4月，照片送往美国建筑技术赛会展出。[①]

海关大楼坐北朝南，面对珠江，高18.85米，有四层，四层之上建有塔楼，位于中央前部，上为标高在31.85米的穹顶，总建筑面积4421平方米。大楼采用钢筋混凝土结构新古典主义风格。东、西、南立面用白色花岗岩石砌筑，西北面和北立面用红砖砌明口砖墙。大楼采用古典主义常用手法，首层作基座处理，以粗条石砌筑。正面中央的大台阶20余级直通二楼。二三层采用爱奥尼双柱巨柱式贯通，但柱子没有凹槽。入口处两傍突出的双巨柱支衬着下部为断三角的山花，这是突出入口的建筑设计手法。入口大门处，三层为半圆拱券。拱券顶部原刻有"粤海关"三字。二层为一对塔司干双柱立于大门之前，门上方雕出古典建筑的檐部及装饰，精巧雅致。四楼为塔司干双柱等列构图。

钟楼平面为方形凹直角，类似"檐柱"，每面均以塔司干双柱为主要构图要素，并饰以圆弧形山墙，有巴洛克风格装饰。最上覆以穹顶，醒目突出。大楼内部各室高大宽敞，光线柔和，配有壁炉。柚木门窗顶略呈平缓的拱形，地板多以山樟木铺地，彩瓷砖做墙裙，花岗岩楼梯完好无损。现用作海关博物馆恰到好处。

2. 南方大厦（见图5-35）

原名大新公司，广州近代有代表性的商业建筑，澳洲华侨蔡兴、蔡昌兄弟集资40万港元始建于1918年，至今已有98年历史。平面为不规则的曲尺形，楼高九层（不含塔楼）。建成后，1~7层为百货商店，8~9层及屋面天台是游乐场。立面构图略有新古典主义的意义，柱式简化，大门入口设有"骑楼"，天台花园设有各种游乐设施、石山、水池等。大厦地理位置相当优越，历来商贸通衢，水陆四通八达，客流如云，公司在选址上占尽地利。大厦建筑设备及活动设施更为时人所瞩目，不仅自设有供水、发电等设备，还装载了当时广州人罕见的4部升降机接载重要客人。大厦东侧还修筑了一条汽车道，方便小汽车盘旋而上"九重天"顶层娱乐，出尽风头。引人注目的还有设在顶层的天台花园和天台游乐场。这里经常有

[①] 吴庆洲：《广州建筑》，广东省地图出版社，2002，第146页。

"文明戏"和杂耍等节目的演出。一时游人如织,成为宣传公司、促进销售的一种手段。

图 5-35　南方大厦(历史照片)

3. 塔影楼(见图 5-36)

这是立于珠江岸边的一座中西结合碉楼式楼房。主体四层,平面为非严整矩形,二层以上南部外挑,北立面设有西式阳台。露台四周为西式挑檐板和望柱栏杆,西北角另有伸出顶面的壁炉排烟道。露台上为"L"形平面、中国歇山式屋顶四檐滴水的塔楼。整体造型类五邑地区碉楼别墅风貌。正因其独特体形和传奇历史背景使之在水一方,孤立成景,且同西堤的其他建筑相印成趣。

塔影楼的主人是同孙中山、杨鹤龄、犬烈共谓反清"四大寇"的陈少白,辛亥革命后,专事经营实业,成为粤航公司,泊船于由政府收回的原租赁给外国人的西堤联兴码头。后来在码头旁建立了一栋四层半楼阁作为事务所,即今塔影楼。陈少白回故乡新会后,不忘广州,于 1928 年写《忆塔影楼》诗,表达了他对"城头变幻大王旗"年代军阀混战的厌恶和全心建设家乡的志向。[1]

---

[1] 广州市文物志编写委员会:《广州市文物志》,岭南美术出版社,1990,第 171~172 页。

图 5-36　塔影楼

4. 邮局大楼（见图 5-37）

广东邮务管理局大楼是一栋近代西方新古典主义风格的大楼，由英国建筑师丹备设计，耗资 217230 元，1916 年正式建成开业，大楼平面略成梯形，坐北面南，面积 1740 平方米。钢筋混凝土框架结构。全楼由 4 层的南部主楼与北部为两层的副楼组成。1938 年西堤大火后变副楼与主楼齐平。地库与首层在构图上作基座，以巨石为墙墩。上面为通贯二层的爱奥尼式柱廊，柱身有凹槽，典雅优美。大楼西边砌红砖墙，东边仍用爱奥尼式巨柱构图。上为平顶天台，外围以女儿墙，四角立方身尖顶装饰柱。正面檐部原有中英文"广东邮务管理局"字样，现无存。楼内空间宽敞，设有壁炉，以柚木装修门窗、地板、花阶砖铺地，铸铁镂花、扶手，空间得体。

图 5-37　邮电大楼

四 西堤城市更新机理

城市从原始蒙昧初期至物质极其丰富的现在，每一个阶段的发展正是通过不停地更新来实现的，城市更新随着人类自身认识的提高将从自发性走向自觉性，自觉地避免违犯客观事物（这里指城市）的发展规律，少犯、不犯主观错误。

西堤的今天相对20世纪30～40年代的发展情况（见图5-38）而言表现为衰败了，这与国外的某些城市或地区的衰败既有相同点，又有其特殊性。二战后，国外一般因城区内的企业被淘汰或逐渐失去竞争力，从而导致经济结构的变化及国际贸易形势的改变，不可避免地带来了城市的衰败。这一点同广州西堤有点相似。

国外现代化城市进入后工业社会后，城市中心区的空心化，主城的郊区化及新城运动均影响旧城中心的衰败。这一点与广州西堤相比，不大相似。荔湾区、越秀区、东山区，人口密度至今仍是相当高的，不存在"空心化"问题。广州的郊区化现象有多方面的表现，但靠近市区的楼盘价格依然高于郊外，这也说明城市的疏散力、外拉力还远没有超过聚积力和核心引力。这是因为郊区化虽能很好地解决居住问题，但文化生活质量、子女上学、成人创业等问题还没有基本解决。因而可以说，广州至今不可能因郊区化或新城运动导致中心城区的衰退。

问题关键在于古城的交通结构、环境的影响。人民桥汇集了河南河北过多快速干线，挤占了过多的历史街区的积极空间、水体空间、人性化空间。古城的居住拥挤、环境质量恶化、交通阻塞、气候、微气候危害身心健康。房屋拆改过度，破坏了固有的有机和谐的社区结构关系，致使古城商业服务中心衰败不堪。如交通问题原来配套平衡的交通负荷与设施环境，因高架路的横穿纵贯，使之某些商务中心变成了死角或城市消极空间。汽车拖着噪声和有毒气体呼啸而过，整日不见顾客来临，这生意咋做？历史街区街道的变宽、高架路的贯通，可能方便了其他地方，而对历史街区却可能带来致命的打击。由原来的热闹兴旺地变成为冷落萧条地；昔日游人如织的风光名胜游览地，变成了避而远之的病态污染区。生存发展环境恶化后，创业环境恶化后，西堤、人民南路、西堤二马路的情况大致皆如此。

21世纪的西堤失去了作为全市贸易中心的地位。这是城市道路、交通

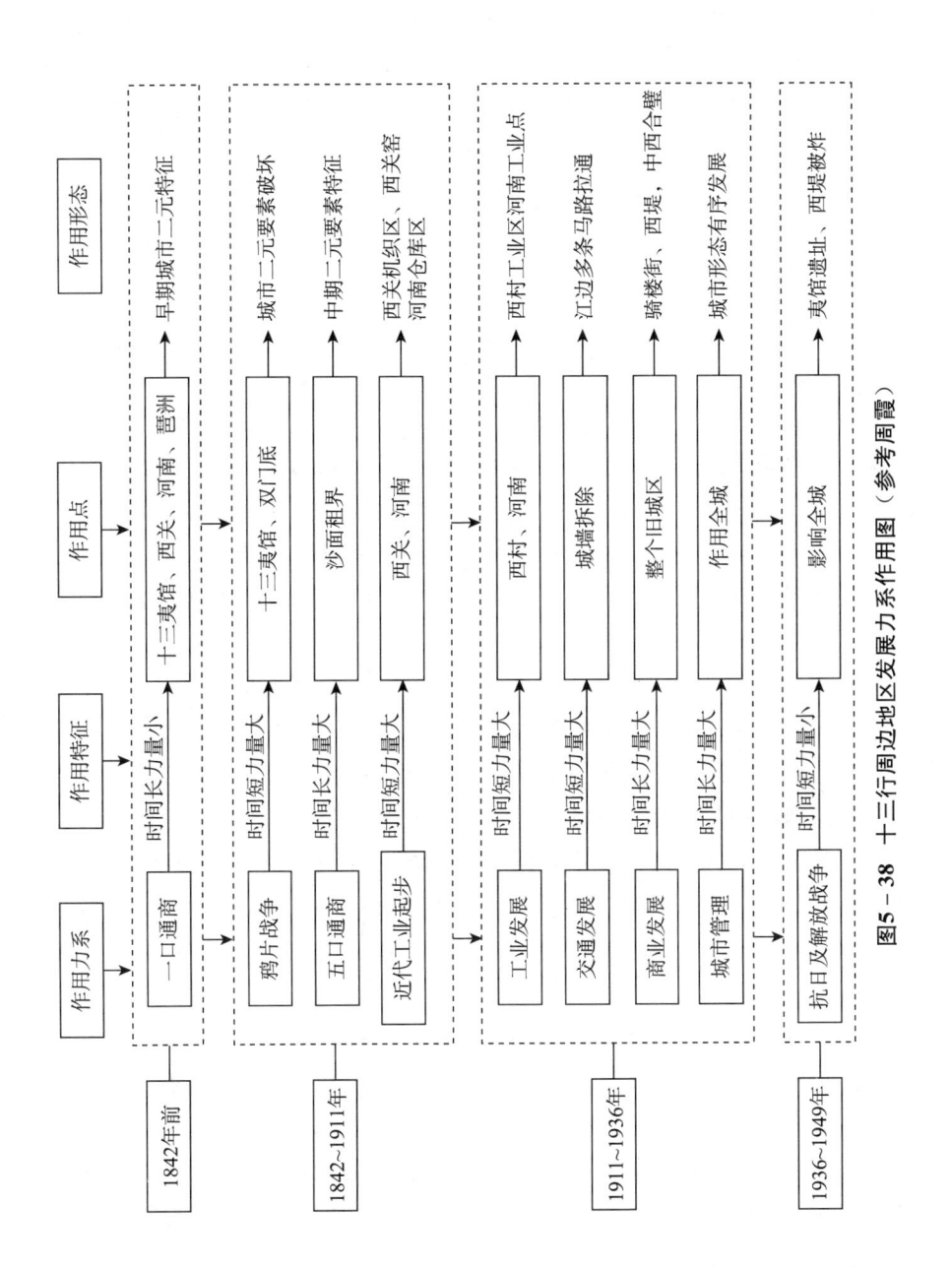

第五章 十三行历史街区的有机更新 | 227

图5-38 十三行周边地区发展力系作用图（参考周同霞）

作用力系	作用特征	作用点	作用形态

1842年前
- 一口通商 → 时间长力量小 → 十三夷馆、西关、河南、芭洲 → 早期城市二元特征

1842~1911年
- 鸦片战争 → 时间短力量大 → 十三夷馆、双门底 → 城市二元要素破坏
- 五口通商 → 时间长力量大 → 沙面租界 → 中期二元要素特征
- 近代工业起步 → 时间短力量大 → 西关、河南 → 西关机织区、河南仓库区

1911~1936年
- 工业发展 → 时间短力量大 → 西村、河南 → 西村工业区河南工业点
- 交通发展 → 时间短力量大 → 城墙拆除 → 江边多条马路拉通
- 商业发展 → 时间长力量大 → 整个旧城区 → 骑楼街、西堤、中西合璧
- 城市管理 → 时间长力量大 → 作用全城 → 城市形态有序发展

1936~1949年
- 抗日及解放战争 → 时间短力量小 → 影响全城 → 夷馆遗址、西堤被炸

结构网络发生相对恶化所带来的结果。许多享誉全国的百年"老字号"黯然失去了往日的辉煌。梦回当年的全市性地位没有必要,保持自身应有的生活、经营水准,就不错了。重要的是认识如下几个带普遍性的问题:

1. 全市性城市商贸中心的地位是历史性的,必然随着整个城市的发展有所迁移、转换被替代,单核心变多核心的裂变不足为怪。因为原有的功能、规模、基础设施、环境容量,承担不了规模变大了的、全市性的重任。但是如果固有条件不作太大的破坏,城市老商业中心依然可以维持原有的生命状态,就不能说是衰败、倒退。

2. 当城市历史商贸中心在商业地位下降的同时,可能其历史文化地位则在不断地上升。当人们追求物质利益达到一定程度时,对历史文化的追求一定会更加强烈。如果传统商业(务)中心打好"历史文化"这张牌,把历史文化要素作为"资本"投资到商业(务)活动中去,定会在经济上焕发出蓬勃生机。发达国家始终是坚持这样做的。所以这些国家的历史城市达到了高尚的"现代化"物质生活与精神生活境界。国内照此经营的城市同样获得了较好的经济效益。历史文化名城广州更应该尊重此法、研究此法、应用此法。

3. 复兴名城历史文化区,或直接说复兴广州西堤老商业中心,不是依靠修建大量的高架路、大型停车场。恰恰相反,正是这些"现代化"的交通设施,扼杀了这里的商业气氛、人文色彩、历史环境和经营方式。因为众多的高架道路、快速道路使这里变成了一个大量人流"通过"的消极过道,流走了这里的商机,而不是维护固有的一个适宜休闲、停留、娱乐、购物、游览、交流的积极空间。天河仅仅还是单一的体育中心,而平常人气、商气也都兴旺,正是因为具有了大量如上所说的能停留的"积极空间"。

4. 传统商业中心也不是依靠修建高楼大厦来复兴的。历史地段(有历史意义的地段,重在有历史内涵)建高楼大厦等于彻底铲除历史文化,它与复兴历史街区是完全背道而驰的两回事!高楼大厦在哪儿拔起,哪儿的历史街区就消失或被肢解,造成城市传统格局的破坏,并导致老城区环境负荷更甚,离适宜居住、适宜创业的要求更远。如果我们非要保护历史街区,切不可再在那里"大拆大建"。

5. 复兴西堤之类历史商业中心的好办法到底在哪里呢?在于"步行化"!步行街是大众化、人性化、舒适化、游乐化、生态化的表现,是集聚人气、商气的好办法，是一个让人"到达"乐于停留的积极空间。令人们放松心情，可以阅读思考历史文化的地方更能诱发人们的购物行为或欲望。适宜"步行化"的城区是老区，可是有人偏偏要引进大量的地面车流，这就令人大惑不解。老区的空间尺度、建筑体量、街道家具是人性化的，而人却反其道而行之。城区的商业经营方式一般都是比较愉快的、自由。"私企""老字号"正当如鱼得水。

6. 历史建筑及其内外空间环境，与人的尺度关系原是和谐的。所谓不太适宜现代某些功用要求，无非就是一个"汽车问题"。解决这个问题在工程技术上是没有什么不可以的。如果非要把这看成是个问题，我们认为只能是个"伪问题"。巴黎老城区的交通是如何解决的可值得我们思考。靠地铁，十三行历史街区马上就是两条地铁的交汇点！

五　构建西堤博物馆群

西堤的城市更新原则是树立坚定的文化观，坚持历史文化保护规划和旅游景观规划紧密结合，落实到广州重要的历史风貌带——"广州外滩"上来。以文化作为城市更新的思想灵魂和创作源泉，就会形成社会变革的杠杆。

广州市的领导有一句精彩的名言，建设博物馆，利用旧建筑比新建好。引申意义是塑造城市形象利用旧景点比造新景点更有价值。

据此论断，将西堤历史文化地段打造成一个博物馆群区。将历史建筑用来做博物馆则是很好的运用模式。历史的环境、历史的房屋、历史的空间与历史资料、历史事件、历史人物……很容易结合起来，产生十分理想的效果。动辄数亿元资金新建什么什么馆，难道就不能同时也利用历史建筑办博物馆业，来得快、来得省、来得见效果吗？

让我们先来看几个澳门的实例。

澳门是一个只有40万人口的小城市，城市面积也不大，但澳门的博物馆业十分发达，可以组织专题博物馆游。澳门博物馆以多见长、以博见长、以博物馆、场、地多样化见长；海陆空文物应有尽有。[1]

澳门博物馆——位于大炮台山。馆舍以昔日的天文台为基础，再依山发展为三层的现代化隐性大楼。面积2800平方米。展品3000多件，分三

---

[1] 《风物篇·博物馆游》，《广州日报》1999年12月20日。

个主展厅：一是澳门的原始文明及至 17 世纪的情况；二是澳门民间艺术与传统；三是当代澳门的特色。屋顶为大炮台公园。

邮电博物馆——设于议事亭前地邮电司内。主要陈列 100 多年来的邮电设备及多种邮票。馆藏珍品超过 400 多件。

国父纪念馆——孙中山先生的出生地翠亨村与澳门昔日同属香山县，距澳门仅 35 公里。1892 年 7 月，孙中山从香港西医学院毕业后，成为澳门第一位中国西医师。后来孙先生常来澳门开展革命活动。澳门居民为纪念孙中山，在"孙府"建成了澳门"国父纪念馆"。"孙府"是一栋 3 层 5 开间的西式建筑，1930 年 8 月 13 日澳门兵头花园后方军火库爆炸时受损而后重建，典雅庄严、外形优美，外绕矮墙，左侧辟有小花园，内竖孙先生全身铜像。

澳门住宅博物馆——这是位于凼仔海边马路凼子公园内的一组欧式建筑群，环境清幽，建于 1921 年，前身为澳门土生葡人家庭住宅。屋内陈设充分反映了 20 世纪初期华洋杂处的历史文化。

海事博物馆——位于妈阁庙前地、澳门政府船坞及一号皇家桥之间的河畔。旧馆于 1987 年由当时的港务处长苏励治倡议建立，1990 年 6 月 24 日主保日迁至现址。面积 800 平方米，三层。展品分四个主题：包括捕鱼活动、航海与发现、海洋生态学和海事活动与天文地理学。

葡萄酒博物馆——位于新口岸旅游活动中心地下层，面积 1400 平方尺。展区分为三个部分：酿酒历史区、酒类收藏区、酒类陈列区。参观者可以在此了解到酿酒和葡萄种植历史。馆内收集各种酿制工具和器皿，介绍 1000 多个品牌的葡萄酒，展出近 700 种行销酒和 300 种珍藏酒，最早一瓶为 1815 年的"马德拉"酒。此外，还布置有酿酒厂的模型、葡国各葡萄酒学会会士的制服和一组描绘 18 世纪酒文化之瓷砖。

大赛车博物馆——为纪念澳门格兰披治大赛车 40 周年而建。位于新口岸高美士马路。会场展出 30 多部过去在澳门获奖赛车，其中包括著名车手拉夫舒麦及已故世界冠军车手洗拿的赛车。历届珍贵照片、记录片、赛车跑道模型、电影院、模拟赛车、工作人员模型、各种赛车纪念品超过 1000 件。参观者可在会场特设的海报上绘上自己喜爱的图画留念。

澳门艺术博物馆——位于澳门艺术中心内的一家博物馆，1999 年 4 月启用。博物馆大楼 7 层，设有 4 个展厅，另有演讲厅、图书馆、餐厅、商店、办公室、停车场、仓库等。其中 2000 多件展品为原贾梅士博物馆馆藏，1000多件为近来收集购买的作品：包括石湾陶瓷、乔治·钱纳利画作、中国书画等。

仿学澳门，西堤也可建成一个博物馆群区、开放的游览区。广州近代商埠文化的方方面面均可在此得到展示。

1. 粤海关博物馆

海关是管理海外贸易的机构，其渊源可追溯到唐代的市舶司制度。康熙二十四年（1685），清政府设立粤、苏、闽、浙四省海关，构成了中国海关制度的滥觞。由于军事政治、历史地理原因，粤海关最为重要。一口通商时期，成为大清帝国唯一的进出口关闸。鸦片战争以后仍为三大海关之一。粤海关的发展历程也是所有海关中最为复杂曲折的，曾因"报关"进出口业务衍生出报关专业一条街现象。

建立海关博物馆，可以生动直接地展示中国海关的发展史，加上艺术性的展陈设计，已产生极大的感染力。海关建筑的形制演变及其钟塔的故事，海关关口神秘位置的分布、海关与澳门的关系、海关关税权力的争夺、海关与鸦片战争、海关与中外关系、海关与紫禁城的最高决策及艺术珍品收藏……，让今天不同年龄段的人都能从中获得自己感兴趣的历史文化信息以及联系现实的独立思考。

2. 邮电博物馆

明代永乐年间，广州沿海地区就出现民办通信机构——民信局。清光绪元年（1875）已形成民信业，除传递汇兑等业务，还兼营海外华侨书信、包裹邮递业务，故又名"批信局"或"侨批局"。荔湾的侨批业延至1956年才消失。

清道光十四年（1834）法国也在沙面设立一等邮局一间，并在西关三地设支局。日本、德国也于光绪年间在沙面开设二等邮局一间。德国邮局在一战失败后自行关闭。中国邮局最早是在光绪二十三年（1897）由粤海关兼办，名为"大清邮政广州总局"，设在西堤海关大楼首层。广州"邮局爷爷"遗址亦在十三行街区。民国五年（1916）在清远路设广东邮政管理局。民国三十六年（1937）十月沙面西桥设邮亭。广州邮政史浓缩了广州近代史，以此为题材办邮政博物馆特别有意义。

3. 塔影楼博物馆

塔影楼现已成为西堤江边具有可环视性的风景建筑物。此楼可设陈少白传奇人物生平展，塔楼大门入口可塑陈少白出门迎客雕塑像，或同时展出珠江船舶运输码头发展史展，或孙中山在西关活动展（内容含孙逸仙医院、西堤、白鹅潭、荔枝湾、黄沙、沙面、长堤、银行等有关活动遗址）。历史遗址举办有关历史文化展是特有现场效应的事。仅西堤丰富的历史照片就可办成一个很有趣味的博物馆。

4．"老字号"博物馆

西堤百年老字号店多，利用产业调整的机会，开办西关"老字号"发展史展，不定期更换展览内容，同时开展展销活动，应该说没有什么不可以的。将生意与艺术相结合，将"展"与"销"相结合，也是一种传销广告宣传。又如南方大厦可搞"大新"老字号天台花园侨商展览活动，既扩大了业务经营范围又改善了大厦屋顶形象环境，做博物馆用都是很恰当的。入口挂一个商店招牌，不一定有许多人进去，因为购买东西到哪儿都行。如果挖掘当地的历史文化内涵，作为一个文化卖点，打出历史典故的铭牌，张扬知名人物的遗址、遗物、遗迹，则吸引力就非同凡响。同样一个不起眼的建筑物，有无文化背景命运就大不一样。像西堤这样的地方"历史文化"宝贵资源还能少吗？

六 重塑盛世国门形象

广东省博物馆有一幅艺术珍品：广州西堤沿江一带大型织锦画，刻画的是近代西堤一派繁荣的景象。21世纪的今天，应该复兴这一历史文化，给中外游人留下美好的记忆。

西堤沿江堤岸现长约620米，将原码头平台外拓并新建外飘平台，形成了宽8~15米的大型亲水景观带，彻底改变了以往该地段拥挤破旧的局面。沿江采用统一的"钢混栏杆"景观工程进行了边界处理，联系起具有交通、休闲、观光纪念等不同要求的三个功能分区带。人民南路路口对应有一个亲水平台，大体上解决了人流集散问题。

这种情况告诉我们：未来西堤的辉煌已见端倪，即通过城市更新改良公共交通，通过景观设计、环境艺术建设，建立历史文化保护区，增加生态化的、亲民性的、步行化的旅游空间，一个从十三行走来的西堤，从炮火中新生的西堤，代表广州近代史上最为繁华的西堤，一个更加吸引游人的西堤社区博物馆群定会来到我们的生活之中。"重塑盛世国门形象"的城市与景观设计，可做好如下几点：

1. 联兴路应为联系珠江与十三行夷馆景区的礼仪大道

现文化公园靠南地段，早年亦是十三行水域，货船密集、交接装卸频繁的广州内港区之一。故此在文化公园的中心，面向珠江河面设景观干道，正对拓展后的德兴路。道路两旁可停放若干十三行鼎盛时期的船模雕塑，暗示十三行与海洋文化的关系，供旅游观赏。文化公园应修复有代表性、具有浓郁西洋风格的夷馆建筑，是为十三行旅游文化主题景观。因当年瑞典行馆位置适宜，两国且无不愉快的历史情感纠葛，瑞典"哥德堡"号商船于2006年重访十三行，更加深了两国的友谊，故首先修复瑞典行馆造景且用作联兴路礼仪大道之抵景，是较为合适的。

联兴路南入口正处西堤中部，面向珠江。当游客从游船上岸，穿过江边广场进入联兴路时应有恰似进入一道"家国门户"之感。设计一座迎宾门楼以作序幕启景并渲染气氛，一般效果较好。入门后沿街两边对称分列通商各国的风情雕塑，地面亦可做些礼仪式图案铺装，循序渐进十三行主题公园。一组雕塑分列德兴路大道两旁，类似古代"石象生"，烘托出纪念性的庄重氛围。主题是海上丝绸之路各国的风物人情。它们可以是：

（1）特色的象征物

大象国（暹罗泰国）的"大象"，狮子国（斯里兰卡）的"狮子"，东洋的珊瑚树，西洋的玳瑁、犀牛；……。各国有特色的象征物（动、植物等，常用于国徽、国旗上）。以此作为雕塑题材，既有代表性，又可表示友好往来。

（2）典型人物形象

阿拉伯头顶水罐的妇女，东南亚头插羽毛的姑娘；北欧的红头发，南欧的高鼻梁；非洲的黑人，美洲的白人；西欧的高礼帽，南亚的长折裙；……。跟外国人做生意，打交道，怪不怪的都有一颗平常心。

（3）仿古文物雕塑

用各种带有十三行景观的瓷器（瓷器可联想到茶叶、茶文化）、折扇或其他器物作参考造型，设计一组雕塑，因色彩、质感的特点，可获得醒目的效果。有韵律和节奏地布置在大道两旁，并注意与西堤二马路和滨江广场的关系，一定能获得景观整体规模效应。

（4）丝绸乐舞雕塑

在这"五丝八丝广缎好，银钱堆满十三行"的地方，用"丝绸"作道具,塑造一组起跳迎宾乐舞的人物雕塑,虽然比较传统,但可取得满意的、美的效果,突出了迎宾礼仪氛围,对刚刚进入旅游区的游人来说,顿时会心花怒放!

2. 改善现有滨水广场全部硬质化铺装的不良景观状况

外飘平台,从政绩角度看,此等工程已很不简单了。但广州沿江路与滨江路一河两岸,滨江路明显地令人舒适愉快,因为那儿树大树多,浓荫如盖。当西堤原有大树被砍光,新植小树又少又小时,尤其是大同酒家前面硬质广场仿佛人造沙漠。这不是人性化的生态空间,当然就不会是受欢迎的旅游空间。风景树木可作适当的造型修剪,但不应彻底砍光。树木只会增加建筑的宁静之美、含蓄之美、层次之美、色彩衬托之美。自古无人会说树木妨碍了建筑,妨碍山石水体。塔影楼本身很美,原先缺乏绿叶扶持,似乎头重脚轻,使广州的比萨塔更显倾倒歪斜,令人"格式塔"心理十分紧张,不舒适、不舒畅。有了绿化的美化作用,有了绿化的均衡、"稳定"作用,塔影楼在人们的心目中就有了崔嵬静美,心理上、生理上都有了美感。

3. 剔除屋顶、走廊、地面违章搭建,为游人提供旅游空间

西堤的建筑密度很高,很难保证每一个固有景观价值的建筑有一个比较完整、完美的形象。尤其对优秀的历史建筑,加层、搭棚、做窝、封廊……以增加建筑面积,向为世人不齿。沙面的这种现象不在少数,西堤也有。这种作风始于20世纪中叶不讲究环境品质、不讲究视觉美感,取消城市规划、践踏建筑设计原理的"穷折腾年代"。为了所谓的一家实用,为了所谓的部门利益,不合理、不合乎规律地使用建筑(尤其是历史建筑),败坏赏心悦目的传统街区,往往给千百万人制造了丑陋。这种负面影响一直延续至今,尚没彻底根除。应把建筑室外空间、亦即观赏游览空间返还给公众游人。

西堤西侧面原有一排临十三行小海水面,面向沙基和沙面的南北走向的半边骑楼商业街,整体构图十分完整,颇具有美感效应(见图5-39)。当被人毫不顾及地拆除后,呈现在千百万南来北往车辆和行人面前的是一堆毫无形式美学价值的隔墙、内墙、断头房、半爿屋相混杂的破乱景象。好歹我们是从来不计较城市美学精神损失成本的。今天有谁又想过:是否能采取一定的措施加以理景弥补呢?

图 5-39 小海边的骑楼遗照

4. 重视街道空间美学，认真谋划街巷空间的旅游市容景观

日本建筑大师卢原义信很重视研究街道空间美学。因为街道形态美学的影响实在是太广泛太经常了。比喻人对街道韵律的需求，有着生物学上的基础。生命本身，在各个方面都受着不断变化的韵律所左右。人类本身的韵律和整个宇宙的韵律之间相互调节着，也许这正是使人类感觉安全的源泉。平衡也是人类需要的"因为他能使人愉快"（弗洛伊德）。旅游城市要使旅游者"愉快"，我们的街道不可不注意这一点。

西堤南部边界，我想凯文·林奇是不会满意的，因为缺少完整体形。上下九路能给人愉悦就是其街道有韵律感。联兴路高架斜坡的不美在于缺少平衡的"愉快原则"，上有高架路的历史街道，由于存在一种张力刺激，容易爆发某些不愉快的心理事件。西堤二马路的绿化好、背阳避晒，当高架道拆除后，我相信他会变得更美、更愉人。

5. 优化沙基惨案纪念碑空间景观尺度效应，整合历史元素

从许多张历史照片上我们可以看到六二三路（见图 5-40）的骑楼柱脚下横竖躺着三五个沙基惨案的遇难者，或者收尸的板车上横向堆放着高高的一叠尸体。有中共广东区委主要领导人陈延年、周恩来参加反帝游行，而遭 56 人死，170 多人重伤，轻伤无数的沙基惨案，于今立有"莫忘国耻"纪念碑。[①] 而现状广场大，碑体小，且缺少耐读的细部。人

---

① 荔湾区地方志编撰委员会编《荔湾区志》，广东人民出版社，1998，第 240~241 页。

体大，相对碑体小，缺乏足够的感染力。难道不值得环境艺术家门认真推敲一番吗？本节提出以下四种建议方案，仅供有关部门或人士综合选择参考。

图 5-40　六二三路骑楼遗照

（1）提升基座，碑上加建碑亭，一方面保护碑体，一方面扩大景观量，增大视觉冲击力。

（2）陪衬雕塑组景，取悲壮素材或庄重图案造型的圆塑或浮雕，前后左右四角布置。

（3）复修共产党纪念碑，另加第三者——陪衬式的雕塑碑，形成一个有意境的三碑组，产生一定的规模效应，可谓类似科威特"三水塔"的处理手法（见图 5-41）。

（4）增加绿化陪衬围护、弱化遮挡人民桥的影响。

6. 巧妙构思城市艺术雕塑，让西堤室外空间也变为博物馆

广东炎黄文化研究会会长欧初先生曾"别有深情寄荔湾"：希望多多宣传、继承、弘扬西关文化。可学习、借鉴世界各地保护、传承城市历史文化的理念、经验和手法。城市（尤其是世界历史文化名城）就是博物馆，博物馆就在城市的各个空间角落，既有真实感，又有欣赏价值、宣传效果。南斯拉夫萨拉热窝市塞尔维亚人行刺奥匈帝国皇储，引燃了第一次世界大战导火线。在行刺事件发生的地方，留下了刺客的一个脚印——其实是后来用水泥挖造的，然而这个"脚印"不知吸引了多少世界各地的游客。

图 5-41　三塔处理手法

布鲁塞尔市政广场边有"撒尿的孩子"的雕像，虽体量很小，却吸引了千千万万的游人。普鲁士进攻比利时，准备把这座城市炸毁，一个小孩子无意中在此撒尿淋湿了导火线，普鲁士人说是天意，保住了这座城。世界许多人都怀着敬意去参观游览，送来各种小童装，隔几天就换一次。印制有小孩撒尿像的旅游纪念品，赚了大钱。现在沙面其实立了不少铜雕，却很少有真实历史背景和真实事实依据的。尽管刻得十分精细，却只能算架上雕塑艺术品。比喻贵妇人玩猫玩狗，只能反映一种普通的生活细节，却不是一种特定的城市历史文化典型。

巴黎是一个博物馆城市，在街上行走如同参观博物馆。战争痕迹、人文史迹、民间传说、名人住处、宗教遗址、国际往来都是展览内容和题材。德国波恩，哪怕只能保留一堵墙，也要依法实行"博物馆式"保护。可是中国"一声令下"，全国上下数百座古城拆的好不彻底。作为一个中华民族的炎黄子孙，面对扒去一堵城墙，仿佛被剥去身上一张皮；面对拆去一座城楼，就像被挖去一块心肝！这是梁思成先生的悲剧，也是中华民族的悲剧呵。

7. 期待拆去高架道路，回复人性化的城市空间

从全市角度考虑，市内交通设施目前已有明显好转，只因小汽车的增长速度过快，许多交通改善工程的好处还难以显现出来。等到西堤业态实现调整优化，人口的有机疏散会减少旧城的交通压力。荔湾区地铁正点营运、市内环、区内环的良性运转，或者再增设一二条旅游轻轨。拆除人民路的高架道、西堤二马路的高架路和联兴路的高架引道，将是指日可待的事，西堤旅游文化景观复兴的那一天就会来到。

拆除高架路后，不仅为十三行商埠文化旅游区的景观增色不浅，还能使西堤二马路可形成由东向西的单行线，沿江西路可形成由西向东的单行线，大大减少西堤二马路的混乱局面，消除四路（人民路、西堤二马路、沿江中路、沿江西路）现有的交通事故冲突点，使线路变得清晰起来，游人的心情将减少许多紧张成分。

随着市民经济地位的提高，文化素养的日益丰厚，如同西方国家郊区化、新城市运动的到来，拆毁历史街区的高架道就会势当定然。

七 滨水地带的景观设计

西堤广场应定义为十三行滨江广场较好。这里是旅游区对外的展示面，也是该旅游景区的一个大型游人集结点或景观高潮所在。雕塑设计应有主题性、概括性和标志性，体量也要适当大些。初步构想有如下几个题材：

1. "国门"

有85年时间，十三行是大清帝国唯一对外通商口岸、文化窗口和门户。"十字门开向二洋。""十字门"就在澳门口外，也是"国门"。在正对德兴路口的广场地带立一个不锈钢的"M"形或"山"字形拱券，是为德兴路的对景，或为进入景区中心的"仪门"。

2. 地球仪航海图活动雕塑

对应"国门"于广场靠江边的地方用大理石设计一个大型地球仪喷水活动雕塑，白天可以"蒸云吐雾"、夜晚可以闪闪发光。转动的球体上刻画密密的海上丝绸之路。人们可以联想到瑞典国的"哥德堡"号等海舶怎样绕过非洲好望角的风暴，躲过马六甲的海盗将中国的瓷器、茶叶、丝绸……外加中国人民的友谊，运送到五大洲、四大洋的。

3. 两组群雕

在"国门"的东西两侧，大致对称的位置，分别树立相关的、具有震撼力的、又与西堤的历史建筑（海关楼、邮局楼、南方大厦等）相协调的雕塑。最好是创作具象的、有人物的，采用历史主义手法的群雕。

4. 陈少白站立雕塑

塔影楼下较小范围内可适当设置栏杆围出一个小庭，内部绿化以衬托楼房主体，绿化内部可立陈少白站立迎客雕像。这将使"楼—像"相得益彰、两全齐美，借以丰富广场文化内涵，增加故事性、可读性、可观赏性。祝贺这一作品业已成功。

5. "水脚"雕塑

滨水"水脚"地带可设 1~2 组"上货落货"的大清国脚夫水客雕塑，可诱导游人亲水活动。

这样，可使"东雕塑"—"国门"—"陈少白像"—"西雕塑"—"623 纪念碑"有规律地在广场展开，构成较完美的景观体系。

八 其他部位的景观小品

1. 西堤东部雕塑景观内容与布置

此处有一个袖珍式绿化园林，可配置一尊室外装饰性雕塑。走进西堤二马路，西式雕塑告诉人们这里是有名的十三行旅游区。这是一尊西方某国黄发碧眼番官的小孩子——"鬼妹"，一个天真可爱小朋友形象的雕塑。她很想在这里做"终年寓"的常住客。您看，他（她）正向您笑呢！要是立尊西方小男孩——十三岁就来到中国的〔美〕威廉·C. 亨特，倒是最合适不过的小"番鬼"模特。当然，"亨特"还可选更重要的雕塑地点。

2. 西堤西部雕塑景观内容与布置

现西堤西部水面需要保护，高架路横穿纵贯，须进行整体环境设计，并选定恰当的题材和体裁。当年珠江江面宽阔，上演了 18 世纪海上丝绸之路各国友好风情图。此地段应以绿化为主，多建小游园，减少高架路车辆废气和噪声影响，改善环境质量，保证从高架桥上看能获得较好的俯视景观。此处配置"种牛痘"雕塑，反映被行商推广的西方医学，使中国免受天花恣意肆虐意义不浅。此雕塑作品中的小孩在接种牛痘时的滑稽形象，令人捧腹。

3. 西堤二马路的雕塑景观布置设计

从长远计，部分高架路拆除后，旅游环境将大为改善。按理想模式规划西堤二马路的雕塑设计乃大快人心事。此处目前有待严格控制规划的旅游空间不要被新的违章建筑进一步破坏。景区永久性建筑须按景区的主题思想要求进行立面改造、美化，公共开放化管理。

现文化公园西南角是一块"L"形绿地，转角的部位须设立一个地标似的景观建（构）筑物——或者是一座钟塔，或者是一根纪念柱，或者是一尊特殊的雕塑，……与沙面呼应。它的主题诏示：十三行商埠文化旅游区是永不关闭的广州历史文化公园。

第四节 卫护骑楼街的夷馆风格

近代广州城是一座延续十三行夷馆建筑风格的骑楼城。骑楼街是广州最有特色的城市景观，是子孙后代认识广州历史的"活化石"，充满着老广州特有的情调。在广州三大市级商业中心，骑楼建筑一直在唱主角。骑楼，有如风姿绰约的虬枝，支撑和延续着广州的历史文脉。如何使骑楼街在现代化建设中可持续发展，是对有关管理部门提出的挑战和考验。[①]

十三行遗址地带上的人民南路及整条人民路不但具有特殊的历史地位，而且现在也是全市骑楼街道网络的枢纽。作为十三行商埠文化旅游区代表性景观之一，有必要对其保护开发工作加以认真研究。

一 人民南路骑楼街的前世今生

18~19世纪的十三行夷馆所在地是一个集行商总部、公行总部，行外商行，买卖街、税口机关，上落码头，"安全"保卫哨等新型城市细部的商埠文化特区，其分布范围东自今靖海路，西至今杉木栏路联兴街；北自桨栏路，南至江边。清初江岸接近今十三行路，十三行路以南为"小海"海湾，此后江岸不断南移，1901年至西堤。当时的整个十三行商埠地区位于广州古城以西，以南的西南角。护城河西濠涌从北向南延伸，将"特区"分成东、西两部分。东部主要为中国行商天宝行、广利行、怡和行等所用，西部主要设为夷馆（商馆），即"海外诸蕃互市之所"（陈徽言

[①] 参见广州市城市规划网："广州市骑楼商业街保护规划"有关信息发布。

《南海游记》）。

《广州城坊志》考：西濠发源自羊城东北，迤西而南，明时经第一津，至丹桂第八铺打铜街之左，接外城太平门西水关，为东西分歧之处。歧而东者为东濠，今之濠畔街以东是也，东注东水关、东炮台、鸡翼城即雁翅城而南，出珠江、汇鹅潭下流之水。歧而西者曰西濠，第十四铺码头以西是也。西注柳波涌西南出白鹅潭，汇珠江上流之水。北、东、西三面环抱广州外城，本如"丁"字，与玉带河相贯，刍粮舟楫，东西转输。后于西水关之右向南一道开普济桥、回澜桥、水口直达珠江，不复古濠三面贯注外城之迹[①]（见图5-42）。

图 5-42 太平路骑楼街的叠加在西濠涌、西城墙上
资料来源：摘自广州博物馆编《羊城百年沧桑》。

20世纪初的西濠，已经不可明见，在骑楼商业街的建设热潮中被埋没于地。辛亥革命之前，广州的近代工业出现了一个小高潮，轻工业具有20个工业门类33家工厂（曾昭璇，1991）。辛亥革命之后至日寇侵华之前的24年，是广州近代化的黄金时期，工业、交通、对外贸易、铁路、航空均有发展。城市建设相对繁荣。这一时期的西堤、惠爱路、新华路、太平路、长堤等商铺多达34791家（1921），工商户30702家（1923）。西方的商业、商铺、商务模式也较早地在广州出现。与近代工业相比，广州的商业发展势头要占较大的优势。"商强工弱"成了这一时期的城市经济结构特征。

[①] 黄佛颐：《广州城坊志》，广东人民出版社，1996，第530~532页。

由于机动车的引进，拆城墙，修马路，形成了近代广州第一个大规模的市政建设高潮。4000多个铺户、千百年来的广州城墙和13个城门在短短的时间里实行了拆毁，旧有的城市形态发生了质的突破。在广州明代西城墙基础上建成的太平路（今人民路）骑楼商业街，沿清西翼城延伸到珠江边，同清末洋务运动中"兴建码头，修筑堤岸"的副产品——直到20世纪才完善的沿江马路相交汇，致使基本道路网得以形成。

人民南路与长堤、西堤正交，形成"丁"字形的格局，共同构成广州的商业中心，许多最有名的"老字号"大多集中在这里。人如流水车如龙，当时被称为广州的"外滩"，繁华胜景至今依然清晰地存储在每个"老广州"的记忆中。

华厦公司是20世纪30年代中国南方最有名的百货公司，平常总是顾客盈门、熙熙攘攘。逢年过节，东南亚、港澳地区的达官贵人回广州都要携家带口地到这里采购用品、吃喝玩乐。由华侨出资兴办的华厦大酒店、新华酒店、大三元等老字号在东南亚也非常著名。这时期，上下九，北京路都还没兴旺起来。在饮食方面，有大三元、大公、大同三"大"家名店，及后来出现的梁井烧鹅。服装方面，汇集了观奇洋服、鳄鱼恤、金利来等许多名牌专卖店。娱乐方面，"西濠""广州"两家电影院，为广州人夜生活呼朋引伴看电影、喝茶的首选去处。

抗日战争期间，广州不但一度停止了大规模的城市建设，而且许多城市基础设施也遭到破坏。与太平南路西侧相连的十三行街巷被飞机炸毁。太平南路口的大型商业中心骑楼建筑——南方大厦被烧毁。1966年以后，太平南路被改名为人民南路。人民南路直抵珠江，珠江为商业区带来活力；这儿是有名的商品集散地，传承了十三行时期外商码头的优势，自古以来整个荔湾区的商业几乎都由这儿拉动或辐射。

近年来，周边区域的规划复兴，反过来敦促人民路的商业气氛不断升温。位于人民路南段的状元坊小街，从几角钱到几十元钱不等的小商品，薄利多销，生意不俗，每天人山人海热闹非凡。可惜只坚持了一段时间，当前沦为仓信者用地。人民路的商铺主要从事五金配件、服装、电子等买卖，另有旅馆和餐饮业，在全省以至全国都有一定的市场。照理，应为人民路带动附近的小街小巷，而不是相反。我们有十足的理由说明这一情况。只因人民路被高架路所折腾，商业难以做大做强。形势呼唤人民路的复兴，而发挥引领时代新潮的作用。

二 人民南路骑楼街的枢纽地位

人民南路骑楼街在广州市骑楼网络系统中占有重要组成地位。广州市区共计 36 条骑楼街，总长 40 多公里，集中分布在 10 平方公里的老城区。按位置来看，人民路骑楼街坐落在西城墙的遗址上，与解放路同为南北向贯通全城的骑楼街，对全城起均衡控制、气候调节、交通联系的重要作用。从发展史看，人民路的形成与建造，直接与沙面的影响和拓展有关，并构成近代第一个中央商务中心。从名城保护角度来看，大有系统枢纽的作用（见图 5-43）。

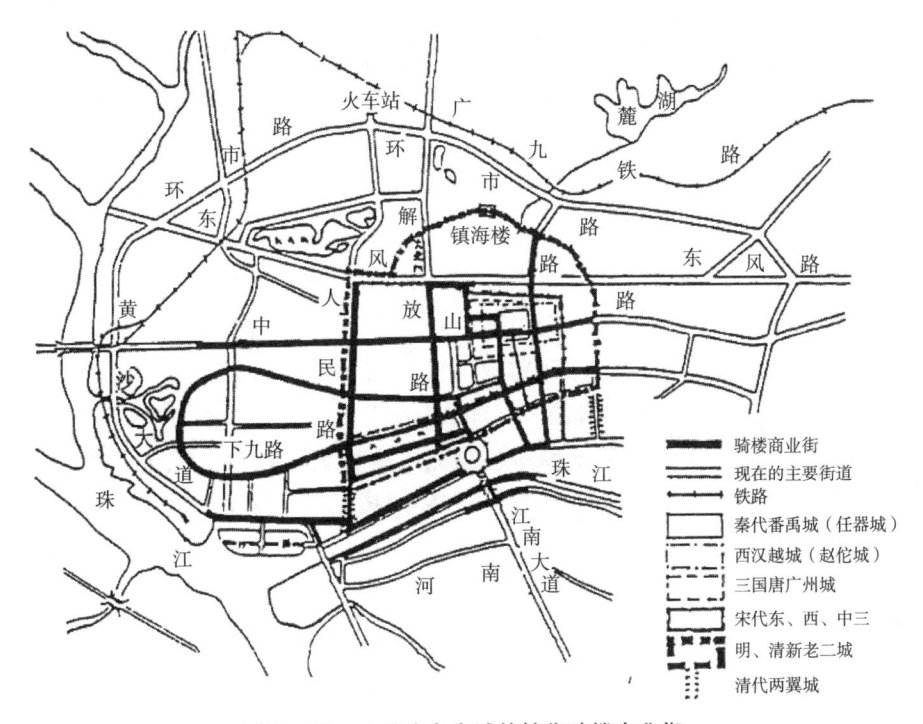

图 5-43 几乎分布全城的繁华骑楼商业街

广州骑楼街的总体布局可以作如下划分：东、中、西、南四大片骑楼街区。人民南路在四片骑楼街区中的地位关系可作如下表述。

1. 中部骑楼街区的"结"

位于越秀区南部的骑楼风貌区，东起解放南路、西至人民南路，北上大德路、南抵长堤大马路，面积 0.9 平方公里。该区包括东西向的大德路、大新路、一德路、长堤大马路,南北向的靖海路、海珠南路、人民南路等,呈网状结构布置。人民南路—长堤大马路是传统市级商业中心,由此向周边辐射,使海珠南路、大德路、大新路、一德路形成专门商业街。这些骑楼街的完整性虽然很差,但历史功能尚存。

2. 西片骑楼街的"纽带"

位于荔湾区,包括上九路—下九路—第十甫路—思宁路—龙津西路—龙津东路—人民中路构成的环行骑楼街区,只有一条六二三路半壁特色骑楼街独立在外。该区骑楼建筑密集、连续,骑楼质量较好,审美价值极高。从街道功能来看,这儿已形成市级商业中心区。人民中路与人民南路是紧密相连的整体,人民南路通过西堤(二马路)及过去被拆掉的西堤骑楼街与六二三路存在有机联系,应该说人民南路与西片骑楼区是不可割舍的有机整体。

3. 东片骑楼街的"参照坐标"

以北京路为核心,联系东西向的中山六路、中山五路、中山四路、大南路—文明路、泰康路—万福路,组成"一纵三横"格局的东片骑楼街区,位于广州古城中轴景观带,文物古迹众多,政治地位较高。该区似乎与人民路相距很远,其实心理距离是很近的。中山路是横穿广州全城东西的一条主动脉,人民路也是规模较大,格调较高贯穿全市南北的一条主要干道,两条街道都是有名的骑楼商业街,在构建近代广州城市整体结构体系上,两者的坐标地位是相当紧密而突出的。当解放路的骑楼街化为云烟的今天,人民路与中山路还能勉强支撑起全市骑楼街道网的参考坐标系。

4. 河南骑楼街的"对景"

广州河南也有几条很有特色的骑楼,如同福路、南华路骑楼街之交接部位在现人民桥头,正好与人民南路街口相对应。这儿又是珠江最窄的江面,南北都有十三行遗址遗存,最容易引起人们的相关联想。类似的情况还有当年六二三路的骑楼街在心理上、景观上与人民南路也是密切相联系垂直相交的。在西堤二马路的景观设计中,曾有人主张用简易骑楼要素"东连人民南,西连六二三",丰富十三行商埠文化旅游区的游览内容和空间。

由此可知,保护好人民路骑楼街的完整性、连续性,就可以牵连全广州的骑楼街。人民路是全广州骑楼街的重要枢纽,人民南路则是骑楼街一个标志性的龙头。

三 人民南路骑楼街的建筑艺术

从历史照片上仔细观察，人民南路单体骑楼建筑迎街立面极有个性的，但总体格调是和谐统一的。连续性的街道立面构成了街道空间的动态美，不仅是视觉上的，还有心理学上的、社会学上的美，市场经济学的美。它们之间有"异质同构"的机理。

广州骑楼街是由西关大屋→竹筒屋→原生骑楼→多元化衍生骑楼发展而来的。一般平面布置为纵向排列：面街商铺之后，接着二进、三进……。开间分单开间、两开间、三开间……。街立面一般可分楼顶、楼身、骑楼廊道三部分。随着近代公共建筑类型功能要求的增加，骑楼的平面布置、整体结构也相应地发生了变化。有些骑楼不再是早期"竹筒屋"式的平面布置延展状态，能灵活地与新建筑功能相适应，从多侧面留出骑楼的柱廊式空间。建筑高度不再限于低层、多层，高层建筑也与"骑楼"结缘。广州最早的"第一高层"——长堤爱群大厦也是以骑楼的型制引领时代（近代）之潮流数十年。骑楼建筑的功能属性主要是商住。但百米之内必有饮食小吃，故餐饮业建筑也利用了骑楼形式。电影业的发展，电影院建筑也采用了骑楼；酒店、宾馆也可采用骑楼，……。骑楼建筑具有新的、广阔的运用领域。

一般骑楼的共同艺术特色不言而喻。骑楼商铺是南欧建筑通过南洋登陆广州，结合岭南气候特点而创作的产物。骑楼骑跨人行道、相互连接成自由步行长廊和店面，既遮阳又避雨，利于逛街购物，富于人本艺术，具有无限情趣。

鳞次栉比的骑楼建筑因地制宜"度身"定造，高宽低瘦各有奇妙。连排骑楼街有连排的山花女儿墙，有罗马柱满洲窗，让人有阅读不尽的文化韵味。"山花"是立面上一种"山墙"式装饰构图，有时也用到门窗组件之上，这是典型的西方建筑元素。在此基础上千变万化，形态无一雷同。女儿墙又称压檐墙，往往成为山花两边延伸的艺术性短墙。来源于西关大屋的"满洲窗"，五颜六色的"彩玻"与妙趣横生的花格窗花，更为骑楼带来内在的涵养。

太平南路（今人民南路）是 1919 年广州拆鸡翼城后填平了西濠修筑的（见图 5-44），由于位于广州城太平门之南，故此得名。该路北接丰宁路（今人民中路）南抵珠江，长 820 米、宽 32 米，为当时广州最宽的马路之一，两旁高敞的骑楼建筑和悠闲的行人，颇有步行街的意味。沿路的新亚大酒店、中央大酒店、冯强鞋店等都是盛极一时的名号，集中体现了 20 世纪广州街道的辉煌。

图 5-44　20 世纪太平南路（历史图片）

1920 年形成的早期骑楼建筑以西濠口一带的气魄最大，南方大厦也是当年的骑楼式大商店。由于一般骑楼底层全作店铺，二楼以上作办公或住宅，楼上楼下不是"一家子"，故有时在建筑物的旁边或侧边尾另设上落楼梯，以便各自独立使用。

从建筑艺术风格上看骑楼，它们是最有世界性品牌效应的建筑文化实体。150 多年的十三行时期，广州没有一栋房子是"敢"模仿商馆"洋楼"的。只有进入近代，始于商业建筑的近代骑楼才开始普遍"洋"为中用。骑楼的建筑设计与施工过程是一个中西文化交汇的历史变革过程。分析某些典型的骑楼，可以探索到整个人民路骑楼的艺术特色。

1. 仿希腊柱式骑楼

素有"南华第一楼"著称的新亚大酒店，建造于 1927 年，是 20 世纪 20 年代广州最豪华、最高雅的酒店。研究人员虽然常将它归入仿希腊柱廊式，但是它两侧的两个发券，却使它同时拥有浓郁的罗马风味（见图 5-45）。

图 5-45　新亚大酒店

希腊柱廊式的骑楼"巨柱"手法，尺度恢弘。面料采用大块的麻石砌体与石米混合，刚柔并济。柱式的比例符合传统法式，柱头装饰雕刻细腻。除了立面 6 根爱奥尼克式"巨柱"外，该楼入口处还设有两根尺度较小的简化塔斯干柱。同时采用了"巨券"手法相对应。体量巨大而局部细致的仿古柱式骑楼运用在广州商业建筑上很普遍。从建筑历史背景分析，可以发现新亚大酒店，受沙面影响较大。因为这里的许多商业建筑实乃沙面业务的拓展，沙面的金融建筑习惯采用巨柱式构图，从而获得雄伟、坚固，给人充实可靠的印象。

2. 罗马券廊式骑楼

位于人民南路南入口的新华大酒店外廊采用了连续性的古罗马券廊（见图 5-46）。除南立面一个突出的发券有拱顶垫石，以及塔斯干柱式外，其他都为简化了的发券。每个发券的旋面上都有旋涡形的龙门石，拱壁上有雕花装饰、形式简洁，线脚明朗。外墙面料为大块麻石砌体，具有风格雄伟之感。值得称奇的是该楼用弧形连续拱券将西立面与南立面组成一个整体，与马路转弯曲线协调一致，使步行人员的安全得到了极大的保障。细部丰富的骑楼底下，还有许多装饰线脚图案。

图 5-46　新华大酒店

3. 哥特式造型骑楼

人民南路西濠口有三座欧式古典建筑，皆为广州著名建筑师杨锡宗设计、华侨集资兴建的早期骑楼建筑。一座是西濠口西侧的嘉南堂（西楼），另两座是西濠口东侧的新华酒店（南楼）和新亚酒店（北楼）。三楼均受英国建筑的影响，可谓英国古典式建筑。不同之处是嘉南堂西楼采用了19世纪的英国扁圆拱，北楼则用希腊式神庙的柱式，南楼采用的是英国古典的拱券。

西楼的尖拱，加强了骑楼建筑固有的"上升"萌发的气势。拱形窗和垂直线条具有强烈的哥特式装饰意味，柱窗高宽之比相对较大，保留了欧式传统石建筑的风格，因而显得厚重。外墙以大块粗糙石料作砌体，质感强。目前西楼的观赏空间被高架路占用，难以显现独特的风采。

4. 中国传统式骑楼

当本地传统的木瓦屋檐沿街出挑难合时宜时，入口牌坊式的装饰却用到了骑楼上。这种处理方式在中国内地的其他建筑上用得很多。广州沙面波兰领事馆也属这一手法的新用，十分成功。人民南路西侧的某商号楼本身立面很有讲究，装饰构件十分丰富，应该说属于中西混合细部处理，部分窗洞巧设"额枋"或"雀替"，很有看头。另在骑楼柱外贴上了中国大型牌楼屋顶（见图5-47）。只因牌楼下的柱墙不对位，看起来很别扭。由此反映出岭南木瓦古建筑的幼稚性。

图 5-47 牌楼造势做法

另有一些骑楼也属中式骑楼，延续了我国南方传统民居或马来西亚骑楼演化的特点，底层为梁柱，楼层正面为墙并排列着两至三扇窗户。装饰仅限于窗台窗檐。坡屋顶有简单的出檐。这些骑楼多为小型单开间，视觉焦点在柱列与窗户构置上，若比例恰当，一样漂亮。屋顶露台立有中式亭（十三行时期许多坡屋顶上就架设有木制露台）的骑楼，说明广州亦不失众多范例。

四 高架路下骑楼商业街的噩梦

人民路原本是一条很有游赏价值的大型骑楼商业街，两侧大多商业建筑气魄雄伟、质量上乘，商业店面的细部做法种类繁多，风格式样多元协调，忠实地保存了20世纪初期个体工商业发达，自由竞争、生机勃勃的情景（见图5-48）。

图 5-48 原生骑楼适宜商住活动（历史图片）

不知道从何时起，高架路成了"现代化"的象征，高架路似乎成了解决交通问题的灵丹妙药。人民路的高架桥就是在这种浮光掠影的梦幻中决策兴建的，真实的意义就是为一个选址非常荒谬的"大款工程"、"大官工程"，只方便了住宾馆人员搭火车、搭飞机。给广大骑楼街的人民带来了多少好处却算不出个账来。20多年来，这条街的人民为这条高架路付出了多么大的牺牲？这是一笔巨大的亏损账，白白地由人民群众买了单，由千百个商户人买了单。高架路下的骑楼街长期暗无天日，市容市貌阴森。高架桥严重地阻碍了行人的正常视线，噪声和有毒废气充溢满街（见图5-49）。并不宽广的骑楼街挤有公交车多达10多个班次，上下班高峰期堵车已成家常便饭。

图5-49　高压·黑暗·烦躁·污染的环境

高架路带给当地群众的是一场噩梦。属于公房的骑楼，因为资金捉襟见肘而年久失修，后期保护难以跟上；属于私房的，要么无法住人，任其破败，或无奈用砖墙将临街橱窗门户封堵，要么装上铝合金窗，挂上空调机看上去极不协调。单位占用的骑楼则肆意改建，将固有的风格破坏得面目全非。不少城市规划和建筑学专家痛心地说："在广州，最有价值、最有特色的建筑是骑楼，而破坏最厉害、市容最差的也是骑楼。"

近百年来，人民路一直位居广州市商业重心地位，然而许多骑楼却在近20年的大拆大建中遭到了空前绝后的糟踏和破坏。有的街段整个地块被"一锅端"，拆毁夷平。有的重要历史地段（如十三行路口）插建高层烂尾楼，十几年不能运行，却又大挖十三行夷馆遗址，大建商品房牟取暴利，使一条十分完整的骑楼街断尾、断身、断首，满目疮痍，伤痕累累。开放

20年来至少有一半的骑楼在历史的喟叹中灰飞烟灭。原汁原味的骑楼建筑越来越少，尚没被拆毁的骑楼在风吹雨打中飘摇不定，残旧不堪、加速衰亡，随时都有覆灭的命运，令人痛心。许多港澳的业主本想投资修缮旧有骑楼，只因担心圆桌大的"拆"字不知什么时候会突然刷在了门墙上，致使维修骑楼的愿望终于不能实现。骑楼连同其中的风土人情、市井生活，也随着老城区的消失而逝去。不知何时从这场噩梦中醒来，还一个温馨的骑楼新天地。

骑楼下长大的一代又一代人很小就知道，即使下暴雨也能穿布鞋上街买吃的；即使烈日当空也能出门和小朋友一起玩。老人们则看着门口熙熙攘攘的人群回忆着童年一点也不感到寂寞。土生土长的人们从小就在骑楼街长大，用他们的话来说，就是住惯了，所以特别有感情。如果剥夺了他们的这一居住权，会使人们打心眼里难受。

骑楼街有那么多的人流或客源，在那里做生意当然是许多商家所向往的。事实上，广州的许多老字号早年就是从骑楼街崛起，然后名扬全国，甚至海内外的。当年，依靠当局的法规，经过众多住户商家的协调联合，骑楼好不容易统一成街，这和做生意的道理似乎是相通的。得源于这种商业文化的熏陶，骑楼下成长的一代有着与生俱来的商业素质，并从骑楼下走向外贸世界。[①]

夜，结束了一天的喧哗，经过收摊、点货、结账一系列每天必不可少的环节，骑楼才完全属于享受天伦之乐的一家人。远远看去，骑楼就像一位肩挑生活重担的老父亲，天黑时才敢歇口气。我们面对拆毁的骑楼建筑或骑楼街段，除了怀念毁了的物质空间和岁月的载体，更多地怀念这些浓郁的生活气息。我们希望要代表这些市民的代表好好想一想，怎样让骑楼与骑楼文化能继续下去。人们只盼拥有那份原汁原味的骑楼生活，就十二分地感恩戴德了。

五　人民南路骑楼街的文化复兴

广州市原副市长李卓彬是建筑师出身，当过建筑设计研究院负责人，对骑楼建筑、骑楼街是有感情的。起码在这一点上他代表了大多数市民的

[①] 罗雨林：《荔湾明珠》，中国文联出版公司，1998，第80页。

意志，冲破层层阻力，勇敢地喊出了这样一句口号："广州要永久保护骑楼！"①

广州的传统骑楼商业街已得到92.4%被调查人员的认同。广州可考证的骑楼街有59个路段总长39450米，20世纪末尚存28500米。《广州市骑楼保护与开发规划》将从整体上对全市现存的36条共长20多公里的骑楼街进行重新梳理，统一规划、统一改进，让骑楼街这一道独特的风景重焕青春。十三行历史地段的人民南路骑楼街如何保护复兴？这个中既有共同性的问题，又有特殊性的问题，须有创造性地去解决。

1. 拆去高架路，光复人民路

自20世纪80年代（1986~1987），长3078.9米的人民路高架路与长2157.3米的六二三路高架路建成后，两路相连形成一个巨大的"L"形，立即就使整个人民路骑楼街的商业衰落了下去。人民路高架路南北走向，北起流花湖、人民北路，沿人民中路、人民南路架设，南至西堤二马路交于六二三路高架路，共长5236.2米，号称当时我国大陆最长的高架路系统工程。人民路高架路宽11米，沿线还建有东风西路、光塔路、观绿路、迎虹里、大新路等6条上下匝道，匝道共长1073.2米，宽5~10米，希望吐纳沿途路网车辆。事实上至今行车状况并非想象的那样理想。高架路上的车流量并不多。随着老城区道路交通系统的改善，人民路高架路存在的意义已不大。自长堤方向来的引桥6年前已拆去，对交通并无影响。

贯通整个人民路的高架车路，是影响骑楼街热环境、光环境、声环境、风环境、视觉环境的"罪魁"。高架路多是小汽车跑的路，现场测查的结果表明偌宽偌长的一条"人民高架路"交通流量并不大，仅仅是为少数人服务，而妨碍桥下的交通，使广大群众深受堵车之苦。尤其是阴霾天气，像一块硕大天棚遮光蔽日、昏暗不堪。汽车排放的大量有害气体很难散发出去，长时间滞留在骑楼空间。桥上桥下的车辆噪声，在这个上下左右四侧封闭的"方管"里混响共鸣，与同行者说话也很难听得清楚。且不说让人们无法怀着惬意的心情观赏街道两边可人的骑楼风光，就是来到观赏对象面前，也无法找到一个理想的角度能安全地看上一眼。人们的视线完全被高架路阻塞了，正好横在人们的"抬望眼"之间，极其不是滋味。千米长街，真难使人舒眉展笑、左顾右盼、旅游观光。

---

① 参见广州市城市规划网："广州市骑楼商业街保护规划"有关信息发布，2000年11月。

2. 维护、修补残损和断缺的骑楼

一般完整性属于视觉美学定律，也应该属于街道美学定律。人民南路及整个人民路存在骑楼的断缺和骑楼建筑的残损现象，故将这些地段规划为骑楼建设区或保健区。然而要作好修补工作，通常比新建一条街还麻烦许多。人民南路拆毁的路段有三处，弥补的方式也应因地制宜。

（1）完全拆毁的街段是仁济西路至一德路，此段历史街区完全变脸，现为广州儿童公园用地。建议沿人民南路修建一排带有骑楼特色的低层廊道街面，凡公园非儿童活动用房均可安排在这沿街一带的"骑楼"里，其他多余的建筑空间用于商业服务，包括为园内旅客（儿童及其监护人）提供游戏服务。

（2）新建的一栋"新中国"大厦，占据了大半个街区、毁掉了半条骑楼街，因自身商业活动的需要入口部分辟有大门广场。如何让它们同固有的骑楼历史建筑建立起有机的联系？估计不是件容易的事。问题不在于实际操作的困难和成本的高低，关键是大楼业主的思想境界是否尊重历史，并愿意回报历史街区。比如将大厦框架结构的裙房实实在在地改建为骑楼空间样式，并采用不太多的连廊联系现有的骑楼"邻居"，问题就极简单地解决了。其结果，如其说给了名城、给广大群众带来了某种精神上的安抚，倒不如说会给他们自己带来更多更好的商铺，从而大发其财！他们何乐而不为？只能从某种心态异化上找原因了。

（3）人民路越秀区一侧骑楼破坏严重。某断裂地带后退街面新建了一段毫无特色可言的连排房。这种"后退"，并非什么先进的街道设计手法。带来的是破损、无序、碍经商、不近民的异化感受。建议创造条件恢复固有的骑楼景观格局，借此设计出既与左右老骑楼协调，又有优质使用空间的新型骑楼来。

3. 严格控制骑楼街两侧的建筑高度

按市政府的规划要求，人民路重点是人民南路，已确定为骑楼核心保护段。核心保护段要求严格控制道路中线两侧各50米宽范围内的建筑高度，严格保护骑楼街道的轮廓线、街道空间的高宽比。人民（南）路马路的总宽度约28米，如果要取得适当开阔的空间效果，道路两侧的骑楼建筑高度不宜超过28米，即限制在多层建筑高度。现在于骑楼顶上加层的做法必须废止。这样会使骑楼街区的环境负荷超过极限，增加市政设施的负担，同时也破坏了骑楼建筑的屋顶造型。固有的天际轮廓线和女儿墙等雕饰艺术构造被新添建的简陋而丑态的棚屋损毁，实不应该。宜借积极疏散老城区人口的机会，拆除这些违章搭建之物，还骑楼建筑一个完整的体面的形象。如果依然采取大拆大建方式，仅仅保留一堵古墙，然后紧贴这堵墙大建高层建筑，其结果与对骑楼"一锅端"的做法没有本质差别，乃彻头彻尾的破坏。上下九路的什么"名都""名汇"商厦就是这种破坏模式，已对上下九这条岭南名街的形象构成了极坏的影响。

4. 人民路入口的环境改善与美化

人民路正南入口处是四条道路交汇的滨水地带，本来是个很好的景观节点，只因车辆躁动，昔日繁华不再。如果汽车不能节制，这儿的环境始终难以改善。人民南路南端入口与沿江西路、长堤大马路、西堤二马路以"三横一纵"的格局相互交汇。沿江西路的车辆分别从六二三路，康王南路以及白天鹅宾馆过来，交通十分混乱（见图5-50）。其中另有两条为高低双层车行道。拆掉高架路，可暂留人民南、西堤二马路上的人行天桥，商业环境会有很大的好转。近代史上的街道和骑楼是在少量机动车情况下使用的，有待交通车辆转入地下时代的到来，人民路南部入口地带才能真正恢复往日的舒适情景。

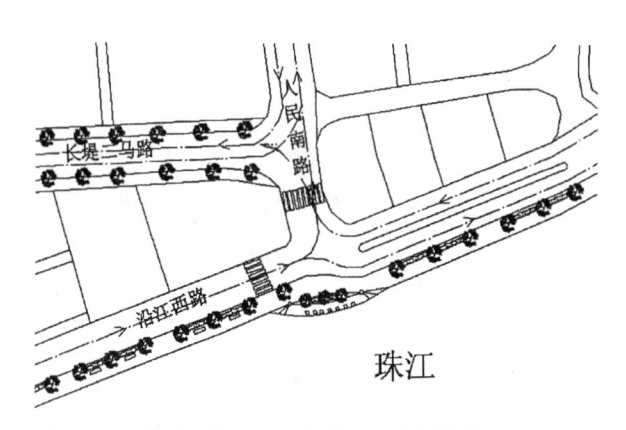

图5-50 人民南路入口交通流线

现在地铁已经开通。改善居民生存环境和工作环境，减少积聚人流的大型公共设施，充分发挥骑楼建筑空间作为城市中介过渡空间的作用，实行休闲、游览、观光、购物的正常运作，条件是可行的。如此保证十三行夷馆区和西堤博物馆群区的旅游活动安全，则是了不起的事。就看决策层的态度了！

5. 保留骑楼细部构造的原汁原味

在广州过去的城市美化运动中，无论是北京路，还是上下九路骑楼街，骑楼上的装饰线条、灰塑图案、柱头雕刻、山花、拱肋、女儿墙、卷涡、铁艺元件、宝瓶栏杆等等具有历史性的建筑文化符号和工艺饰品受到了不应有的破坏或被愚昧无知地改头换面。精美的清水墙、灰塑全用水泥砂浆抹平；五颜六色的 ICI 油，使古典建筑蓦然变味。"整旧如旧"的原则被视为"保护落后"。如此这些令人哭笑不得的事希望今后不再发生。

第五节 复兴康王路的内街内巷

一条大道关系着太多人民群众的生存利益和环境质量，市政建设本应该尊重人民群众的意念，有利于保护老城历史街区。康王路是从老城区剖切出来的一条交通主干道，正好从"十三行"历史街区西边通过。有关部门认为它是一条"黄金走廊"①，对房地产开发来说可能一点也不假。然而我们关心的是："康王大道"哪能不损害十三行历史文化街区的基本物质环境？新辟大路对历史街区应采取怎样的补救措施？

一　老城心脏　重在保护

康王路得名康王直街。康王直街典出康王的故事。同治五年（1866）署广州知府蒋超伯《南漘楛语》载《宋史·忠义传》首康保裔。其时北宋湘潭人路振作《祭战马文》云：北宋真宗咸平年间（998～1003），中国北部少数民族的契丹国侵犯河北高阳县境。高阳古为军事要塞，设高阳关。守将高阳关都部署康保裔，洛阳人，善骑射，为龙捷指挥使，屡立战功。与契丹军战，不幸失利。契丹执大将康保裔，略河朔而去，未尝以死节许之也。今黔粤间皆庙凡祀之，呼为康王，或称康公。②

清咸丰《顺德县志》云：各属之祀康帅，有建庙于宋绍兴间者，其余称宋建明建者亦多，盖由来久已。街盖以此得名。乾隆《南海县志》也载："广州西门外街曾建有康王庙、成就庵，西门外街名康公街。" 1936 年

---

① 2005 年 12 月 5 日，广州市规划部门对外公布了《康王路沿线地区保护与更新规划》，http://nanjangdaily.com.cn/dc/zyzn20031218068.asp 2006-1-6。

② 黄佛颐：《广州城坊志》，广东人民出版社，1996，第 544～545 页。

陈济棠主粤期间，曾规划有康王路。后几经名称变更，定北自流花湖东风路，南至西堤、六二三路的城市主干道为现名康王路。现名克服了某些命名上过于浮躁的情绪：一是沿历史文化民俗之习，继续保持纪念性的含义。近代历史上曾用此名进行过城市总体规划、分区规划，产生过一定的积极影响（见图5-51）。二是今天恢复这一名称，也顺乎时事。突出一个"康"字，可联想到"康庄大道"奔"小康"，追求"健康人生""健康社会"等一系列吉祥字眼，但有关"康王"古迹遗存均毁。

图5-51 和平路段的历史街面很有特色

历史地段（Historic District / Historic Site）是反映社会生活和文化的多样性，在自然环境、人工环境和人文环境诸方面，包含着城市历史特色和景观意象的地区，是城市历史活的见证。历史地段的凝聚性、关联性、延续性，是我们必须注意整体保护的问题。活的历史地段至今仍然在城市生活中起着重要的作用，它们在千百年的历史长河中不断积淀、发展，有很强的生命力，最能体现城市的特色，也是文化旅游中最能吸引人的场所（见图5-52）。保护好历史地段，对当地居民也是非常重要的。它能提高人们的文化素养，民族自豪感，增强城市活力。国际上的兄弟城市类似街区的整治，值得借鉴。①

图5-52 康王路两侧历史内街充满活力

---

① 林天鹏、张敏：《越南河内传统民居及三十六街的保护与发展》，《中国名城》2014年3月，第59~63页。

现在的康王路位于主道人民路以西，并与之平行。北段截断了中山七路、中山八路；南段横行摧残了东、西方向的和平路、十三行路、长寿路等老街。中段洞穿广州著名的商业步行街上下九路的地下腹部，可是传统的老骑楼建筑也莫名其妙地消失了。南端用高架路与人民桥相接。官方评论几乎都是"好"字连连。可是宛如巴黎汪洋大海般古老的西关城区基本上就此消失了。所剩支离破碎的老街老巷，成了房地产商一块一块的淘金地。

二 历史街巷 开路而亡

简·雅各布斯所著的《美国大城市的死与生》以美国大城市为样本侧重研究了街道、街区等城市基本要素，令人信服的结论足以颠覆现在权威的城市规划理论：在旧城改造过程中，由于成本的提高，街面房屋一般旧有小本经营的商业模式已经无法立足，从而使历史街区造成的街道多元化缺失。几十年前在美国城市发展中犯过的错误，至今依然在我国大、中、小城市的旧城改造中重演。改造的结果是许多令人遗憾的败笔和千篇一律的单调。只有保护历史街区，才能保护城市生活的多样性。

新型楼盘可有千千万，历史遗迹却是绝代之物。荔湾区的心脏地段，许多有保留价值的历史街区因房地产开发已受到肢解、拆毁、荡平的危险。因为开发商的"大量危旧房"地区往往就是保留至今的一些历史街区的代名词、"贱名词"。一条道路，尤其是一条城市干道的拉通，大片的历史街区就会被摧毁消亡，这已是事实证明了的放置四海五洲而皆准的"地球真理"。

开发商为了高额利润，推倒1~3层的老房子，而肆意建造起二三十层的商品房出售。原来旧城区的居民不少人被置换，老城区的空间形态、社会形态、历史形态、风俗形态、人口、产业、景观等结构形态都将发生根本性的变迁。不同地位的人群、不同的价值观念的追求者对此的认识与评价是决然不相同的。从人类学、民族文化出发，从长远的、科学的、合乎客观规律性的原则出发，该采取什么样的态度，已是不争的事实。但在眼前局部利益、个人发财私欲与权力寻租面前，就会出现一些变态的、违背大多数人意志的、违背美学规律的、践踏历史文化要素的"建设性破坏活动"。肢解拆毁、过度翻新、拆真造假、强装时髦，均使我们的城市空间越来越不近人性，越来越缺乏旅游价值和吸引力。[①]

房地产经济学告诉我们，土地价格、住宅密度和容积率存在许多微妙的关系。维护老城区原有容积率，开发商是赚不了钱的。提高容积率几乎成了开发商的本能。大马路的拉通，高层建筑随之而起。如此这般开发的结果，百分之百的不可能保持历史街区的风貌。

三 分段分区 分行划市

康王路穿过老城区，沿线有三个重要的历史地段或三个历史街区：陈家祠、华林寺、十三行。其中十三行历史地段包括桨栏路以南的街区和公园景观地带。对这些地段的房地产开发是令人担心的。因为能否保持这些地段固有的风貌特色没有丝毫法律保障。

道路的基本概念仅是线形空间要素，在规划平衡表中却是一个大型面积要素，而在实际操作上还是一个立体的空间要素。一般情况下，它仅仅是物质的构成；在更深层次上，它具有更多的文化构成。在旅游者的眼光中，城市道路不仅是一个物态环境，同时还是一个重要的、刺激强度很大、感受信息丰富的文态环境。康王路的拉通，整体的老城区破坏后，再去保护残存的历史街区将更加困难重重。分段分区处理，是否能体现在今后的保护规划中？

1. 划分功能区段 有利特色保护

目前康王路沿线由于缺乏规划整合，文物古迹周边环境较差，各旅游点之间没有联系要素，给市民和旅游者带来的是零碎感。为此，须将康王路两侧纵深片区进行逐个地块定位划分，沿线以康王路地下商城、陈家祠旅游购物区、下九路传统商业区、十三行历史文化恢复区为核心，在有效保护的前提下，让康王路沿线承担起观光旅游、商业贸易、休闲购物的联系通道功能。保护规划中的四个区段是：

（1）从东风路口至陈家祠为现代居住区段；

（2）陈家祠至龙津路口为文化商业区段；

（3）龙津路口至十八甫路口为历史文化商贸旅游区段；

（4）十八甫路至沿江西路为历史文化恢复区段。

被保护的文物建筑（包括附属设施）不得损毁，不得破坏原有风貌

[①] 房艳红：《历史文化街区保护的关键与开发误区举要》，《中国名城》2014年3月。

或改建、拆建，占做它用。对于历史街区，要保留其原有的空间布局、街巷尺度及风格特色。其中，源胜陶瓷工艺街要在保留其使用功能的基础上改善环境；富善西街区要在保留"竹筒屋"风貌基础上进行功能更新；下九路商业步行街则要在保留"骑楼"风貌基础上改善市政设施。至于西起康五路、北起十八甫路，南至杉木栏路文化公园北，往东延伸至海珠南一带的"十三行历史文化恢复区"，必须对沿街商业建筑进行复兴整治，并建造十三行博物馆，恢复昔日中国唯一对外通商口岸的繁华景象。

2. 释放社区功能　创造旅游空间

如怀远驿老街，是明代"朝贡贸易"特区。如桨栏街、苣栏街等，民国时期招幌林立一派传统风情。对这样的"后街"，应提高街道环境质量、加强市政建设、增加服务功能。引进商业，引进社会旅游人群，成为开放的辅助街、专业街或者休闲观光旅游街。尤其是街巷深处隐藏着古迹名胜，恰逢修复开放时，那这些通往名胜古迹的小街巷一下子就会兴旺起来。胡同游、古巷游则会应运而生。

如耀华大街西关大屋较集中、具有文物保护价值的传统居住区，就不宜大肆开发经营，引进商业、游乐等乱七八糟的项目，破坏这里的宁静之美、休闲之美、古雅之美。这些"后街之美"本身就是宝贵的财富，也是开展特色旅游的宝贵资源。在规划中，因引入"后街"或"内街"的概念，人们可以看到：除了全市性的下九路骑楼商业步行街外，还可形成观光式的"生活社区步行街"。

其一，纵深传统特色商贸街。如北部后街起于惠城大厦，经源胜工艺街街区、华林寺玉器街、穿过名汇大厦底层，直到富善西街区，终止于十八甫路。预计今后该区域内购物、游览的人流将主要集中在这条"后街"上。而且通过对原有支路的改造，立面整饰、开门经商使其更具吸引力，自发成为除了骑楼步行街之外的另具传统特色模式的商贸街。

其二，环状步行商业后街区。规划建议北起长寿路，南达十八甫路，东侧利用荔湾大厦室内步行空间和保留原街坊路怀远驿，西侧利用"后街"南北端点规划的地下通道，形成一个环状步行系统。"怀远驿"乃明代"国宾馆"。清顺治十年（1653）"仍明市舶馆地与荷兰互市"，康熙十三行时宜承"旁建屋一百二十间以居番人之遗制"（《澳门纪略·官守篇》）。今修康王路后街，能否留下一点历史痕迹？起码现存完好的石板路应该留下来吧？这不需要任何商人、官人出钱！它是国人老祖宗的遗产。

3. 建立旅游体系　美化片区形象

如按保护规划，今后在康王路沿线，通过步行后街，人们可以游览以下景点：陈家祠传统工艺博览休闲区、卷烟二厂现代工艺流程工业旅游点、源胜陶瓷工艺传统购物区、福善西传统民居风貌旅游区、下九路民俗与购物旅游区、十三行历史纪念性旅游区等。由此形成了"一点、一线、两片区"的旅游框架。"一点"即陈家祠；"一线"指下九路商业步行街；"两片区"为：十三行历史文化恢复区至西堤，与经惠城大厦、源胜工艺街、玉器街，穿越名汇大厦底层至富善西街的步行商业后街所途经的街区。

为了方便旅游者，建议沿线增加民俗旅馆、大巴停车场，建筑首层的社会停车库。康王路沿线增设若干休憩广场，与现有陈家祠广场、文化公园、西堤绿化广场一起构成沿路的休憩空间。

四　内街内巷　修旧如故

"内街"的概念很有意思。内街内巷常指生活性的后街后巷，大多数人口都是本地居民，外来人口很少涉足这样的空间，要么是些死胡同，一般没有什么商业活动，至多在街头巷口有一两个小小售货窗，为附近的老邻居、老主顾提供一些酱油，火柴及香烟之类的小商品及订牛奶服务。老人活动多聚集一起露天打牌。稍有一两个陌生人进入这样的后街，均会引来居民警惕的目光和打探。这些地方街巷差的是市政设施老化落后。但也有所谓高尚的富泰大户人家居住的后街，街道石板路很有特色，家家大门森森、户户院落沉沉，宁静而清爽。

还有一些所谓的内街，相对现代大马路显得狭小逼仄，其实还是近代时期城市的主要商业街，如十三行后期的荳栏街、和平路、兴隆北街、桨栏路等（见图5-53），主要为商住合一的建筑组成。

如何将这些"内街内巷"引导修整？须区别对待。

1. 康王路南端街面设计

从现十三行路西端入口至珠江边是历史公园地段，应在维护现状格局的情况下，坚持以十三行商埠文化旅游区的景观规划为本，以公共的、大众的、开放的游览空间为基本组成结构，不应以建商品房，大型商厦为目

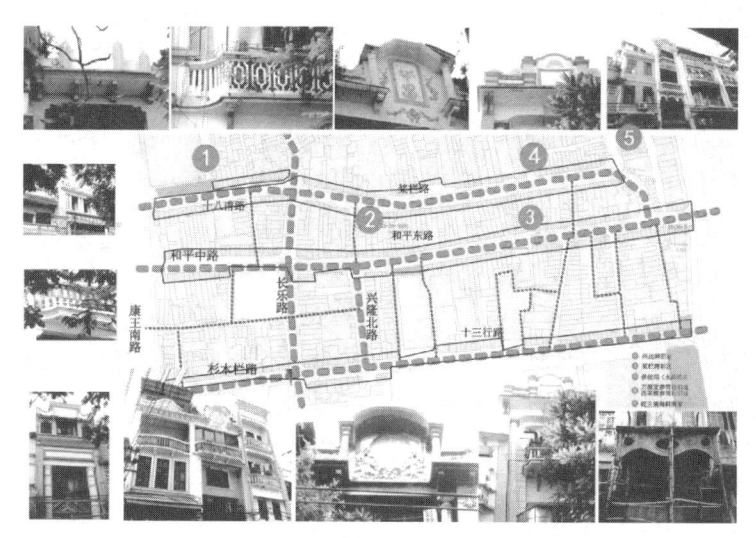

图 5-53　十三行地区的内街内巷内藏大乾坤

标,康王路的道路空间与公园空间多以绿地为联系要素定界而互相融洽整合。目前有了地铁口,宜充分运用园林化手法,构成良好的城市景观系统。公园内可造纪念性传统景观的只能是"同文街"和局部夷馆等有限的 1~2 个样式景点,留下历史的记忆。[①]

2. 传统内街的景观设计

十三行路以北至十八甫是商埠历史文化恢复区段,康王路于这段将做怎样的道路景观设计?此举至关重要。该区段应更多地体现清末民初遗留的商业建筑的风采,远远看去体量不应该很大很高、太新太亮,且与和平路、浆栏路上建筑的体、形、色彩构成和谐之美(见图 5-54、图 5-55)。决不允许插建新的楼房破坏它们固有的整体形象。康王路的临街面主要是填筑修补原有建筑被拆后的断垣残壁缺陷,高度、体量应与历史建筑一般上下。山花女儿墙、拱券罗马柱、阳台满洲窗、曲栏小穹顶等等传统建筑模式语言,可以积极运用,翻奏出凝固中西文化美学特征的新乐章(见图 5-56)。内街内巷也是一道靓丽的风景,只要观赏的路线、游赏方式合适,也能做好旅游大事业。

[①] 赵潇欣、王舒啸:《浅谈城市记忆对城市更新建设的引导与控制》,《南方建筑》2013 年 6 月。

图 5-54　被拆出来的钢混结构住宅 　　图 5-55　近代十三行街的商住建筑

图 5-56　坚持历史建筑的模式语言

3. 内街入口的景观设计

十三行路、和平路、桨栏路等三条东西向的历史街道的出入口，如果说还不能很好地在其他地方，如东段人民路方向解放出来的话，借康王路的开辟则可以很有特色的"暴露"出来，有利于把商旅人群引进这一片历史街区，使颇具生活气息、历史韵味的商贸旅游活动有生有色地在迷宫似的"内

街"开展。牌坊、牌楼、过街楼、景门等名称原本所指传统的街巷门道入口建筑样式,我们可以借鉴这些有历史韵味的建筑模型翻造出具有新形象、新特质、新用途的艺术场所来。既有传统文化又有时代精神,定会传播永恒的美。

有一个反面的例子就在康王路边。中国禅宗文化初祖达摩的"西来初地",那个俄国皇太子曾认真游览过的华林禅寺及五百罗汉堂,那个誉满全国的玉器一条街,本来就是著名的游览景点、名胜古迹,本来就应该采用千般手段,引导天下游人进入这个"后街"或"内街"来参观购物游赏,全市传统骑楼街本来就如此规划行事,可是那个我行我素的有名"商厦",却以非常恶劣的态度对待这些"后街""内街"。封杀街口不商量,打压宗教旺气,财大威震名胜古迹!如果这样的设计多一些,我们的历史文化只有哭泣的命运。

五　两条平行线　夹着十三行

人民路与康王路为贯通广州老城南北的两条主干道。右"康王"、左"人民",两条平行线夹着十三行商埠历史文化旅游区。十三行路可谓一条主题轴,这儿曾是西关经济发展的一个增长极。轴线以南是十三行夷馆区,渐进向南为:夷馆、馆前广场、花园、税口、西堤、码头、珠江、帆船。轴线以北,当年为中国行商、行外商、通事等办公、经营、驻守的地方。后来广州西关城区不断向西、向北推进:和平路、桨栏路、光复路(见图5-57)、上下九、……,整个西关的形成与十三行路关系重大。以十三行路(街)为历史轴线的商埠文化旅游区,目前也是整个广州市所剩最后一块比较完整的历史街区,物以稀为贵。

"两条平行线"之间的十三行商埠文化旅游区,结构组织有三大景区:西堤沿江景观博物馆群游览区;夷馆遗址博物馆历史文化主题公园游览区;十三行路以北商业购物步行街区(见图5-58)。"两条平行线"为解决历史街区的地面交通问题将发挥重要的作用。人民路骑楼街的复兴也将为十三行地区带来更大的市场和方便的交通环境。康王路南端绝不能新建高楼,要医治历史建筑因拆毁而带来的创伤。广大民众还须保持清醒的头脑,进一步明确规划设计要点,提高监督水平,以期达到理想的目标。[①]

[①] 艾勇军、易晓峰:《自然环境与历史文化的整体保护理念与方法》,《中国名城》2012年10月。

图 5-57　光复路街道空间尺度适宜步行化

图 5-58　阴影底下的十三行历史街区

1. 坚持正确的发展定位

两条平行线之间应以居住、旅游为主，迁出不协调的建筑，增加沿街绿化用地和内街小块绿地，改善街区环境。平行线两侧建筑以恢复传统街区整体风貌为原则,提高市政基础设施现代化水平[①],进一步改善居民的居住生活条件。人民路以东的越秀区尚存部分十三行行商商行遗址,希望两区统一规划,共同亮出十三行国际旅游名片。

2. 保持历史的街道格局

保护两条平行线内传统内街内巷空间模式,解决好旅游交通可达性。在内街、内巷之内限制过境汽车穿越;对其道路交通设施的改善应尊重原有交通方式和特征,实现步行化、半步行化或定时段步行化;维持原有道路格局、街巷尺度和道路路面铺砌方式;路面铺砌已遭破坏的应恢复原有形式,并宜采用传统路面材料,特别是既有的大条型麻石。

3. 杜绝盲目的大拆大建

两条平行线内,尤其靠近边缘的建筑不宜全部摧毁重建。要根据建造年代、建筑质量、产权、使用性质和街区风貌进行综合评价分类;将文物类建筑、保护类建筑、改善类建筑、保留类建筑,按相应政策进行保护修缮(见图 5-59);对更新类建筑、沿街整饬类建筑,应作相应的艺术处理;违章插建的非传统风貌建筑亦采取全拆疏空、部分拆除兼改建或恢复古建等不同方式处理。不能只顾金钱和面包,不注意健康和幸福。[②]

图 5-59　让历史建筑万象更新

[①] 中国城市规划学会主编:《名城保护与城市更新》,中国建筑工业出版社,2003,第 146~147 页。

[②] 〔英〕W. 鲍尔:《城市的发展过程》,倪文彦译,中国建筑工业出版社,1981,第 150 页。

4. 吸纳先进的市政设施

两平行线之间的历史街道相比车行道，一般比较狭窄、市政设施较差；但它符合人的活动尺度、符合历史的景观尺度。保护与改善并不矛盾，规划应考虑市政设施要服从保护历史街区的风貌要求，本着促进持续发展的思想考虑工程技术问题。室内新材料、新技术、新工艺，可以尽量选用，但不是完全颠覆破坏。街区市政管线应入地。煤气不宜通达的地方可用电力替代，以其他能源为辅。现在已通地铁，没有任何理由再鼓噪拓宽历史街道。

六　调整业态　分离交通

史北祥等学者撰文指出：调整业态空间层级，分离道路交通体系，统筹保护规划，是改善历史街区经营环境的有效措施。现以十三行历史街区康王路东侧的桨栏路为例加以说明。

1. 前店后厂的变换导致历史街区空间层级结构模式的变换

桨栏路长300米，宽约9米，较为完整地保留了清末民初的建筑和街道格局，功能用途长期自我调整，有一定的原真性。风帆木船时代以卖木桨为主而有本名，后经营中药材自我转型。1949年后人为"公私合营"搞花木经营，造成业态不符，整体搬移。20世纪90年代经营童装，发展成为广州市的服装、服饰、布匹及辅料专业市场。

现状是门市部只占用建筑临街首层，仓储、家庭加工作坊式的空间零星分布在其他住宅之中，如是街区内部的居住空间则以街巷串联，人只能以步行、自行车通行，小商品货物只能用以手推车通行，显然会互相干扰、不大方便（见图5-60）。如果靠近商售门市部的少数建筑被用作仓储，成"住—储"混合功能，稍远处则为单纯住宅区，因坚持保护传统建筑，会使该街区成为较为稳定的以商业为主体功能层——以仓储、加工为辅助功能层——以原居民居住为主的配套功能层——的空间层级结构模型分布特征。这种层级模式亦须注意消防疏散安全。

2. 空间模式的演替机制是以产业关联集聚效应为动力的结果

桨栏路建筑多为3~5层，面宽4~6米。进深则为15米以上的竹筒屋。该街区的建筑使用模式则发生了由手工业时代向工业化时代的特色转变，改变了过去"前店后坊"的家庭手工业"售（营销）—加工一体模式"，现以"售—储分离模式"经营。于是，产业关联效应成

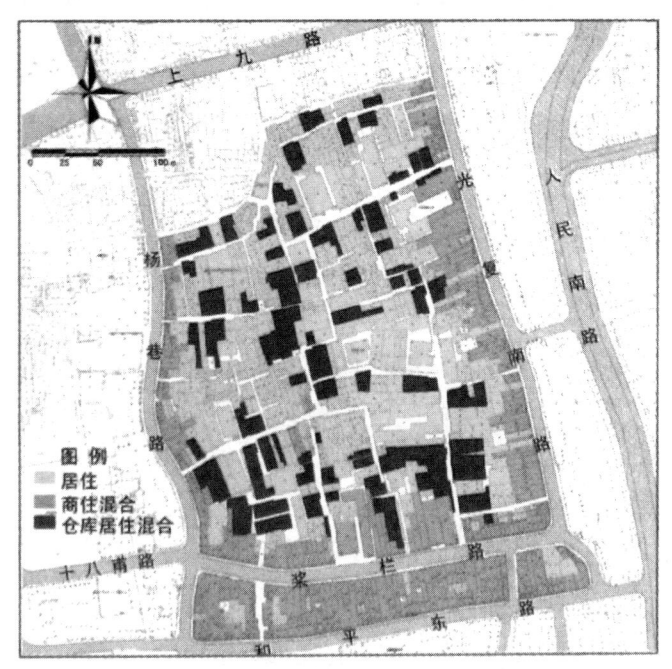

图 5-60　桨栏路两侧建筑使用功能分布图

为了产业集聚的重要向心力，即不同产业在经济活动中形成广泛、复杂和密切的技术经济联系。① 具体对广州桨栏路而言，其核心产业为"服装、服饰、布匹和辅料等批发及零售产业，其后向关联产业主要为房地产中介、人力资源中介、银行、贸易、物流和餐饮等产业"，为核心产业提供物质条件、人才智力、运输配套及公共服务；其前向产业关联产业主要为服务设计、服饰加工和服装制造等，需以核心产业的产品为投入的产业。三者带来了桨栏路街区的繁华。然而传统居住格局制约了这些产业关联集聚效应的发挥，街道的线型空间模式促使了核心商业空间的底层化。这是保护工作必须适当解决的问题，否则就回归到单一的居住模式中去。

3. 基于功能层级结构模型的历史街区传统空间保护的规划对策

线型的商业街尺度适宜，对人的购物行为产生较大影响。连续的视觉

---

① 〔日〕藤田昌久、〔美〕保罗·克鲁格曼、〔英〕安东尼·J. 维纳布尔斯：《空间经济学——城市，区域与国际贸易》，梁琦译，中国人民大学出版社，2013，第 50 页。

景观界面，产生向前的视觉延伸感，带来沿街购物行为。商业底层化是适合这种购销活动的。传统街道商业上层化，可以提供相对静态的餐饮、娱乐等服务，甚或作为居住功能使用。

为此可采取如下措施，既满足现阶段的商业活动，又能保护历史街区的固有空间特质。

（1）优选适宜的商业类型、控制商业规模，减少新型商业业态对历史传统空间的苛刻要求，从而减少对历史建筑具有杀伤性的大拆大建式的破坏。

（2）规划功能协调区域，缓解商业门市部之主体功能层与居住功能层的冲突。将分散的仓储空间转移到商业门市部附近或楼上，且有利于经营运作管理（见图5-61）。

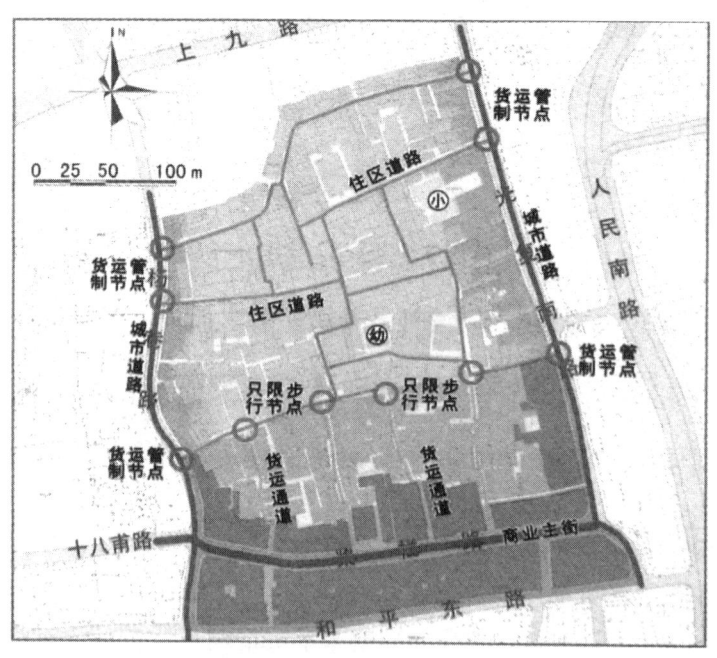

图 5-61 桨栏路功能层级结构调整规划图（史北祥等）

（3）分离道路交通体系，即将商业货运交通与居住社区生活交通、旅游游赏交通相分离，有效遏制商业的无序渗透，保护历史街区建筑风貌格局的玩味与完整（见图5-62）。

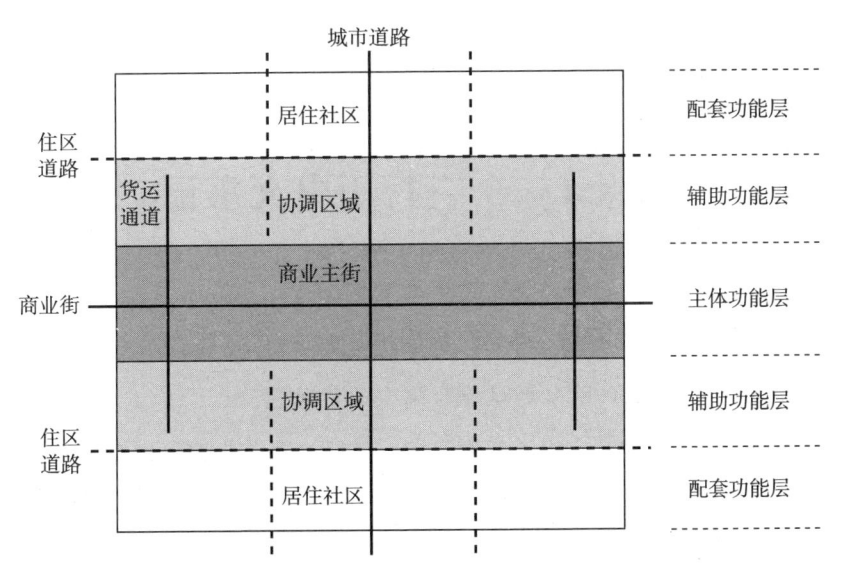

图 5-62 桨栏路空间规划对策模式图（史北祥等）

4. 还是坚持抢救第一、保护为主，优化空间、物业管理方针好

不要强加给历史街区不应有的城市新型功能，坚持用文化刷新历史街区，把抢救文化遗产、保护利用摆在第一位。与此同时，发展文化旅游业。严格搞好日常空间管制：如结合针对道路交通问题，做好入口设计、门禁、限高等事宜。要监督物业公司执行空间合理租用，杜绝引入不合乎历史街区文化氛围的营利性物业和人员。一句话，关注提升群众的生活环境质量。据迹象显示，诚启低档批发市场，不仅对近在咫尺的桨栏路的业态造成恶劣影响，而且对相当远距离的状元坊步行街也构成不良冲击。

附录1 十三行历史大事记

顺治十二年	1655 年	清廷颁布第一道禁海令。
顺治十三年	1656 年	清廷颁布第二道禁海令。
康熙元年	1662 年	清廷颁布第三道禁海令。广东沿海部分移民迁到广州柳波涌、泮塘、西村一带，谓"移民市"，后改称"宜民市"。
康熙四年	1665 年	清廷颁布第四道禁海令。
康熙十七年	1678 年	清廷颁布第五道禁海令。
康熙二十四年	1685 年	清政府宣布广州、江苏松江、宁波、厦门设立海关。
康熙二十五年	1686 年	于今文化公园一带始设立十三行。广东巡抚李士桢会同两广总督和粤海关，用法令文告将外贸商人分金丝行和洋货行（简称洋行，习惯上称十三行）。
康熙五十四年	1715 年	英国东印度公司在广州设立商馆。
康熙五十九年	1720 年	15 名行商歃血盟誓，共同组织公行，后时组时散。
雍正元年	1723 年	粤海关管辖权自此一直在中央和地方官之间交换。
雍正二年	1724 年	规定来粤西方商船一律停黄埔港，水手不得登岸。
雍正五年	1727 年	荷兰在广州设立商馆。
雍正六年	1728 年	法国在广州设立商馆。

雍正九年	1731 年	丹麦在广州设立商馆。
雍正十年	1732 年	瑞典在广州设立商馆。
雍正十三年	1735 年	清政府要西来商船改泊澳门，遭抵制未成功。
乾隆元年	1736 年	规定外来商船泊黄埔。
乾隆五年	1740 年	于海幢寺南始建陈家花园。
乾隆九年	1744 年	潘启（1714～1788）同文行开张。
乾隆十年	1745 年	实行"保商"制度。
乾隆二十二年	1757 年	全国只留粤海关"一口通商"。
乾隆二十三年	1758 年	发生英东印度公司汉语翻译洪任辉（James Flint）事件，清政府进一步强调广州"一口通商"的地位。
乾隆二十五年	1760 年	以潘振成为首的九家行商呈请组建公行，专办夷船获得批准。
乾隆年间	1766 年前	因房屋过密发生火灾。
乾隆三十五年	1770 年	河南运河漱珠桥建成。
乾隆三十七年	1772 年	潘启将国内大批货款汇到伦敦。
乾隆四十一年	1776 年	潘启于河南乌龙岗下运粮河之西建祠开基。
乾隆四十二年	1777 年	开十三行马路，限制洋人活动范围。
乾隆四十九年	1784 年	美国"中国皇后"号驶进黄埔港。
乾隆五十一年	1786 年	美国驻广州第一任领事山茂到广州上任。
乾隆五十四年	1789 年	美国开辟美国至广州的太平洋航线。
乾隆五十七年	1792 年	粤海关管制最后确立。
乾隆五十八年	1793 年	英国使臣马嘎尔尼（Macartney）访华，要求扩增天津、江浙等地为通商口岸。
嘉庆元年	1796 年	嘉庆皇帝禁止鸦片进口。

嘉庆十五年	1810 年	为修浚各濠渠，西关绅士何太清等与洋行巨商伍怡和等集资成立"清濠公所"，后建"文澜书院"，乃官方议事场所。
嘉庆十八年	1813 年	清廷设立"总商制度"。
道光元年	1821 年	清政府再次下令查禁鸦片烟，并封锁黄埔和澳门，惩办一批商贩和囤户。
道光二年	1822 年	11 月 1 日夜第七甫（今光复中路）某饼铺失火，延及下西关打铜街、十三行、杉木栏一带，毁街 70 多条，洋行 11 家。史称"壬午大火"。钱泳《履园丛话》记载：太平门外大火，"焚烧一万五千余户、洋行十三家以及各洋夷馆与夷人货物，约计值银四千余万两，俱为煨烬"。汪鼎《雨韭庵》载："火之大者，烧粤省十三行七昼夜，洋银熔入水沟，长至一二里，火熄结成一条，牢不可破。"
道光四年	1824 年	南海人邱熙在南汉昌华园故地建唐荔园。19 世纪初，潘长耀于西关龙津西建自家宅院，约 1 公顷。
道光五年	1825 年	美国"番鬼"威廉·亨特 13 岁到广州。
道光十年	1830 年	潘仕成扩建唐荔园为海山仙馆。
道光十二年	1832 年	《中国丛报》（Chinese Repository）英文月刊，在十三行夷馆出版。马礼逊（John Robert Morrison）作十三行文字地图。
道光十五年	1835 年	伍家定居河南建伍氏宗祠后扩建为万松园。是年，美传教医生等 3 人在十三行豆栏街开设博济医馆（又称"眼科医馆"），1859 年改博济医院，1870 年迁仁济大街今孙逸仙纪念医院。
道光十六年	1836 年	因木工场起火，殃及小溪馆，共烧毁店铺一百多家。
道光十七年	1837 年	亨特为美国旗昌洋行合伙人。

道光十八年	1838 年	两广总督邓廷桢于十三行洋馆前处决烟犯，遭美英暴徒捣乱刑场，民众拆毁木栅栏，打碎商馆玻璃。
道光十九年	1839 年	林则徐设官局于长寿寺，严行禁烟。是年，三元里牛栏岗大捷。
道光二十二年	1842 年	潘仕成招洋匠制成水雷。是年，8月26日潘仕成制战船成功。8月31日英烟贩租用十三行商栈寓所。11月25日英商与十三行的怡和、广利、同孚、义堂、天宝、东兴、顺泰等行商签订租地草案，租期25年。中英协议，将十三行英美商馆间的新荳栏小巷租给英方。是年，美国浸信会牧师罗孝全在十三行的联兴街租得鸭栏铺，修建成基督教讲堂。英国"魔女"号、"海盗"号，美国"财神"号轮船开始定期航行于香港与十三行之间。亨特退休。是年，12月7日，市民夜半火烧怡和馆、集义馆（荷兰馆）、宝和馆（英国馆）。
道光二十三年	1843 年	李太郭（George Tradescant Lay）绘十三行馆区简图。
道光二十四年	1844 年	法国专使与总督耆英在停泊黄埔的法舰"阿吉墨特"号上签订《中法黄埔条约》，其中允许法人于总督府遗址建教堂。
道光二十五年	1845 年	英商丽如银行在十三行设立办事处。
道光二十七年	1847 年	英舰闯进珠江，登陆安澜桥，要求扩大十三行英商商馆，耆英应允。英人分别兴建了许多馆舍、货栈、办公楼，其他西方国家领事也设于此，另建有汽船码头、泊船所、英美两大花园，中方在此设立两个海关税站。
道光二十七年	1847 年	潘正炜、潘仕成领衔河南人民反对英国租借洲头嘴。商馆前的圣公会教堂建成。

道光二十八年	1848 年	画家夏銮为潘仕成绘"海山仙馆图"。
道光二十九年	1849 年	广州在世界城市经济十强排第四位，1857 年排在第七位。
咸丰元年	1851 年	澳大利亚发现金矿，进一步刺激了苦力贸易的发展。
咸丰四年	1854 年	十三行行商伍崇曜雇洋枪队助清兵阻截红巾军进攻西门。
咸丰六年	1856 年	英军因"亚罗"号等事件，挑起第二次鸦片战争。9 月占领十三行外人居留地。英军炮击东西两炮台，焚毁十三行周边民房。12 月 14 日深夜市民纵火烧毁十三行商行和商馆，自此全部化为灰烬。巴特绘十三行馆实测图。
咸丰七年	1857 年	十三行行商伍崇曜等到英舰议和。
咸丰九年	1859 年	英法强租沙面。
咸丰十年	1860 年	海关总税务司英人李泰国于沿江西路建粤海新关，将洋税和常税划开。钟觐平、陈次壬、潘谦钧等建爱育善堂，以白银 3.8 万两买潘仕成故宅为堂址。
同治年间	1862 年后	黄埔港迁往长洲岛。
光绪二年	1876 年	两广总督刘坤一购买长洲岛于仁、柯拜、录顺船坞，扩充军工基地。
光绪三年	1877 年	大清始办广东西学馆、博学馆、水陆师学堂、海军学校、工业学校。
光绪十年	1884 年	亨特出版《旧中国杂记》，附十三行商馆平面图。
光绪十四年	1888 年	亨特于旗昌洋行倒闭几天后在法国尼斯去世。
光绪二十八年	1902 年	由 T. Marris 测绘十三行馆废墟平面图。
民国十四年	1925 年	马士《东印度公司编年史》附十三行商馆平面图。

民国二十七年	1938 年	日机轰炸十三行遗址一带。
	1951 年	华南土特产展销会于十三行遗址地段开幕。
	1998 年	诚启公司修建"新中国大厦"和商品住宅高层楼房，十三行商馆遗址彻底被破坏。
	2012 年	广州市宣布"十三行"为广州六大文化名片之一。

附录2 广州近代历史建筑细部构造词汇释名

为帮助保护研究中西合璧式历史建筑细部构造，方便维护施工，特辑此"词汇释名"如次：分柱式、拱及拱饰、墙体细部、屋顶部件、门窗细部构件、装饰、材料与工艺等七个方面。

一 柱式

罗马柱——按材料造型比例艺术特征所构柱之样式谓柱式。古罗马时期常用五柱式为塔斯干柱式、陶立克柱式、爱奥尼克柱式、科林斯柱式以及混合柱式。

壁角柱——在墙尽端加厚处理的扶壁或扶墙柱，最常见用于门旁或终端墙的表面上。

柱顶板——柱顶平板，将柱身与柱上楣构分隔开，方形或内弧方形，有的有装饰线条。

柱上楣构——含直接落在柱头上，跨于柱与柱之间的柱顶过梁、雕带、挑檐等部件。

柱头——是柱子、墩柱、墙垛、壁柱等的上部构件。柱头通常加以装饰，并且可能顶着额枋、拱廊或拱基石。在古典建筑中有5种不同规格和形态的柱式，后时期的柱头不断地多样化：有两幅可视面的双正面柱头，有可从四个方面去观看的四正面柱。柱子是最富装饰性的组件，有的并将人的面孔和体形结合于其设计中。

集柱——由一组互联或半独立的附加柱之集成者。

柱础——柱底部的支承块体构件，传递与分配柱子的荷载。

双柱——分单面双柱式、双面双柱式。前者为前面壁端柱之间有两根者；后者为前后两面壁端柱之间均有两根者。

柱槽——柱子、壁柱和柱墩的形体中留空或垂直割出平行的浅槽。有些由尖边或棱角分隔，有些用小棱条分隔。

壁柱——从平墙面上突出来的部分柱墩或柱子，并被处理成柱子模样，常带有柱础和柱头，如有收分卷杀则往往免去装饰。装饰常用垂花饰、战利品饰及其结合的人形。

扶壁——从墙面凸出外部砖石实体，以产生附加的强度与支撑，吸收屋顶穹窿的横向推力。

三椪板——陶立克柱式雕带中的一种有凹槽的板子，上面两道狭窄平板将三道竖向的"V"形或弧形凹槽分隔开。三椪板常出现在柱子中心位置。

男像柱（Atlantes）——出自阿特拉斯（Atlas）希腊神话。巨人泰坦（Titans）的一个家族在长期战争后被宙斯打败，严厉受罚以双臂托天直至永久。这些当作支撑柱子的男性人体谓之"男像柱"。

女像柱——雕成或铸成高浮雕或圆雕身穿睡袍的女像，作为柱子、柱墩的支撑构件。据传女像柱是模仿狄安娜女神节宴时在卡雅神庙跳舞的处女而作。女像柱也可用来做装饰。

边框柱——有柱头、有基础，设在紧靠门边、窗边的小柱身，属装饰性构件。

二 拱及拱饰

拱券——拱和券的合称，用块状材料（砖、石、土坯）筑成的跨空砌体。拱券是常用的一种建筑结构，简称拱或券，又称券洞、发圈、发券，具有承受竖向荷载的力学特征和灵活的装饰美化作用。

拱支座——砌体块或墩或墙体厚实部分，承担拱的侧推力。

拱端托——在壁柱、墩或牛腿的顶部的水平装饰性线条或柱头，对拱端的推力起支撑或分散作用。

交叉拱——拱券相交的两拱架组合结构，如十字正交叉拱屋顶。

拱腋——介于起拱点和拱顶之间的拱结构中间段构件。

帆拱（隅拱）——圆穹顶覆盖方形建筑平面，其角隅过渡部分会产生一种三角支承拱的曲面，将墙壁与穹顶连在一起。三角支承拱曲面类似帆形故名"帆拱"。

棱拱——两个穹窿相交的（拱式）结构。

斜块拱座——用作门窗过梁的底面几乎呈平直线状的一种拱券斜面支撑。拱中间常有楔形拱石。

拱心石（券顶石）——最后就位的拱券居中或最高处的楔形石料，它使拱券完成并使其构件锁定在一起开始受力，故又称锁石。其所用材料与拱券一致，如褐沙石、石灰石、陶制品或铸铁。拱心石常用人面、天使、动物、植物或抽象图案来装饰。

拱顶饰——拱顶饰是一种用在拱券最上面的拱石或拱心石上的装饰手法，特别是当它刻成涡卷饰，其中有装饰性人脸的时候；两者交织在一起变化无穷，通常面孔在叶状的设计中若隐若现。

梁拱底饰——常指在阳台、门道、梁、过梁、檐口、拱道或凸窗暴露底部的装饰。如门上边常因仰视被人所见，习用人的尺度装饰，阳台、凸窗下常用放大的尺度。

拱肩饰（窗下饰）——拱肩（或窗间）墙为存在拱肩构件的一种窗间墙。拱肩饰，一是指某一层的楼顶和上一层窗台之间的部分；一是指券之间的三角形部分。后者始自罗马时代三角档饰，矩形的窗下墙从中世纪以来就是人们喜爱装饰的部位。装饰内容常有圆形雕饰、人面、涡卷饰和华丽的嵌板。

拱边饰——沿着拱券或门窗上拱的外表面弯曲的装饰线脚，有几何形式的和自然形式（包括人体）两种。有些拱边饰层层退进，造成退层的壁柱，柱上通常装饰着一些想象中的面孔、人体和动物形象。

假拱（假券）——石墙内不构成洞口的框架，但包含一个缩进的平墙面的一种拱圈，用来丰富砖石构造，以防单调。

肋——顶棚或穹窿上突出的狭窄带，常为受力构件，有时为装饰构件。

帕拉迪奥母题——当开间比例不适合古典的券柱式传统构图时，在每间的中央按适当比例发一个券，把券脚落在两根独立的小柱子上。小柱子距大柱子一定距离，上面架着小额枋，在小额枋上券的两侧各开一个圆洞。这个构图以方开间圆券为主，小柱子和大柱子对比协调，映照着立面的宏伟。这一细部做法以巴西利卡的最为成熟。

三　墙体细部

立面——"立面"（facade）源于拉丁文的"facies"（脸面，face），

意指从街道或其他公共场所看到的房屋主要门面或景观面。立面是建筑基本的审美要素,而最有能力表达其功能和重要性。

"天目"——北海、海康等地骑楼正中山花女儿墙上挖掘的、既有减少风压又有装饰作用的圆洞。

柱式神龛山花墙——断开正中挑檐板,用短柱支撑弧线形的山墙盖顶板所形成的神龛式立体视觉中心空间的山花构造。

线脚——房屋外墙凸出的线条,借光影作用,可产生一定艺术效果。其轮廓之精巧每以日光之强弱为比例、材料之性质和国民之意趣而定。线型多样,常有波纹线、蛋形线、小平线、小圆凸线、秋叶凹线、半圆线、鸟嘴线等。

雉碟——最初用于防御、开槽的或齿状的女儿墙。又谓中国古城墙墙头掩体与瞭望射击孔组成部分。

墙压顶——常为墙顶或女儿墙顶一种有滴水槽的保护性盖顶。相似的有山墙盖顶,如斜线状、阶梯状或曲线轮廓状。

挑出面层——在墙顶附近的一种挑出砌筑层,由牛腿支托作为胸墙或挑檐之用。

墙角石——起支撑上部荷重或连接相交二墙、起保护作用的"石"构件,有的附有风水环境意识。

阳台——阳台部位有凸出墙体之外、凹入墙体之内或半凸半凹之分。它有时在底板下面加以支托、有时悬挑,由横档、栏杆和其他垂直的胸墙围起来。支托、托臂或砌筑挑托突出件常加以雕饰,常由建筑立面风格而定。有些构件本身就是一尊雕塑。

挑托——挑托是一种突出的木料或石料,支撑着上面的另外构件。在砌体工程里,它是砖或石块按顺序逐层挑出以形成托臂。在砌筑过程中,小的突出部位必须从下面加以支撑,托臂就是这种手段。所以这种装饰是出于特定材料和工艺而产生的。在支撑檐口或女儿墙时,叠涩层是连成一排的。挑托在中世纪和哥特式建筑中被广为运用,奇怪的人形和动物是常用的形象。

托座——突出于垂直表面,在飞檐、阳台、窗户或任何其他挑出墙体之外的构造之下,起结构或装饰稳妥作用。

托架——垂直表面的突出物,它是在檐口、阳台、窗框或任何其他挑件的下面,起着结构上或视觉上的支撑作用。依据材料或立面的位置,托架形式各异。通常用以支撑檐口和门窗过梁。当小的、简单的托架用来支撑檐口时，被称之为托檐石。刻以人面或人体的托架是常见的艺术构件。

螺形支托——像卷叶，从墙内向外凸出起支托作用的受力构件。

吐水兽——又叫雨水吐水口，从屋顶上排出的水经过一种长长的水平突出喷嘴排出，避免水顺墙体流下。这个喷嘴做成狮子头或其他动物的形式，水就将从动物嘴里流出。在基督教建筑中，它们被称为"吐水兽"。

披水挡头——披水挡头为小檐线脚或拱形滴水石的结束点。它出现在门或窗户上边。线脚的下端以一个人面或怪物结束，水则从该处流下。这种微微突出的部位，被置于拱券端部和贴近门窗处，以引导并排出上面墙上的水。其用料常同墙体。

山墙——建筑物在屋檐以上的全部端头墙壁。山墙端顶与紧挨着的屋面坡度一致，有时为一系列阶梯型，也可以是曲线的，或者形如涡卷，这些都称为山墙盖顶石。山墙盖顶石含高于屋面以上的压顶，当山墙呈阶梯形或曲线时形成突出的装饰性轮廓线。

女儿墙——出现在升起平台、露台、桥的边缘以及建筑檐口以上，乃墙面在屋顶线以上的延伸。女儿墙形式多样，常由栏杆柱、穿透或打孔的矮墙、生铁或铸铁的栏杆所组成。女儿墙常勾画出建筑天际线，装饰构图有多种风格流派；挖空图案与未挖掉的实体同样重要。

山花——山花是一种缓坡的三角形山墙，或是门上、窗上相似的组件。山花有曲线型、断裂式或封闭式的。顶部断裂山花中常填一个涡卷饰或其他装饰。

嵌板——由平板组成的，通常低于或陷于周围墙面，以线脚或某些其他装饰手段予以明显衬托。

招牌——为了识别、指示或广告宣传而在外墙上设置的行业象征，并用在立面的徽饰里或刻在窗间的嵌板上。

匾额——类似中国传统木制匾额，是一种近代水泥砂浆材料湿作业而成的墙体装饰构件，也起"招牌"作用。

壁龛——墙上的凹坑，经常供置一尊雕像。常见的壁龛后部是半圆形的，上部以半个穹窿顶结束，有时是扇贝形的，偶尔上面是小山花，用涡卷牛腿支撑。壁龛为雕像提供着一个视觉焦点，这是古典式和复古风格中常见的设计手法。

栏杆柱——处在附属地位的粗矮柱子，高出栏杆的为望柱。

四　屋顶部件

折线形屋顶——屋面一部分坡陡而一部分坡缓的屋顶，形状呈凹凸折线。广州竹筒屋多为折线形屋顶。

阁楼（顶楼）——通向屋顶天台的楼梯出入口或存储房间，或兼有采光、通风功能的附属小品建筑。

钟、钟楼——钟的前身是日晷，自古就用作装饰。从中世纪到19世纪早期，许多建筑上出现日晷，环以黄道十二宫。钟的部位很醒目，常有细部装饰，形成钟塔（塔楼）。

小穹顶——用西式穹顶覆盖的建筑局部或利用穹顶、柱式和各式墙体组建的小型塔状设计，形成一盏灯的角楼或能采光的窗子。

土耳其亭——顶部平缓的一种矩形平面拱弧顶盖，中心常设有孔板。

挑檐板——沿墙顶，靠装饰性牛腿或一系列螺形支托支撑的一种挑出板。

齿形装饰——利用砌体叠涩组成的齿形装饰带或线脚。

檐口——檐口是檐部最上的突出部位。它由装饰托架或涡卷饰牛腿来支承。檐口经常以一条在面上的水平装饰带为特征，这条带可以用装饰手段将其强调：如用狮子等动物头、人面等。一道檐口可以出现在最高顶子或女儿墙的下面，较低的檐口可在楼层处或窗户上分割墙面。山墙头处的檐口是斜的，被称为斜檐口线。

额枋——额，匾额。枋，两柱之间起联系作用的横木，断面一般为矩形。额枋（宋称阑额），柱上用于联系、承重的水平构件；南北朝及之前多置于柱顶，隋唐后才移到柱间。西方古典建筑中，类似的部件称为 architrave。

檐壁——一种连续的、高高在上的水平装饰条带或嵌板，通常在檐口下或入口上，最初由三陇板和陇间壁交替组成。这个檐壁的部位是替代三陇板最受喜爱的浮雕位置，常以浮雕、凹雕和高浮雕所制成，以自然和象征的形象为特点。

五　门窗细部构件

门道——建筑物入口通道，立面中引人关注的关键部位、聚焦点，提供与人体尺度相关的参照体。

门缘饰——门框立面边沿装饰。

楣窗——组合门窗方形上部呈扇形花格之窗。

门窗陪衬柱——类似边框柱起装饰构图作用。

门楣中心——门道开口上方，介入横向檐与斜挑檐之间的三角形空间。

吉布斯式门窗边缘饰——位于门道或窗口边由大小相间的矩形石头砌块组成像墙角石链状，常用一条狭长而高起的带子沿门、窗或拱的表面连接。

帕拉迪奥式窗——按帕拉迪奥券柱式母题分划的窗。帕拉第奥1549年改建意大利维琴察巴西利卡建筑，在原有大厅的四面增加券柱外廊，每个开间里设3个小开间，两个方的夹着一个发券。由于处理手法巧妙，被称为帕拉迪奥券柱式母题。

威尼斯窗——有柱子和尖拱的敞廊以及长排开敞窗花的墙体，并由许多华丽构件组成的复合体系谓之威尼斯哥特式风格。由这种风格模式组成的窗则谓威尼斯窗。

凸窗——室内形成凹处，从外墙凸出的窗，可采用矩形、八角形或半圆形等形式，可用托臂或突出的线脚来支撑。

老虎窗——从斜坡屋面开拓延伸出来形成小阁楼而于人字山头下面开设的竖窗或通风百叶窗。

木作哥特式——19世纪中叶后，轻木骨架构造去掉了榫头和榫眼的连接，木匠会随心所欲地加上线脚和雕刻。红木易于雕刻，多用于装饰细部，一些吸引人的立面都是木工想象力的作品。如此称为"木工哥特式"。木作中国较多。

维多利亚式——轻木作的另一种风格。维多利亚式包括意大利风格、罗马风、安妮女王式和伊斯特莱克式。细部涡卷、回纹饰、扇形饰、束带、齿饰和装饰性托架，常以丰富的光影变幻吸引人们的视线。主体建筑加上塔顶、角楼、凸窗、立面加上栏杆柱、齿饰、动物、人面雕像和圆花窗，十分漂亮得体。所谓商业维多利亚式，为防火多用石材或铸铁。

车轮辐条——样式像车轮辐条的一种窗棂。

窗顶饰——窗户的顶部常为仔细装饰的部位。由石框和自圆弧中心放射形如车轮辐条的石窗棂都有装饰作用。就装饰人体或人面而言，圆窗仍有妙用。

槛——窗底部或门洞底部的水平构件。常为排水而从窗的底面斜向挑出其下部的墙面，并带滴水做法。

六　装饰

装饰——与目的有关的、结合建筑结构与材料的装饰基于人类天性的需要。

饰带——饰带是镶边、边框或将立面各部分连接起来的连续装饰形式。使用的母题可以是几何形的、自然形的或混合形的。回纹、连锁、合交错带子是常用的装饰。

叶形装饰——科林斯和混合柱式柱头的典型装饰，地中海的一种植物叶子为图形主题。

羊首饰——因将山羊视为神兽，常将山羊或公羊的头或头骨作雕刻形象，用在圣坛和檐壁上，并作为悬挂垂花饰的物件。

动物形象——指附有某种含意的西方寓言动物，神话式辟邪异兽、被崇拜的鸟类（如鹰）、牛、马、犬、狮猫科动物、海洋动物等形象的装饰。

组合型动物形象——如客迈拉（Chimera）是一种幻想动物和装配体，如此结合而成单一的、完整的，却是想象的物种。客迈拉出现在嵌板上或作为吐水兽或柱头。

格里芬（Griffin）——狮身鹰首鹰翅膀的怪兽，与火有关联，有智慧和警惕的象征。其装饰形式多样，常用在穹顶、女儿墙圆窗的边缘上，有不同时代风格的民族形式。

斯芬克斯（sphinx）——也是一种动物联合体。最早出现的是埃及孟菲斯大狮身人面像，被信奉为智慧的象征，对建筑设计者和公众都颇具魅力。

带翼人形——带翅膀的人形常有小天使、怪物、天神或其他面孔。源于亚述、希腊，沿至罗马，传至文艺复兴和复古风格。

串珠饰——像串珠式的线型装饰艺术条带。

叶形装饰——植物叶子经过程式化成了科林斯等柱头装饰，它还以涡卷形出现在雕带和装饰板上。

纽索饰——采取两根或更多根带子绞在一起成连续系列形式的一种装饰。

阿克柔特（Acroteria）——在三角形墙顶部和下角放有塑像及其他装

饰物的基座，或常指装饰物本身。

外加镶边装饰——用于门窗边框表面或两侧，可以是独立或附加的木条或线脚。

垂花饰——用花或叶子将水果连成串，乃罗马人的一种普遍手法。将花串悬挂成弧形称为垂花饰，用来美化壁柱或嵌板。丰饶羊角饰或古典"丰饶角"乃垂花饰的变体特例。

束带层——泛指各种水平带饰或线脚基座和线脚檐口。雕带，又是一种说法。

方尖碑——四面整体或接成的石柱斜向金字塔式顶尖的碑体，亦可作建筑装饰物。西堤邮政大楼屋顶有方尖碑构件。

水平凸出线条——用相同或不相同的材料构成，用于排放墙面上的雨水的条带层，通常与室内地（楼）板边缘相关联。

卷边形匾额——装饰形似卷轴的画面，或为雕刻出的，四周有精巧卷叶装饰的牌匾。

涡卷饰——涡卷饰是一种精致的、装饰性强的华丽牌志类纸卷，中间有铭刻或是空白。它用精致的卷轴似的雕刻作框子，经常伴随着人像、或小天使、或女郎，置于立面女儿墙、门窗顶等不同部位。

徽饰——一种扁平的金属牌、厚板或圆盘，雕刻或镶嵌在墙上的镶板中，其形状常为椭圆的、圆的或盾牌形。徽饰中常有象征物、人体形象、文字或三者的结合。徽饰在所有风格中都被应用。

葱花饰——形状类似"S"形，由凸线及凹线联合组成的双曲线。

虚华装饰——常指用于维多利亚住宅的华丽装饰性木工活。

瓮饰——瓮，一种盛东西的陶器，腹部较大。用某种瓮形部件组合布置的装饰构件。

阿拉伯式花纹——一种繁复而华丽的装饰，常将几何图形在一个平面内反复运用。其几何图案取材于动植物的形像，形成对称连续和无限延伸的平面装饰特色。此种纹饰是伊斯兰艺术的重要元素，常见于清真寺的墙壁上。对穆斯林来说，无数的几何图形组合起来代表在可见的物质世界之外还存在着无限的存在，且象征真主无限的、充塞寰宇的创造属性。

湿画壁画——壁画之一种，在新白灰抹面仍然潮湿的时候就施以彩绘，使湿的颜料结合着抹灰底子变成了面层的整体部分。润色和加光一般在抹灰干燥后完成。此法早期多用于室内，后也用于建筑立面。

圆形雕饰——用浮雕来表示的一种集中式或独立式的图案，常取材人体、头像或花卉。圆形雕饰一般镶嵌在墙上、檐壁上或拱券的拱肩上。其形状、尺寸可多样化，圆、六方、椭圆均为常见。

圆盘花饰——形状像钱币或圆盘的一种花饰。

圆锥饰——类似微雕的一种小装饰，用在三槽板间距或古典式建筑的挑檐。

附饰贴脸——对门窗框表面或边缘，附加补充的或独立的木制或线脚装饰条。

浮雕——"浅浮雕"一词用以指雕刻装饰的低浮雕，其中的人体和纹样都离不开背景，突出墙面的体量少于真实的一半。当突出量为一半时叫半浮雕，超过一半时叫高浮雕。

双面雕——介于浮雕与立雕（立体雕像）之间，重点从两个方面观看。

透雕——一种将石质或木质图案的背景掏空，剩下其余部分作为格栅的装饰品。

凹雕——切入的雕刻，其中形象是从表面凹陷的，与浮雕相反，浮雕是突出表面以外的。凹雕依赖日光投下的阴影能产生戏剧性的效果。

七　材料与工艺

土坯——把黏土放在模型里制成的土块，可以用来盘灶、盘炕、砌墙。

铸石——即圬工，指以砖、石或者混凝土为主要材料建造构造物。

马赛克——原意为镶嵌，镶嵌图案，镶嵌工艺。发源于古希腊。马赛克，译自 Mosaic，原意是用细小陶瓷片镶嵌拼接而成的细致的装饰图案。在我国的近代建筑艺术史上，上海外滩、北京东郊民巷、广州沙面、青岛的万国村、大连的小洋楼、哈尔滨的西洋楼街、武汉江汉区的西洋建筑群等，室内外都有使用马赛克拼图的痕迹，有的尚存经典的马赛克艺术作品。

陶瓷锦砖——有多种颜色和多种形状，按一定图案反贴在牛皮纸上而成的饰面材料，又名马赛克。它具有抗腐蚀、耐磨、耐火、吸水率小、抗压强度高、易清洗和永不褪色等优点，而且质地坚硬、色泽多样，加之规格小，不易踩碎，因而是建筑装饰中常用的一种材料。古建筑全贴上马赛克新材料，则有损历史风貌。

瓷砖——以耐火的金属氧化物及半金属氧化物，经由研磨、混合、压制、施釉、烧结之过程，而形成的一种耐酸碱的瓷质或石质的建筑或装饰材料，总称瓷砖。其原材料多由黏土、石英沙等混合而成。瓷砖分内墙砖与外墙砖，室内地砖与室外地砖。

金属制品——手艺人用锻铁和铸铁生产金属装饰品，常用模子浇铸或塑成的建筑构件。

涂灰泥——在平湿灰浆上，用刮痕法或用模子成形的装饰花样。

镶板工艺——由平板组成的、通常低于或陷于周围墙面，以线脚或其他装饰手段予以明显衬托镶嵌在一个确定的受限制的空间之内。形状可由基本几何形组成、刻画题材多种多样的，自然形、几何形、人物形都有。

贴花——属于陶瓷器的传统装饰技法之一。使用印模印出纹饰后贴于器物上，再施釉烧成。唐代长沙（今属湖南）及巩县（今属河南）两窑已很盛行；前者在青釉褐斑器物上贴花，有人物、禽鸟、双鱼、花卉、园景等纹，具有浓郁地域特色；后者在三彩罐、瓶、壶上贴有各种团花纹饰，施加鲜艳的彩釉，使器物美观好用。现可将贴花艺术用于墙壁装饰，彰显华丽之美。

粗石工艺——砌筑一定规格尺寸的石料，叠砌面和接砌面的表面凹入深度不大于20毫米；外露面及相接周边的表面凹入深度不大于20毫米。相接周边的表面是指叠砌面、接砌面和外露面相接处20～30毫米范围内的部分。

细石工艺——砌筑一定规格尺寸的石料，通过细加工，叠砌面和接砌面的表面凹入深度不大于10毫米，外露面及相接周边的表面凹入深度不大于20毫米。

方石凿（琢）边——将毛石料四方周边凿磨处理成平直好砌筑的边角，在墙体上形成沟槽艺术效果。

2014年5月21日于广州麓湖

后　记

　　2009年，广州市荔湾区版权局曾组织过一次规模较大的十三行图标征集活动。通知指出：文化是一个民族的根，是一个民族的灵魂，城市发展以文化论输赢。位于广州市荔湾区的十三行街区曾作为清朝时期全国唯一的通商口岸，独享对外通商特权，总揽了全国进出口贸易，使这里也成了当时中外文化交流的重要阵地。当前荔湾区为推进"十三行商圈"建设，为进一步提升十三行的知名度、美誉度，扩大十三行商业圈的国际影响力，凸显十三行商贸文化的品牌特色在"十三行商圈"建设中的经济拉动作用，特面向社会公开征集十三行文化标识（Logo）设计方案。要求作品有创意，构图新颖、简洁、醒目，端庄大方，具有较强的视觉冲击力。要求作品有个性化、唯一性，内涵丰富、寓意明确，通用性强，适合在多种场合及载体上使用。最后收集到200多件十三行图标作品，但没有评选结果。

　　广州大学广州十三行研究中心为开展学术活动采用了如下设计方案作为基本图形（图1），周边可以呈方，也可以呈圆，演绎出会议用或书籍出版用两种图标（图2、图3）。大凡规划建筑专业系统的人士都了解城市规划的学会、协会、期刊杂志社、部分设计研究院所等习惯采用趋于一种正方形的古城符号图案模式作为自己部门的标识（Logo）。其构思的历史渊源估计均来自我国春秋战国之际的《周礼·考工记》对周王城的意向。本图案寓意有：

图1　基本图案　　　图2　会议用图案　　　图3　图标的衍生运用

　　1. "十三行"出现在具有2222年历史之久的广州文化名城，且促进

了城市的发展。故图案遵循业界传统习用正方形构图手法，象征"城池"。十三行在长时期的以居住为主的封建农业城市中注入了新型的产业基因。

2. 广州乃海上丝绸之路的商埠之城，城市特质以商为主，故整个图案由四个"商"字构成，寓意商业人口比例大，财源滚滚来四方。十三行俗称"金山珠海，天子南库"，图案正好适得其所。

3. 大清"一口通商"的十三行主要经营者多为"行商"，其组织形式为"商行"。由此派生出许多类似的名称："洋商""外商""行外商"，"洋行""公行""同文行""福潮行""巴斯行"，"商馆""商埠"等等名称，有些名称沿用至今而不衰。故图案中除了有四个连体的"商"字外，还隐藏着四个连体篆书的"行"字（由四条细弧线所示）。

4. 为了突出十三行风帆时代的海洋文化特色，故在会议用图标中，添加了象征国贸海洋航运事业的蓝色飘带。

另须说明的是本书在写作过程中，摘录、转载、引用了许多学者、十三行外销画家、国外历史画家的文字成果、美术摄影作品。其中代表性的画册有如下几种：

[1] 香港历史博物馆丁新豹总馆长、博士，提供的香港艺术馆与美国皮博迪·艾塞克斯博物馆合编的《珠江风貌——澳门、广州及香港》画集（香港市政局印刷，1996）。
[2] 广东省博物馆编《广州百年沧桑》，广州花城出版社，2003。
[3] 《广州旧影》，人民美术出版社，1998。
[4] 广东省中山图书馆编著《羊城寻旧》，广东人民出版社，2004。

本书还采集了一些与广州十三行有关的城市规划、城市设计成果宣传图，本书作者特向以上有关设计部门和个人表示感谢。中山大学章文钦教授、十三行后裔华南理工大学潘刚儿教授、荔湾区方志办胡文中主任、荔湾区工委潘广庆先生、广州十三行研究中心主任冷东教授，为本书的写作给予了热诚地指导和帮助。广州大学建筑与城市规划学院的杨希文、郭红雨、黄莉、邱燕、丁英峰老师以及乐镇、郭秋明、杨国安、孙嘉颖、黄咏、许哲瑶、易咏钧等校友为十三行历史街区的保护开发设计开展了大量的调研活动和制图工作。

杨宏烈、陈伟昌

2012 年 5 月 16 日

图书在版编目(CIP)数据

广州十三行历史街区文化研究/杨宏烈,陈伟昌著. -- 北京:社会科学文献出版社,2017.3
 ISBN 978-7-5097-9604-7

Ⅰ.①广… Ⅱ.①杨… ②陈… Ⅲ.①十三行-研究②商业街-商业史-文化研究-广州-清代 Ⅳ.①F752.949②F729.49

中国版本图书馆CIP数据核字(2016)第196663号

广州十三行历史街区文化研究

著　　者 /	杨宏烈　陈伟昌
出 版 人 /	谢寿光
项目统筹 /	宋月华　范　迎
责任编辑 /	范　迎
出　　版 /	社会科学文献出版社·人文分社 (010) 59367215 地址:北京市北三环中路甲29号院华龙大厦 邮编:100029 网址:www.ssap.com.cn
发　　行 /	市场营销中心 (010) 59367081　59367018
印　　装 /	北京季蜂印刷有限公司
规　　格 /	开 本:787mm×1092mm　1/16 印 张:18.5　字 数:312千字
版　　次 /	2017年3月第1版　2017年3月第1次印刷
书　　号 /	ISBN 978-7-5097-9604-7
定　　价 /	98.00元

本书如有印装质量问题,请与读者服务中心 (010-59367028) 联系

▲ 版权所有 翻印必究